中国企业-工会耦合关系理论构建研究

胡恩华 单红梅 刘立军 ◎ 著

中国财经出版传媒集团
中国财政经济出版社

图书在版编目（CIP）数据

中国企业-工会耦合关系理论构建研究／胡恩华，单红梅，刘立军著． --北京：中国财政经济出版社，2021.10

ISBN 978 - 7 - 5223 - 0747 - 3

Ⅰ.①中… Ⅱ.①胡… ②单… ③刘… Ⅲ.①企业 - 关系 - 工作 - 研究 - 中国 Ⅳ.①D412.6

中国版本图书馆 CIP 数据核字（2021）第 174977 号

责任编辑：武志庆　刘孺泾　　　责任印制：张　健
责任校对：徐艳丽　　　　　　　版式设计：楠竹文化

中国企业-工会耦合关系理论构建研究
RESEARCH ON THE THEORETICAL CONSTRUCTION OF
ENTERPRISE-UNION COUPLING RELATIONSHIP IN CHINA

中国财政经济出版社 出版

URL：http：//ckfz.cfeph.cn

E - mail：cfeph@ cfeph.cn

（版权所有　翻印必究）

社址：北京市海淀区阜成路甲 28 号　邮政编码：100142
营销中心电话：010 - 88191537
天猫网店：中国财政经济出版社旗舰店
网址：https://zgczjjcbs.tmall.com
北京中兴印刷有限公司印刷　各地新华书店经销
成品尺寸：170mm×240mm　16 开　19.75 印张　311 000 字
2021 年 10 月第 1 版　2021 年 10 月北京第 1 次印刷
定价：85.00 元
ISBN 978 - 7 - 5223 - 0747 - 3
（图书出现印装问题，本社负责调换）
本社质量投诉电话：010 - 88190744
打击盗版举报热线：010 - 88191661　QQ：2242791300

前　言

随着中国劳动关系形态的多样化和劳动关系主体诉求的日益多元化，劳动关系矛盾进入凸显期和多发期。事实上，中国工会扮演着员工服务、企业管理和社会治理等多元化的角色，能够与企业形成长期的关系协调和利益分配机制，共同推动具有本土特征的企业-工会关系的构建。然而，现有的企业-工会关系研究主要基于国外的雇佣关系理论，脱离了中国的研究情境，难以有效指导中国企业-工会关系的管理实践。实际上，在企业中构建和谐的劳动关系，中国的工会不仅作用独特，还大有可为。这主要体现在两个方面：一是中国的企业工会是嵌入在企业内部的一个特殊组织，在企业和员工之间扮演着"桥梁"和"纽带"角色，并将协调与平衡劳动关系主体利益诉求作为其重要工作目标和工作任务（王永丽、郑婉玉，2012；Chan、Snape、Luo 等，2017）；二是随着工会体制改革的全面推进，其地位和作用发生着重大转变。工会承担着为员工维权、为企业维序和为社会维稳的多种职责，在推动劳动关系主体实现协商共事、机制共建、效益共创、利益共享等方面发挥着举足轻重的作用（陈维政、任晗、朱玖华等，2016；靳卫东、崔亚东，2019）。正是中国企业-工会关系所处情境的独特性，使中国的企业-工会关系在结构、功能、形态等方面上与国外存在很大差异，这迫切需要构建中国情境下的企业-工会关系理论，这既是新时代和谐劳动关系发展的战略需要，也是企业健康发展的必然选择，更是员工需求满足和共享企业发展成果的根本保障。

基于此，本书以"理论研究—应用研究—策略研究"作为构建中国企业-工会耦合关系理论的逻辑主线。首先，基于"阐释现象的重要性→明确构念的定义→探索构念的理论内涵"的构念开发框架，揭示企业-工会耦合关系的目标关联和权力平衡内涵，探究其影响因素及形成过程，从而为开发企业-工会耦合关系量表奠定基础，解决了"企业-工会耦合关系是什么"这一问题。其次，运用构型方法，识别出企业-工会耦合关系的四种模式，并探究不同企业-工会耦合关系模式之间的演化机制，解决了"企业-工会耦合关系具体如何表现"这一问题。再次，运用感知反应系统模型（Sensitive and Reactive System，SARS），构建出一个"多层次、多阶段、多情境"的企业-工会耦合关系影响员工工作生活质量和企业组织健康的综合理论框架，厘清企业-工会耦合关系对员工和组织的影响机制，并基于制度逻辑行动主体的"嵌入式能动性"视角，探究员工工作生活质量对组织健康的能动作用和组织健康对企业-工会耦合关系的反馈作用，解决了"企业-工会耦合关系的价值如何发挥"这一问题。最后，在上述研究基础上，从总体发展策略、模式演化策略和价值提升策略三个方面设计出企业-工会耦合关系的"三位一体"管理策略体系，解决了"如何保障企业-工会耦合关系的有效运行"这一问题。通过对这些问题的研究和分析，不仅为构建新时代和谐劳动关系战略提供理论依据，为企业健康发展提供管理方法支持，为员工工作生活质量提升提供理论指导，还为企业高质量发展和员工共享企业发展成果提供整体解决方案，又能有效指导中国特色和谐劳动关系的建设实践。

为了更好地帮助读者理解本书内容，在此简要解释本书所做的主要工作。

一是构建出企业-工会耦合关系理论体系的研究框架。以中国的企业和企业工会作为研究对象，按照"理论研究—应用研究—策略研究"的研究范式设计出中国企业-工会耦合关系理论体系的研究框架。其中，企业-工会耦合关系的理论内涵、影响因素、形成过程、模式构型、演化过程等构成了企业-工会耦合关系理论的理论基础；企业-工会耦合关系对员工工作生活质量和组织健康的影响是企业-工会耦合关系理论的情境化研究，属于把企业-工会耦合关系理论在具体实践场景中的应用，将理论情景化，是理论建构的重要方面（张志学，2010）；总体发展策略、模式演化策略和价值提升策略的"三位一体"的管理策略体系是企业-工会耦合关系理论的管理策略研究。

二是企业-工会耦合关系的结构探索与量表开发。基于"企业-工会耦合现象的重要性→企业-工会耦合的理论内涵→企业-工会耦合关系的测量量表"的逻辑主线，采用归纳和演绎相结合的方法发展出中国情境下企业与工会之间相互促进、彼此制衡而联合起来的一种关系状态的企业-工会耦合关系构念。这是一个包含目标关联和权力平衡的组合型多维构念。其中，目标关联是指企业和工会为推动企业和员工效益共创和利益共享所采取一致性行动的程度；权力平衡反映的是企业和工会在平等对话的基础上，能够实现彼此之间的有效监督与制衡。在此基础上，开发出企业-工会耦合关系测量量表，其中目标关联和权力平衡维度各包含八个题项，且量表具有良好的信度和效度。

三是企业-工会耦合关系的模式识别。选择权力平衡和目标关联这两个维度，采用构型法将企业-工会耦合关系划分为边缘型耦合关系、辅助型耦合关系、纠偏型耦合关系、共生型耦合关系的四种类型，在此基础上，运用聚类分析方法，识别和刻画出边缘型耦合关系、辅助型耦合关系、纠偏型耦合关系、共生型耦合关系的各自特征，并发现在中国情境下的辅助型耦合关系数量最多，边缘型耦合关系和共生型耦合关系的数量基本持平，纠偏型耦合关系的数量最少，这与中国企业和工会之间互动的现实情况是吻合的。

四是企业-工会耦合关系演化机制研究。企业-工会耦合关系存在两种基本演化趋势：一是提升企业逻辑和工会逻辑之间目标关联程度的"趋势 X"（在 X 轴上自左向右演化）；二是提高企业逻辑和工会逻辑之间权力平衡程度的"趋势 Y"（在 Y 轴上自下向上演化）。由于企业-工会耦合关系的模式演化路径起点和演化动因的不同，以辅助型耦合关系、纠偏型耦合关系和边缘型耦合关系作为演化的逻辑起点，在向共生型耦合关系演化的过程中，存在着边缘型耦合关系→辅助型耦合关系→共生型耦合关系、边缘型耦合关系→纠偏型耦合关系→共生型耦合关系、边缘型耦合关系→共生型耦合关系、辅助型耦合关系→共生型耦合关系、纠偏型耦合关系→共生型耦合关系的五条不同演化路径。

五是企业-工会耦合关系对员工工作生活质量影响研究。运用 SARS 模型，以企业-工会耦合关系作为输入，以员工的感知（认知和情感）和反应（主动性和适应性）作为过程，以员工工作生活质量作为产出，构建出一个"输入—感知—反应—产出"的四个阶段分析框架，探究了企业-工会耦合关系对员工工作生活质量的总体影响，揭示了"企业-工会耦合关系→员工认知/情感→员工主动性/适应性→员工工作生活质量"的中介机制，以及企业性质、企业政治关联在企业-工会耦合关系与员工生活质量关系间的调节机制，在此基础上，发现不同类型企业-工会耦合关系及其演化对员工工作生活质量影响存在着静态差异和动态差异。

六是企业-工会耦合关系对组织健康影响研究。组织场域内行动者对制度复杂性的响应不仅体现在个体层面和组织层面上（Bertels、Lawrence，2016），还强调行动者的能动性（Gray、Purdy、Ansarsi，2015）。基于此，运用SARS模型，以企业-工会耦合关系为输入，以企业组织的感知（组织结构、关系和认知）和反应（组织柔性和韧性）为过程，以组织健康为产出，构建一个"输入—感知—反应—产出"四个阶段分析框架，剖析了企业-工会耦合关系对组织健康的总体影响，揭示了"企业-工会耦合关系→组织结构/关系/认知→组织柔性/韧性→组织健康"的中介机制，以及企业性质、企业政治关联在企业-工会耦合关系与组织健康关系间的调节机制，分析了不同类型企业-工会耦合关系及其演化对组织健康影响存在着静态差异和动态差异，在此基础上，从员工工作生活质量对组织健康的能动机制和组织健康对企业-工会耦合关系的反馈机制研究了企业-工会耦合关系与组织健康的互动机制。这不仅突破了已有的单一层次和单一方向的研究局限，而且为"多层次、多阶段、多情境"研究企业-工会耦合关系对员工和组织的综合影响提供了研究思路。

七是提升企业-工会耦合关系的管理策略研究。高质量的企业-工会耦合关系，不仅能够改善员工在工作中的认知和情感，提升员工的主动性和适应性能力，促进员工工作生活质量不断提高，而且还能推动企业的组织结构、关系和认知调整与优化，提升企业的组织柔性与韧性能力，增强企业的组织健康水平，共同推动着劳动关系各方建立互利共赢的长效机制，保障着和谐劳动关系全面、协调、持续发展。为了构建规范有序、公正合理、互利共赢、和谐稳定的新时代中国特色劳动关系，有效推进企业-工会耦合关系高质量发展，从总体发展策略、模式演化策略和价值提升策略三个方面设计出企业-工会耦合关系的"三位一体"管理策略体系，它们之间构成了相辅相成、缺一不可的关系，共同推动企业-工会耦合关系在"质"与"量"上持续提升。这体现了既要根据企业-工会耦合关系理论研究提炼管理策略，又要通过行动研究干预管理策略的应用，在实践中丰富和拓展企业-工会耦合关系理论研究，实现了企业-工会耦合关系理论与实践的紧密结合。

八是有关企业-工会耦合关系的五个专题研究。企业-工会耦合关系

前　言

研究的结构探索与量表开发、企业-工会耦合关系对员工管家行为影响研究、基于工会实践调节效应的高绩效工作系统对员工幸福感的双刃剑效应研究、基于工会实践调节效应的领导成员交换对员工退缩行为影响研究、企业-工会关系对员工组织公民行为影响研究等五个专题研究是本书理论研究的综合应用和深度拓展，共同特点就是针对企业-工会耦合关系的一些具体研究问题开展深入研究，并从中发现许多对构建企业-工会耦合关系理论和创建新时代和谐劳动关系有重要借鉴意义的研究结论和启示。

本书是在中国情境下构建企业-工会耦合关系理论，其中一些重要观点和认识已通过相关学术期刊、学位论文发表和学术会议交流得到了国内外众多专家、学者不同程度的肯定和认可，但限于我们的研究能力和知识积累，本书中的一些观点和看法也只是初步的，有待我们在今后的研究过程中不断深化和完善。因此，来自任何方面的批评和建议都将是对我们的研究工作最好的支持和帮助。我们将以此为起点，进一步就其中的一些问题展开深入研究，希望可以为中国的企业-工会耦合关系理论发展尽微薄之力。

胡恩华

2021 年 7 月

于南京航空航天大学

目　录

第一部分　理论研究

第 1 章　绪论 ··· 3
　　1.1　研究背景 ··· 3
　　1.2　研究问题的提出 ·· 7
　　1.3　研究意义 ··· 9
　　1.4　研究方法 ··· 11
　　1.5　研究特色与创新 ·· 14

第 2 章　企业-工会耦合关系研究现状与发展动态 ··································· 19
　　2.1　中国情境下的企业-工会关系相关研究 ··· 19
　　2.2　企业-工会关系研究的理论基础 ·· 25
　　2.3　企业-工会耦合关系对企业影响的相关研究 ·································· 28
　　2.4　企业-工会耦合关系对工会影响的相关研究 ·································· 31
　　2.5　企业-工会耦合关系对员工影响的相关研究 ·································· 36
　　2.6　研究述评 ··· 43

第 3 章　企业-工会耦合关系理论体系的研究框架 ··································· 50
　　3.1　企业-工会耦合关系理论的思路设计 ·· 50
　　3.2　企业-工会耦合关系理论的目标设计 ·· 50
　　3.3　企业-工会耦合关系理论的框架设计 ·· 52
　　3.4　企业-工会耦合关系理论的关键科学问题设计 ······························· 54

第 4 章　企业-工会耦合关系的内涵和形成机制研究 ······························· 56
　　4.1　企业-工会耦合关系的内涵 ··· 56
　　4.2　企业-工会耦合关系的影响因素 ·· 61
　　4.3　企业-工会耦合关系的形成过程 ·· 65

第 5 章　企业-工会耦合关系的模式构型及演化机制研究 ························ 69
　　5.1　企业-工会耦合关系的模式构型 ·· 69
　　5.2　企业-工会耦合关系的演化机制 ·· 75
　　5.3　企业-工会耦合关系发展现状的大规模调研 ·································· 85

第 6 章　企业-工会耦合关系对员工工作生活质量影响研究 ···················· 89
　　6.1　企业-工会耦合关系对员工工作生活质量的总体影响 ······················ 90

6.2 企业-工会耦合关系对员工工作生活质量影响的过程
机制研究 ………………………………………………… 93
6.3 不同模式的企业-工会耦合关系对员工工作生活质量
的差异化影响 …………………………………………… 97

第7章 企业-工会耦合关系对组织健康影响研究 ……………… 107
7.1 企业-工会耦合关系对组织健康的总体影响 ………… 108
7.2 企业-工会耦合关系对组织健康影响的过程机制研究 …… 110
7.3 不同模式的企业-工会耦合关系对组织健康的差异化
影响 ……………………………………………………… 116
7.4 企业-工会耦合关系与组织健康的互动机制研究 …… 124

第8章 企业-工会耦合关系的管理策略研究 …………………… 128
8.1 企业-工会耦合关系的总体发展策略 ………………… 129
8.2 企业-工会耦合关系的模式演化策略 ………………… 132
8.3 企业-工会耦合关系的价值提升策略 ………………… 137

第二部分 专题研究

专题研究1
企业-工会耦合关系研究的结构探索与量表开发 ………… 145

专题研究2
企业-工会耦合关系对员工管家行为影响研究 …………… 175

专题研究3
基于工会实践调节效应的高绩效工作系统对员工幸福感的
双刃剑效应研究 ……………………………………………… 195

专题研究4
基于工会实践调节效应的领导成员交换对员工退缩行为影响
研究 …………………………………………………………… 214

专题研究5
企业-工会关系对员工组织公民行为影响研究 …………… 241

参考文献 ……………………………………………………………… 260
后记 …………………………………………………………………… 302

◎ 第一部分

理论研究

第 1 章　绪　论

1.1　研究背景

随着中国经济由高速增长向高质量发展的转变，企业作为经济高质量发展的主要参与方，如何构建恰当的企业内部协调关系以实现企业的健康、协调、可持续的高质量发展目标已成为备受社会关注的重要议题（赖德胜，2017；张军扩、侯永志、刘培林等，2019）[1,2]。实际上，劳动关系作为企业内部协调关系的基础，其是否和谐不仅事关员工广大员工和企业的切身利益，也事关经济发展与社会和谐①。

党的十九大报告明确指出，中国社会的主要矛盾已经转化为人民日益增长的美好生活需要和不平衡不充分的发展之间的矛盾。这一矛盾在劳动关系领域中的具体表现在：一方面，劳动关系主体对美好生活向往和诉求越来越多元化，其权利平等和权力公平等意识不断提高，对劳动权益诉求亦超越单一的获得劳动报酬权，逐渐延伸到安全权、健康权、尊严权、参与权和获得人文关怀、体面劳动的诉求上来。另一方面，劳动关系主体之间的力量不对等和利益分配不均衡等问题依然存在，具体包括：劳动关系主体尚未真正实现对企业发展成果的共享；劳动关系中各协调机制的统筹统建和民主协商难以有效解决和落实；5G、人工智能、物联网和大数据等技术催生了新的用工形式，但现实中仍缺少针对这种灵活多变的用工形式的劳动关系法规政策的支持……正是劳动关系领域这些矛盾的存在使得中国劳资冲突和纠纷进入了凸显期和多发期。《2010—2020年人力资源和社会保障事业发展统计公报》数据显示，在 2010 年至 2020 年这十多年期间，中国各级劳动人事争议调解仲裁机构处理的劳动争议案件数和劳动者人数整体

---

① 引自《中共中央　国务院关于构建和谐劳动关系的意见》（中发〔2015〕10 号）。http://www.gov.cn/guowuyuan/2015-04/08/content_2843938.htm。

呈现上升趋势，尤其是近几年增速明显加快（见图1-1）。其中，2010年至2016年劳动争议案件数逐年递增，从60.1万件上升到82.9万件；而2017年至2020年劳动争议案件数则从78.5万件迅速上升到221.8万件。在此背景下，构建规范有序、公正合理、互利共赢、和谐稳定的新时代中国特色劳动关系成为备受瞩目的社会重大问题①，为此，在党的十九大报告进一步指出，要完善政府、工会和企业共同参与的协商协调机制，共同研究解决劳动关系方面的重大问题，推进新时代和谐劳动关系的构建②，这为研究新时代劳动关系变化下的中国企业-工会耦合关系提供了现实需要。

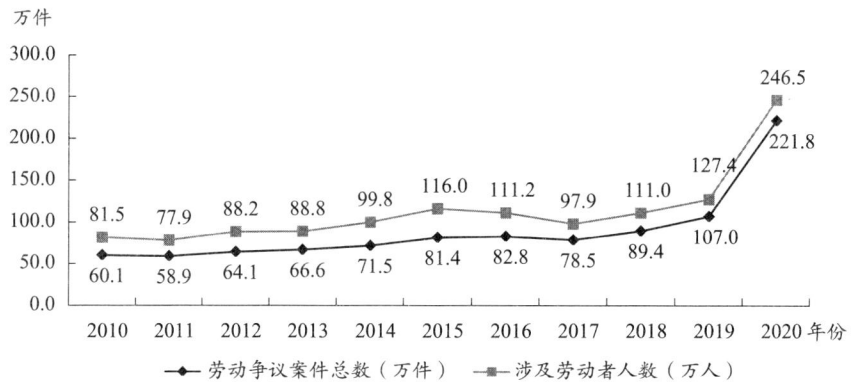

图1-1 2010—2020年中国各级劳动争议案件及涉及劳动者人数发展趋势

在劳动关系三方协调机制中，政府作为劳动关系的政策制定者和宏观政策调控者，主导推行劳资双方的平等协商（丁煜、胡悠悠，2018）[3]，而工会与企业分别作为雇员和雇主权益的代表，本着"相互理解、相互信任、相互支持"和"兼顾国家、企业、职工利益"的原则，对涉及劳动关系方面的重大问题进行沟通和协商，以实现"在最广泛的范围内达成一致意见"③。特别是对工会组织来说，其定位于"在维护全国人民总体利益的同时，代表和维护职工的合法权益"，被视为党和

---

① 引自《中共中央 国务院关于构建和谐劳动关系的意见》（2015年3月21日）。
② 引自《决胜全面建成小康社会 夺取新时代中国特色社会主义伟大胜利》。
③ 引自《人力资源社会保障部对十三届全国人大二次会议第2738号建议的答复》（人社建字〔2019〕198号）。

政府职能在企业内部的延伸，需要通过主动要约等方式，着力推动集体协商工作的落实①。基于这样的职能定位，中国的工会不仅能够通过组织员工与企业交涉、组织集体谈判、签订集体工资协议以及劳动合同等方式来提高员工的福利（姚洋、钟宁桦，2008）[4]，还能够协助企业维持生产管理秩序、建立劳资沟通渠道和及时化解劳资利益冲突（陈维政、任晗、朱玖华等，2016）[5]，从而得以协调和平衡劳资关系双方的利益诉求，充分发挥集体协商过程在推动构建和谐劳动关系方面的积极作用。因此，在中国情境下，工会在推动构建和谐劳动关系过程中发挥着举足轻重的作用。

更为重要的是，国家在劳动关系的顶层设计中明确要求工会和企业间需要建立起相互作用和彼此制衡的关系，这为研究中国企业-工会耦合关系提供了制度基础。对工会来说，根据《中华人民共和国工会法》和《中国工会章程》的规定，工会在维护职工权益之外，还承担着协调各方利益冲突、协助企业有序发展等职责，不仅要"通过平等协商和集体合同制度，协调劳动关系，维护企业职工劳动权益""密切联系职工，听取和反映职工的意见和要求，关心职工的生活，帮助职工解决困难"，还要"组织职工参与企业的民主决策、民主管理和民主监督"，以及"动员和组织职工积极参加经济建设，努力完成生产任务和工作任务"。而对企业来说，《中华人民共和国劳动法》《中华人民共和国劳动合同法》《中华人民共和国职工代表大会条例》等法律法规也明确规定了企业管理者应当听取工会的意见，支持工会的工作，并与工会在协调劳动关系等方面形成有效配合②。这些都表明，在国家顶层制度设计下，企

---

① 如《中华全国总工会深化集体协商工作规划（2014—2018年）》中提出，要通过普遍开展集体协商集中要约行动、不断丰富要约形式和建立完善要约相关制度等措施，大力开展集体协商要约行动。

② 举例而言，《中华人民共和国劳动合同法》（2012年修订）第四条规定："……在规章制度和重大事项决定实施过程中，工会或者职工认为不适当的，有权向用人单位提出，通过协商予以修改完善。"《中华人民共和国公司法》（2013年修正）第十八条规定："……公司研究决定改制以及经营方面的重大问题、制定重要的规章制度时，应当听取公司工会的意见，并通过职工代表大会或者其他形式听取职工的意见和建议。"《中华人民共和国劳动法》（2018年修正）第三十条规定："用人单位解除劳动合同，工会认为不适当的，有权提出意见。如果用人单位违反法律、法规或者劳动合同，工会有权要求重新处理；劳动者申请仲裁或者提起诉讼的，工会应当依法给予支持和帮助。"

业与工会能够围绕和谐与共赢建立起一致目标，并通过相互敦促和支持，为实现双方的共同目标而付出持续努力。

近年来，中华全国总工会先后出台了《关于进一步加强企业工会工作、充分发挥企业工会作用的决定》《关于新形势下加强基层工会建设的意见》等一系列政策文件，通过推动企业工会直选、企业民主管理、集体协商等改革举措，工会地位获得显著提升，大大增强了企业工会的自主性，促使工会越来越主动地参与工作场所活动，在协调劳动争议、推动和谐劳动关系建设等方面发挥重要作用。在这种情况下，企业与工会之间的互动形式变得愈发复杂，在实践中涌现出许多形式多样的企业-工会耦合关系类型。典型的代表性案例如下所述。

（1）2012年，当鞍钢公司面对亏损152.2亿元的不利局面时，工会在企业行政部门配合下牵头开创了"网络问企"活动，倡议员工在网络上通过工会向企业管理层提出意见和建议，到2015年底，这一活动共征集到各种建议数十万条，工会在企业优化产品结构并最终扭亏为盈的过程中发挥了不可忽视的作用。

（2）2015年9月，滴滴出行与上海海鸥控股（集团）有限公司、上海汽车集团股份有限公司的工会、上海交通工会共同发起成立上海海鸥出租汽车驾驶员服务社（以下简称"海鸥服务社"），海鸥服务社通过市场化的方式和创新的管理模式，既帮助个体出租车司机提高了运营效率和收入，又有利于推动相关平台企业和整个出租车行业的转型升级，实现多方共赢。

（3）2018年，电装（中国）上海分公司与工会就奖金集体协商问题出现分歧，企业要求工会无条件接受他们单方面提出的唯一方案，并全体拒绝出席第三轮谈判。工会一方面积极筹备谈判方案，另一方面提请上级工会依法介入，同时公开发出"抗议信"，宣布将在12天后举行抗议活动并对活动进行公开报道。抗议信发出后的第8天，迫使企业与工会经过协商，达成了"双方都感到满意的"一致意见，并共同发布了《关于奖金集体协商的联合公告》……

由此可见，中国的企业和工会在总体目标上具有一致性，强调彼此合作和促进，但在不同的企业-工会耦合关系类型中其具体的互动过程和机制是存在差异的。正因为如此，这些不同形式的企业-工会耦合关系案例为研究中国企业-工会耦合关系的内涵、特征、形成机理、演化发展提供了现实条件和实践启示。

1.2 研究问题的提出

在企业中构建和谐的劳动关系,中国的工会组织不仅作用独特,还大有可为。这主要体现在两个方面:一是中国的企业工会是嵌入企业内部的一个特殊组织①,在企业和员工之间扮演着"桥梁"和"纽带"角色,并将协调与平衡劳动关系主体利益诉求作为其重要工作目标和工作任务(王永丽、郑婉玉,2012;Chan、Snape、Luo等,2017)[6,7];二是随着工会体制改革的全面推进,其地位和作用发生着重大转变。工会承担着为员工维权、为企业维序和为社会维稳的多种职责,在推动劳动关系主体实现协商共事、机制共建、效益共创、利益共享等方面发挥着举足轻重的作用(陈维政、任晗、朱玖华等,2016;靳卫东、崔亚东,2019)[5,8]。正是中国工会角色的独特性以及在地位与作用上具有鲜明的本土特征,使中国的企业-工会关系在结构、功能、形态等方面上与国外存在很大差异,这迫切需要构建中国情境下的企业-工会关系理论,以此更好地指导中国和谐劳动关系的建设实践。

在学术界,国外的企业-工会关系研究已取得了丰硕成果(Cook、MacKenzie、Forde,2017)[9],但由于中国的企业-工会关系所处制度情境的独特性和中国工会的角色与性质的鲜明本土特征,国外关于企业-工会关系的研究结论并不能有效指导中国情境下的企业-工会关系研究。而国内现有研究大多只是对企业-工会间的合作或对抗等现象进行初步探究(吴进红、胡恩华、王凌云等,2017;靳卫东、崔亚东,2019)[8,10],也有研究者试图用"耦合关系"来描述中国企业-工会间关系的形成过程(胡恩华、章燕、单红梅等,2018;胡恩华、韩明燕、周潇等,2021)[11,12],但这些研究对企业-工会耦合关系现象背后的本质和成因缺少深入探究,导致现有的企业-工会耦合关系研究成果难以形成体系,这

---

① 中国的企业工会是一个嵌入在企业内部的组织,承担着维权、维稳和维序等多重职能。在本书中,如无特殊说明,所提到的"工会"均指中国的企业工会。

亟需研究者将企业-工会耦合关系理论化，深度挖掘和阐释企业-工会耦合关系的内涵、特征、模式构型和效用价值等问题。

事实上，企业和工会之所以会以不同方式进行互动乃至表现出不同的关系形态，关键原因是企业和工会所遵循的做事原则、规范和方法是不同的，即企业和工会有其各自的制度逻辑（Thornton、Ocasio、Lounsbury，2012）[13]。因此，探究企业-工会耦合关系的内涵、结构和形态可以从解读企业和工会各自的制度逻辑及其关系入手。从制度逻辑视角来看，企业-工会关系呈现出不同形态的根源是企业逻辑和工会逻辑在工作场所中不断地进行既关联、又平衡的互动和融合的结果。它既能够提供多种机制和路径来解释企业-工会耦合关系的演化动因和演化过程、又能够分析企业-工会耦合关系对组织、个体行为异质性的影响（Thornton、Ocasio，2008）[14]，制度逻辑为构建中国企业-工会耦合关系管理理论提供了恰当的视角。基于此，本书拟探究如下五个研究问题。

（1）中国情境下企业-工会耦合关系的内涵、特征、维度是什么？企业-工会耦合关系的影响因素有哪些？企业-工会耦合关系的具体形成过程如何？

（2）企业-工会耦合关系具体有哪些模式？划分依据和主要特征是什么？不同模式的企业-工会耦合关系之间是否存在演化？演化过程中的演化动因和驱动因素又是什么？通过哪些路径进行演化？

（3）企业-工会耦合关系在员工个体层面的价值如何体现？影响员工的作用机制如何？不同模式下的企业-工会耦合关系对员工的影响存在哪些差异？

（4）企业-工会耦合关系在企业组织层面的价值如何体现？影响企业的作用机制如何？不同模式下的企业-工会耦合关系对企业的影响存在哪些差异？员工是否可以对企业产生能动作用？

（5）企业-工会耦合关系的管理策略体系包括哪些内容？如何构建企业-工会耦合关系的总体发展策略？不同的企业-工会耦合关系模式间的演化策略选择的依据是什么？企业-工会耦合关系的价值提升策略又是什么？

1.3 研究意义

1.3.1 理论意义

（1）构建的中国企业-工会耦合关系理论，为劳动关系理论研究贡献新的知识。由于中国的企业-工会关系在产业关系结构、工会的角色与职责、社会文化环境等研究情境方面与国外存在显著差异，使中国的企业-工会关系在内涵、结构、作用范围等方面具有鲜明的本土特征，本书基于中国劳动关系研究情境构建出中国企业-工会耦合关系理论，这对劳动关系理论研究产生重大贡献，主要体现在以下几个方面：一是对中国企业-工会耦合关系进行内涵界定和特征识别，并开发出中国情境下的企业-工会耦合关系量表；二是分析了企业-工会耦合关系的形成过程，通过构型法推导出边缘型、辅助型、纠偏型、共生型企业-工会耦合关系四种模式，并阐明了企业-工会耦合关系模式间的演化过程；三是构建出企业-工会耦合关系对企业组织健康和员工工作生活质量影响的综合理论模型，揭示了企业-工会耦合关系对企业组织健康和员工工作生活质量的影响效应及其内在机理。

（2）拓展和深化了劳动关系领域的研究。现有的激进主义、一元主义和多元主义以及在多元主义基础上发展出的劳动关系合作绩效理论、平衡理论和合作伙伴关系理论等雇佣关系理论都是基于国外的劳动关系研究情境来分析企业-工会关系，但中国和国外的企业-工会关系的研究情境和特征存在差异，中国企业-工会关系研究不能简单地移植或套用国外雇佣关系理论。本书从制度逻辑视角识别出中国企业-工会耦合关系的特征、模式类型，分析出中国企业-工会耦合关系的影响要素、形成机制和动态演化过程，这对全面、客观认识中国企业-工会耦合关系规律至关重要，这不仅拓展对劳动关系理论的认识，还丰富和深化了劳动关系领域的理论研究。

（3）推动了人力资源管理领域和劳动关系领域的跨学科研究的融合。已有关于员工的工作生活质量和企业组织健康的研究一直受到人力资源管理领域的关注，而劳资双方力量平衡、利益均衡问题则是劳动关系领域的一个重要研究主题。为了解决上述研究的割裂问题，本书整合了人力资源管理和劳资关系的研究视角,从企业和工会的双主体视角来构建中国情境下的企业-工会耦合关系理论和管理策略,深入剖析了企业-工会耦合关系对员工工作生活质量和企业组织健康的影响机制,为推动共建共治共享的和谐劳资关系建设提供理论依据。这既解决了困扰人力资源管理领域和劳动关系领域的核心理论问题,拓宽了工会在劳动关系领域的研究边界,还将工会相关研究延伸到人力资源管理领域,推动了劳动关系领域和人力资源管理领域的知识融合和交叉发展。

1.3.2 现实意义

(1)为构建新时代和谐劳动关系提供战略思维和现实指导。劳动关系的和谐稳定既是构建社会主义和谐社会的内在要求,又是经济高质量发展的重要保证。本书从制度逻辑角度考察中国工会-企业耦合关系,从根源处去理解中国的工会-企业耦合关系规律,有助于指导劳动关系主体采用"治本"的方式来建设和改善劳动关系,对和谐劳资关系建设具有重要的指导价值。一方面,通过识别中国企业-工会耦合关系的内涵、特征、形成机制、模式构型及其演化机制,有利于重塑社会对工会地位的认知,增强企业理性看待工会的作用,改善工作场所层面企业和工会的互动方式,为和谐劳动关系构建积累经验;另一方面,通过整合中国企业-工会耦合关系在企业层面和员工层面的互动效果研究,有利于推动企业和员工的共同发展,这为劳资双方形成互利共赢的长效机制提供现实指导。

(2)为促进企业健康发展和提升员工工作生活质量提供策略和方法指导。中国企业-工会耦合关系的应用价值集中体现在促进员工福祉和企业效益的共同提升,而现有的研究缺少系统性。本书结合SARS模型,构建出企业-工会耦合关系对员工和组织影响的"输入—感知—反应—产出"的多层次、多阶段、多情境的综合理论模型,为企业和工会有效利用这种相互促进和彼此制衡的耦合关系来提升组织健康和员工工作生活质量提供切入点。这不仅增强了企业对工会地位、作用的认可,推动企业自身改革,主动适应工会的新变化、新要求,而且还有助于引导和激发员工自身的能动性,促使其更好地利用企业和工会资源来参与企业-工会耦合关系的建设实践,实现企业和员工共享发展成果。

（3）为推进企业-工会耦合关系高质量发展提供管理策略和实践指导。有效推进企业-工会耦合关系高质量发展、提升企业-工会耦合关系的管理水平，是企业和工会共同面临的重要挑战。本书基于"三位一体"的管理策略体系设计思路，提出了推动企业-工会耦合关系在"质"与"量"上持续增强的总体发展策略、模式演化策略和价值提升策略，这为企业和工会有效管理企业-工会耦合关系、推进企业-工会耦合关系高质量发展提供了实践指导。具体来说，在总体发展方面，应当通过重视政府的理念引导与政策支持、发挥自身的内因驱动作用、激发员工的能动性等途径来统一协调各主体间的目标关联和权力权衡，以此不断推动企业-工会耦合关系优化和提升；在模式演化方面，企业-工会耦合关系模式间的演化动因可以是同时驱动的（如边缘型耦合关系向共生型耦合关系演化就要保持企业利益导向和工会地位导向同步推进），也可以是根据演化情境选择先后驱动（如促使边缘型耦合关系→纠偏型耦合关系→共生型耦合关系的演化动因先是工会地位导向为主，再是关系协调导向为主）。这有助于指导劳动关系各方采用"治本"的方式来改善劳动关系；在价值提升方面，结合企业-工会耦合关系影响员工工作生活质量和组织健康的"输入—感知—反应—产出"过程，分别给出"输入—感知"阶段的提升资源环境、"感知—反应"阶段的驱动功能优化、"反应—产出"阶段的提升成果转化、"产出—再输入"阶段的促进价值增益等价值提升策略，这为企业和工会采取高效互动与协作方式来促进企业-工会耦合关系的实践建设提供了实践指导。

1.4 研究方法

1.4.1 文献研究法

文献分析法是总体把握前人研究成果和了解研究现状的一种行之有效的研究方法。本书围绕企业-工会耦合关系、企业逻辑、工会逻辑、机会—能动性—资源等主题，对 Web of science、Wiley、ScienceDirect、Transportation Science、ProQuest、CALIS、EBSCO、Emerald、Sage、维普中文科技期刊、万方数据、中国知网等国内外数据库的期刊、书籍、报纸、电子文献等初始文献进行系统的搜集,进一步对所搜集文献进行加工、编码、整理、归纳、分析与总结,为企业-工会耦合关系的概念提出、内涵分析、影响因素、形成过程、模式构型、模式演化动因与驱动因素等研究内容提供系统的文献线索。

1.4.2 扎根理论研究方法

作为一种研究方法,扎根理论可以帮助研究者更好地理解管理问题的本质和特征,进而构建新的理论。当亟需发展本土理论,但该管理现象尚不清楚且无法找到现有理论来给予回答时,研究者常用扎根理论方法来解决。扎根理论,从现象入手,通过观察、访谈、档案整理和文献查找等多种方式收集数据,并对这些原始数据进行分析提炼,最终实现"理论"和"数据"之间契合感到满意为止。

为此,本书按照O'Reilly、Paper、Marx(2012)[15]扎根方法要求,如图1-2所示:

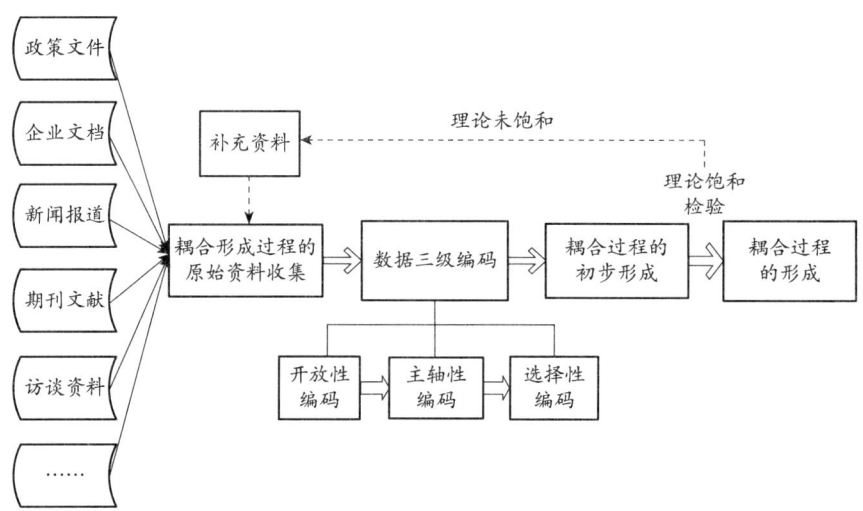

图1-2 企业-工会耦合关系的扎根构建基本过程

(1)运用大数据挖掘技术对政策文件、新闻报道、企业文档、期刊文献和访谈资料进行搜集,并运用案例研究方法对具有影响力的企业-工会耦合关系的特定企业进行深度访谈,通过大数据挖掘和案例分析相结合方式获取企业-工会耦合关系形成过程的原始资料和数据。

(2)采取多人同步编码、逐行编码与事件编码相结合方法对原始资料进行编码和归类。

（3）对资料和概念进行往复比较，分析它们间的关联，并补充搜集资料进行理论饱和度检验。

（4）根据往复比较产生的概念和关联来构建企业-工会耦合关系的形成过程模型。

（5）把企业-工会耦合关系的形成过程模型带入原始资料进行验证与修订，直至构建的形成过程模型可以解释大部分原始资料。

（6）将扎根程序层层描述出来，得到企业-工会耦合关系的分析过程模型。

1.4.3 构型方法

构型方法是以理论为基础，通过理论推理或实证推导的方法，确定理论构念的理想类型。构型方法重点是探讨实际观察值的分类，依据定量的实际数据，主要运用聚类分析方法对理论构念进行分类。为此，针对企业-工会耦合关系的模式构型，本书使用构型方法来识别企业-工会耦合关系的理想类型，主要通过聚类分析进行分组，计算出四类的重心或矩心，据此对企业-工会耦合关系模式进行分类。

1.4.4 案例研究方法

案例研究已经被证明是构建理论的有效方法之一（陈晓萍、沈伟，2018）[16]。Eisenhardt（1989）[17]认为，案例研究的过程包括启动、研究设计与案例选择、研究工具与方法选择、数据搜集、形成假设、文献对话、结束八大步骤，并被归结为准备、执行及对话三大阶段。这些步骤与阶段虽然可以区分开来并有先后顺序，但在进行实际研究时，各步骤之间是可以有回路的循环关系（如数据的搜集与分析可以是反复地进行），而并非总是直线式推进。案例研究强调依靠来源多样的资料组成有力的证据链，从而为研究效度和信度提供有效支撑（Yin，2017）[18]。本书在此基础上进一步采用多案例、多层次设计，围绕案例企业的选择、资料收集和资料分析三个主要方面展开研究，对企业-工会耦合关系的影响因素、形成过程、演化过程以及企业-工会耦合关系对员工工作生活质量和企业组织健康等问题进行探索，其中涉及的质性资料的编码和分析拟借助 NVivo10 开展，质性资料分析中涉及的量化分析借助 SPSS20

完成。

1.4.5 大数据挖掘方法

大数据挖掘是从大量数据信息中发现有价值信息的过程，主要包括：定义问题，明确数据挖掘的目的；数据准备，提取待挖掘的目标数据；数据挖掘，对数据进行归纳推理；结果分析，解释和评价数据挖掘的结果四个步骤。针对企业-工会耦合关系的内涵与形成机制、企业-工会耦合关系的模式构型与演化机制问题，本书将基于大数据挖掘的方法，对官方媒体报道（如中华全国总工会网站、中工网、人民网等）、网络媒体报道（如网易新闻、新浪新闻、今日头条等）、社交媒体数据（如新浪微博、职友集、领英、脉脉职言社区等）、各类出版物的线上版（如《工人日报》《工会理论研究》等）以及各类统计年鉴（如《中国劳动统计年鉴》《中国工会年鉴》等）线上数据进行挖掘与深入分析，为解决企业-工会耦合关系影响因素、形成机制、模式分布现状、演化驱动因素等问题提供数据线索。此外，本书还将大数据挖掘的方法应用到企业-工会耦合关系对员工工作生活质量、组织健康研究的样本选择问题，以减少传统抽样方法带来的样本选择偏差问题。

1.5 研究特色与创新

1.5.1 研究特色

（1）多元的研究视角。面对和谐劳动关系构建中的劳动关系主体诉求多元化和劳动关系形态多样化的要求和挑战，不仅需要平衡劳动关系双方间的力量对比，还要均衡劳动关系双方的利益分配。只有这样，才能在保证员工能够共享企业发展成果和有效满足员工需求的同时，推动企业健康发展，最终有效解决劳动关系领域中的主要矛盾。现有的对这个问题的研究是割裂的，员工工作生活质量和企业组织健康研究一直是人力资源管理领域重要研究主题，而劳资双方力量平衡和利益均衡则更多受到劳动关系领域的关注。为此，本书整合人力资源管理领域和劳资关系领域的研究视角，从企业和工会的双主体视角来构建中国情境下的企业-工会耦合关系理论，研究其在促进员工工作生活质量和提升企业组织健康方面的作用，为解决劳动主体之间力量不平等和利益分配不均衡、进而推动和谐劳动关系构建提供理论依据和决策参考。这不仅解决了困扰人力资源管理领域和劳动关系领域的核心理论问题，还拓宽了原有各自领域研究边界，促进两个领域交叉、融合和共同发展。与此同时，本书引入制度逻辑视角，揭示企业逻辑和工会逻辑之间相互关联、彼此平衡的复杂互动和融合关系，既能够厘清和识别企业-工会耦合关系的模式构型和特征、又能够提供刻画企业-工会耦合关系模式间演化的驱动动因和驱动因素。这为推进中国情境下的企业-工会耦合关系理论构建提供了新的视角。

（2）系统与整体的研究思路。本书基于系统分析框架，在构建企业-工会耦合关系管理理论的总目标下，对企业-工会耦合关系的理论基础、应用基础、策略基础进行有效整合，体现理论构建的整体性和完备性，反映出本书在研究设计上的鲜明特色。首先，从制度逻辑视角出发，明确企业-工会耦合关系的核心内涵，为企业-工会耦合关系的操作化提供理论工具，同时探究了企业-工会耦合关系中企业逻辑和工会逻辑之间的互动、融合、制度化的形成机制，对企业-工会耦合关系进行模式构型和特征分析，进而为其演化动因和驱动因素分析提供研究基础，这是本书的一个研究特色。其次，运用 SARS 模型，构建企业-工会耦合关系对员工工作生活质量和组织健康影响的"多层次、多阶段、多情境"的理论综合模型，并对企业-工会耦合关系中员工工作生活质量到组织健康的能动作用和组织健康对企业-工会耦合关系的反馈作用展开互动研究，从而形成一个逻辑完备的理论框架，这是本书在企业-工会耦合关系的应用研究设计上的一个重要特色。最后，基于"三位一体"的管理策略体系设计，提出企业-工会耦合关系的总体发展策略、模式演化策略和价值提升策略，奠定了企业-工会耦合关系理论构建的策略基础。实际上，理论研究、应用研究和策略研究不是阻断的三个阶段，而是相互衔接、环环相扣，共同构筑了企业-工会耦合关系管理理论的整体结构。

（3）多种研究方法的融合与应用。现有研究大多使用横截面问卷收集或案例等方法来开展研究，然而对于具有理论探索性和系统性的企业-工会耦合关系管理理论研究，需要结合不同的研究内容、研究目标和研究情境进行多种研究方法融合设计和综合运用。在研究方法使用方面有三个特色：①采用量化研究和质性研究等混合研究方法来发展企业-工会耦合关系量表。具体来说，测量题项产生和归类使用的是质性方法，而构念信度和效度的验证是采用定量方法。这既有效结合了质性研究的探索性和量化研究的验证性功能，又保证了企业-工会耦合关系量表开发的科学性和严谨性；同时，这种混合研究方法还兼顾了大样本和多来源的研究资料和数据来源，能够全面、准确地刻画企业-工会耦合关系的模式类型和模式特征。②结合纵向调查研究和大数据挖掘等方法，为企业-工会耦合关系的作用效果研究提供海量数据收集、样本锚定以及跟踪、准确分类、识别、决策提供丰富研究素材和数据支撑，有助于提升企业-工会耦合关系对员工工作生活质量和组织健康影响的说服力，增强企业-工会耦合关系作用效果的稳健性，既拓展了研究素材广度、深度和丰富性，又为劳动关系理论研究提供方法上的创新。③将行动研究方法应用于企业-工会耦合关系的管理策略构建。在提出企业-工会耦合关系的管理策略时，除了从理论研究成果中提炼实践启示，还需要通过行动研究来促使理论研究走向应用，本书将行动研究方法应用于管理策略开发，考察这些管理策略在实际管理情境中的适用性，帮助企业和员工结合独特的组织管理情境共同推进企业-工会耦合关系发展。

1.5.2 研究创新

（1）发展出企业-工会耦合关系构念，并开发出企业-工会耦合关系量表。由于中国企业-工会关系在内涵、结构和作用范围等方面上与国外存在着很大差异，使中国企业-工会关系已经超越了国外企业-工会关系的冲突或合作，表现出相互促进、彼此制衡而紧密相连的一种关系状态。因此，简单地把国外企业-工会关系的构念移植到中国情境下来研究中国企业-工会关系问题将难以揭示和认清其本质。为此，创造性地提出了中国企业-工会关系实际上是一种"耦合关系"，并基于Lewis、Templeton、Byrd（2005）[19]"阐释现象的重要性→明确构念的定义→探索构念的理论内涵"的构念开发框架，发展出中国情境下的企业-工会耦合关系构念，即企业与工会之间相互促进、彼此制衡而联合起来的一种关系状态。在此基础上，进一步提炼和阐明企业-工会耦合关系的目标关联和权力平衡的两个关键理论维度，运用演绎方法，递推、识别和验证企业-工会耦合关系的具体题项。这既突破了以往研究过于关注企业-工会耦合关系外在特征局限和经验研究在理论建构上不足，也为深入分析企业-工会耦合关系背后形成动因和形成机制提供理论依据。

（2）企业-工会耦合关系的模式构型及模式间演化动因分析。现有研究大多从关系的外在表现来描述企业和工会关系间的不同特征，这不仅难以揭示企业-工会耦合关系间的内在互动机制，而且无法对企业-工会耦合关系本质形成统一解释。本书结合中国企业-工会耦合关系中企业逻辑和工会逻辑的互动和融合规律，选取目标关联和权力平衡作为关键分类依据，运用构型法识别出边缘型、辅助型、纠偏型和共生型四种不同的企业-工会耦合关系模式，并对不同的企业-工会耦合关系模式特征进行刻画，这是企业-工会耦合关系研究的重要理论创新。在此基础上，以提升目标关联和增强权力平衡作为企业-工会耦合关系模式间的两种基本演化方向，揭示出企业-工会耦合关系模式间的存在四种演化动因：工会地位导向、企业利益导向、员工权益导向、关系协调导向，根据演化起点和演化路径的不同，企业-工会耦合关系模式间的演化动因可以是同时驱动的（如边缘型耦合关系向共生型耦合关系演化就要保持企业利益导向和工会地位导向同步推进），也可以是根据演化情境选择先后驱动（如促使边缘型耦合关系→纠偏型耦合关系→共生型耦合关系的演化动因先是工会地位导向为主，然后是关系协调导向为主），这不仅为优化企业-工会耦合关系提供理论支撑，而且可以从根源处去理解和认识中国企业-工会耦合关系规律，有助于指导劳资双方采用"治本"方式来改善劳动关系。

（3）构建一个"多层次、多阶段、多情境"的企业-工会耦合关系对员工和组织影响的综合理论模型。现有研究多从个体层次或组织层次来考察企业-工会耦合关系的影响作用，鲜少关注其内在运行机理研究，尚未形成统一和完整的研究范式。结合 SARS 模型，构建出企业-工会耦合关系对员工和组织影响的"输入—感知—反应—产出"的多层次、多阶段、多情境的综合理论模型。其中，在员工层面，从员工认知和情感的感知以及员工主动性和适应性的反应探索企业-工会耦合关系影响员工工作生活质量的过程机制；在企业层面，从组织结构、关系和认知的感知以及组织柔性和组织韧性的反应探索企业-工会耦合关系影响组织健康的过程机制，在此基础上，本书还研究了员工工作生活质量对于组织健康的能动作用以及组织健康对企业-工会耦合关系的反馈作用，改变了现有研究停留在单一层次和单一研究方向的局限，形成了企业-工会耦合关系影响员工工作生活质量和企业组织健康的跨层和互动的统一研究框架。

第 2 章
企业-工会耦合关系研究现状与发展动态

这部分主要从中国情境下的企业-工会关系、企业-工会关系研究的理论基础、企业-工会耦合关系对企业影响、企业-工会耦合关系对工会影响、企业-工会耦合关系对员工影响五个方面对国内外研究中的现状与发展动态进行梳理和分析。

2.1 中国情境下的企业-工会关系相关研究

在对企业-工会关系进行研究与理论化时,应该紧密结合其所处的情境。为此,重点围绕中国企业-工会关系的研究情境和特征进行文献梳理。

2.1.1 中国企业-工会关系的研究情境

通过文献梳理发现,中国和国外的企业-工会关系在产业关系结构、工会的角色与职责、社会文化环境等方面的研究情境存在很大的差异,具体如下:

(1)产业关系结构复杂程度不同。在国外,研究产业关系的经典模型是"政府—企业—员工"三方模型 Dunlop(1977)[20],其适用前提是产业关系结构中的各个行动主体权力相对均衡,工会和员工的立场绝对一致,员工通过工会提出集体诉求和采取集体行动。如果双方的矛盾通过谈判还是无法解决,则可以通过政府的介入等形式加以解决(Ibsen、Tapia,2017)[21]。然而,这一模型并不适用于中国的企业-工会关系的研究情境。这是因为:一是在中国的产业关系结构中,政府的主导力量强,能够对其他行动主体及主体间关系做出明确规定和指导;二是中国的工会是在政府领导之下,作为连结企业与员工的"桥梁"和"纽带"而发挥作用,不仅要维护员工权益,还要服从维护企业生产秩序和社会稳定的大局(Cooke,2014)[22]。由于中国的产业关系结构与国外存在着上述差异，Taylor、Chang、Li（2003）[23]基于中国情境下的产业关系结构，提出了"政府—企业—员工—工会"四方产业关系模型，如图2-1所示，其中，与国外工会只作为员工一方的发声渠道和行动代表不同的是，中国工会需要同时兼顾企业、员工和社会利益，成为企业和员工之外的一个独立的行动主体（Newman、Cooper、Holland等，2019）[24]。正如Ma（2011）[25]和徐世勇、Huang、张丽华等（2014）[26]指出的一样，在中国的产业关系情境下，政府作用至关重要，工会作为企业和员工之外的"第三方力量"，与企业和员工共同构成工作场所层面的三个互动主体，发挥着协调企业与员工间关系的重要作用，使中国的企业-工会关系处在一个相对复杂的关系网络。

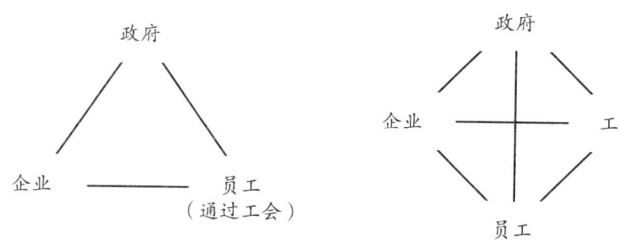

(a)国外的三方产业关系结构模型　　(b)中国的四方产业关系结构模型

图2-1　国外与中国的产业关系结构对比图

（2）工会扮演的角色与承担的职责不同。作为企业-工会关系的重要主体之一，中国工会的角色和职责特征与西方工会存在鲜明差异（Chung，2016）[27]。工会扮演的角色不同。中国工会身处一个由政府、企业和员工等多重力量构成的关系网络之中，需要平衡来自不同方面的责任期望（胡恩华、张毛龙、单红梅，2016；瞿皎姣、赵曙明，2017）[28,29]。这决定了与以维护会员权益为主要职能的国外工会相比，中国工会同时承担着为员工维权、为企业维序和为社会维稳的多重责任期望（陈维政、任晗、朱玖华等，2016）[5]，并强调协调和平衡不同利益相关者的利益诉求（Liu，Li，2014）[30]。工会承担的职责不同。尽管国外工会研究普遍认同工会承担着双重职责，即工会既承担要求企业提高薪资待遇的"垄断者"职责，也兼具传达员工共同意愿的"集体代言人"职责（Freeman、Medoff，1984）[31]，但这一研究结论并不适用于中国研究情境。Ge（2014）[32]指出，通常情况下中国的企业工会主要扮演"党政代言人"角色，在面对企业和员工时更倾向温和的"集体代言人"形象而难以发挥国外工会"垄断者"的强硬力量。一些学者从制度逻辑视角提出了工会的几种理想类型，认为可以用这些理想类型中一种或几种的结合来描述特定工会组织的性质及职责内涵（Chan、Snape、Luo等，2017；Ibsen、Tapia，2017）[7,21]。表2-1呈现的是有关国外工会和中国工会理想类型的代表性观点。由表2-1中的对比可知，中国工会的主要理想类型包括员工服务导向、企业管理导向和社会伙伴导向，这三种理想类型中，并未体现国外工会的"垄断者"角色（即中国工会并不会采取较为强势和激进的手段来达到维护员工权益的目的）。事实上，正如许多研究所指出的，中国工会通常是扮演一个"友善"的角色，通过搭建沟通桥梁、协调各方利益诉求等方式，追求劳动关系的"和谐"与"共赢"（Liu、Li，2014；Sun，2016）[30,33]。

表2-1　　　国外工会和中国工会的理想类型对比

主要的理想类型		关键特征
国外工会	市场中心	关注会员的收入问题，主要权力来源是代表会员与企业进行集体谈判
	社会中心	关注如何让工人阶级更广泛地融合到民主社会中，主要权力来源是通过社团主义与政党形成强关联
	阶级中心	致力于推翻资本主义社会，主要权力来源是动员工人阶级参与激进行动
中国工会	员工服务导向	关注为员工提供服务，包括向员工发放福利、向企业传达员工建议、代表员工与企业进行协商等
	企业管理导向	关注企业生产率，与企业管理层形成依附式的合作，但一定程度上也会传达员工诉求、为员工争取福利
	社会伙伴导向	关注政府的政治号召，按照上级工会的指示，采取一些行动来响应政府的政策（包括劳动保护政策）

资料来源：根据Liu、Li（2014），Chan、Snape、Luo等（2017）和Ibsen、Tapia（2017）等文献观点整理。

（3）社会文化环境不同。企业-工会关系嵌入于特定的社会文化情境中，这对企业和工会在互动关系中的目标和价值观取向会产生潜移默化的影响。与西方侧重于经济交换基础上的个人主义文化倾向相比，中国传统文化和社会主义价值观更加强调整体观。在中国社会，整体观被看作是一种地位突出、影响深远的文化价值观。它强调世界是一个有机的整体；在这个统一的整体内部，彼此之间应当以"和"与"合"的方式共同发展（席酉民、刘鹏、孔芳等，2013）[34]。而中国工会所倡导的"集体主义""和谐发展"等理念非常符合整体观的思想，在这些理念潜移默化的推动之下，企业、工会和员工都更倾向于将彼此视为同一系统内紧密相连的各个部分，更愿意服从大局利益和整体利益而做出自我利益的适度让步。在"合则强孤则弱""和而不同"等观念的指引下，企业、工会和员工等主体能够相互尊重，并通过平等的集体谈判方式进行利益关系协调，从而整体上确保劳动关系的和谐稳定（Chang、Cooke，2018；Hu、Zhang、Shan 等，2018）[35,36]。

从上述文献回顾可以看出，与国外企业-工会关系的研究情境相比，中国的产业关系结构更加复杂、工会角色与职责更加多元、社会文化更强调整体，使中国的企业-工会关系的研究情境呈现出自身的独特性，亟需开展中国情境下的企业-工会关系特征研究。

2.1.2 中国企业-工会关系的特征

在 20 世纪 90 年代以前，国外的企业-工会关系研究关注的是两者之间的斗争与冲突，着重考察企业与工会间冲突的现象和动因、探索缓解冲突及促进双方合作的可能途径（Martin，1983；Iverson、Buttigieg、Maguire，2003）[37,38]。但 21 世纪以来，国外的企业-工会关系研究重点发生了显著的改变，理论界开始关注一种新的现象：企业与工会之间可以达成一种基于互信和双赢理念的"伙伴关系"（Barry、Wilkinson，2016；Valizade、Ogbonnaya、Tregaskis 等，2016）[39,40]。但在实践当中，国外企业-工会伙伴关系的推广和深化却遭遇诸多困难，这背后的原因包括政府并未给予坚实的政策支持、工会与企业管理层之间存在多年累积的不信任关系、工会衰落导致集体化劳动关系难以为继（Kochan、Katz、McKersie，2018）[41]。与国外的企业-工会关系相比，中国的企业和工会历史渊源和发展环境与国外的企业-工会关系是不同的，通过文献梳理发现中国企业-工会关系的内涵更为丰富、结构更为稳定、作用范围更为广泛，具有鲜明的本土特征。

第2章 企业-工会耦合关系研究现状与发展动态

（1）中国企业-工会关系的内涵更为丰富。这一丰富性主要体现为两个方面：一是互动的议题更广泛。由于中国企业-工会关系嵌入在政府、企业、工会、员工等各个主体交织的网络中，企业和工会在互动的过程中需要综合考虑多方主体的利益。这就要求在考虑企业和员工利益基础上，还需要兼顾政府、社会等主体的利益，这使中国企业-工会关系的互动议题更为广泛（Chang、Cooke，2018）[35]。二是互动的形式更柔性。当国外的企业和工会之间存在分歧且目标不一致时，工会习惯采取罢工、示威等较为强硬的谈判手段，致使企业和工会之间出现激烈的对抗关系（Masters、Albright、Eplion，2006）[42]。而中国工会对企业和员工都扮演着一个"友善"的角色，在调解劳动纠纷和组织集体协商的工作中，工会更多地通过"间接"和"柔性"的方式来加强企业和员工间的交流沟通（张毛龙、胡恩华、张龙，2018）[43]。因此，即使中国企业和工会之间出现意见分歧，也会采取温和的集体协商与集体谈判等形式进行解决。

（2）中国企业-工会关系的结构更加稳定。这种稳定性表现在：首先，国家在制度设计上保障了企业与工会间的关系建立。如2015年3月颁布的《中共中央、国务院关于构建和谐劳动关系的意见》将构建和谐劳动关系的意义定位为"夺取中国特色社会主义新胜利的全局和战略高度"，并明确指出政府、工会和企业代表组织共同构成完善协调劳动关系的三方机制组织体系。2018年新修订的《中国工会章程》规定，工会不仅承担了"维护职工合法权益、竭诚服务职工群众"的基本职责，还肩负着"动员和组织职工积极参加建设和改革""教育职工不断提高思想道德素质""促进企业发展"等责任。在企业管理实践中，《中华人民共和国劳动法》《中华人民共和国职工代表大会条例》等法律法规从制度上保障了企业工会在企业中的职责和相应权力（Zhu、Warner、Feng，2011）[44]。

中国企业与工会之间存在相互信任和共同合作的坚实历史基础。自新中国成立起，企业-工会关系从未出现过难以调和的矛盾或冲突，甚至在相当长的时间内，工会的中心任务被设定为是协助企业"组织劳动、发展生产"，并在此基础上关心、维护工人群众的日常利益（游正林，2014）[45]。伴随着中国经济体制转型，工会亦发生由行政化向市场化、群众化的转变,"维护职工合法权益"的基本职责被重新强调,但工会维护职工权益的主要方式仍然是集体协商等温和手段,企业与工会之间并未出现难以调和的冲突(Kuruvilla、Zhang,2016)[46]。正因为如此,企业一方面密切关注工会的工作动向,不希望工会做出有悖于企业利益的行为(Liu、Li,2014)[30];另一方面愿意支持工会发挥一些有利于劳资双方共赢的职责,甚至主动授权工会开展相关的工作(Chan、Snape、Luo等,2017)[7]。企业与工会之间的这种密切互动促进了企业与员工共同发展的良好局面,提高了双方之间的信任和共识程度,巩固了双方长期稳定发展的基础(Newman、Cooper、Holland等,2019)[24]。

(3)中国企业-工会关系的作用范围更加广泛。这一广泛性主要体现为两个方面:一是中国的企业-工会关系覆盖范围更广。中国的工会是党政机构在企业内部的功能延伸,具有自上而下"行政建制"的特征(靳卫东、崔亚东,2019)[8],中华全国总工会依据《中华人民共和国工会法》《中华人民共和国中国工会章程》等相关法律法规在各类企业自上而下地组建众多企业工会,这为企业-工会关系在中国企业中的全面覆盖创造了有利条件。二是中国的企业-工会关系对企业中的非工会会员具有溢出效应。《中华人民共和国工会法》明确要求,工会必须"依法维护职工的合法权益"。这里的职工不仅包括工会会员,而且涵盖了其他没有加入工会的非工会会员。与国外工会只保护会员权益不同的是,中国工会在企业工作场所中实际上同时维护了会员与非会员的权益,工会对职工权益的维护具有显著的正向"溢出效应"(孙中伟、贺霞旭,2012)[47]。易定红、袁青川(2015)[48]进一步指出,无论是工会会员还是非会员,只要企业建有工会,强迫劳动的发生比率就会下降,且有工会企业的三项保险都购买的发生比率也会高于非工会企业。

综上所述,中国的企业-工会关系在内涵、结构、作用范围等方面具有鲜明的本土特征,企业-工会关系已经超越了国外企业-工会关系的冲突或合作,表现出相互作用、彼此促进而紧密相连的一种耦合关系状态(胡恩华、章燕、单红梅等,2018)[11],只有用"耦合关系"概括和描述中国企业-工会关系,才能识别企业和工会之间相互融合的关系状态,才能更全面、更客观地刻画出中国企业-工会关系的本质和特征。因此,不能简单地将国外企业-工会关系的研究结论移植到中国情境,亟需研究者扎根本土情境研究,围绕中国企业-工会耦合关系开展深入的探索性研究。

2.2 企业-工会关系研究的理论基础

学者们早期对企业-工会关系的理论探究主要源于雇佣关系领域中的激进主义、一元主义和多元主义等理论框架。

2.2.1 激进主义

激进主义认为,雇佣双方地位是不平等的,雇主是生产工具的所有者和控制者,雇员只是雇主追求利润的工具,双方存在着激烈的利益冲突和对抗(Kochan、Piore,1984)[49]。该理论的核心观点是:第一,劳动关系是阶级关系;第二,劳动关系双方之间存在阶级矛盾,只有通过阶级斗争才可以解决;第三,工会是工人对资本主义制度做出的必然反应,为了替工人争取更多权益和更多资源,工会必须形成强有力的政治力量。尽管工会通过不断增强工人群体的力量,向雇主发起利益争夺,但这容易使企业和工会因为激烈对抗而彼此消耗,既难以保证企业在竞争日益激烈的市场中保持竞争优势,也难以保证员工获得稳定的工作机会。可见,冲突和对抗的激进主义下的企业-工会关系容易对企业和员工双方利益都会产生不利影响,这不仅无法解决劳动关系矛盾,甚至有可能造成劳动双方间的更激烈地冲突。

2.2.2 一元主义

由于雇佣关系双方存在共同的利益,企业在追求利润的同时也努力为员工提供令人满意的工作和公平的待遇,即使企业和员工之间产生利益分歧,也只是暂时现象,可以通过企业自身内部管理的改善来解决(Kandathil、Joseph,2019)[50]。一元主义的核心观点是:第一,管理者拥有绝对的权威,员工必须接受管理者的领导和管理,保持对管理者的忠诚与服从(Leonardi、Gottardi,2019)[51];第二,企业内部的矛盾只是工作过程中因决策计划和信息传递不通畅、员工对管理者的决策和行为不理解等造成的,企业可以通过提高自身管理效率解决冲突;第三,不需要工会等第三方组织的干预,工会的存在实质上是与管理者争夺管理权,反而会在管理者与员工之间制造矛盾。可见,一元主义的出发点是关注企业利益,旨在通过解决企业和员工之间的暂时性分歧而维持雇佣关系表面上的"和平"和"一致"。在此前提下,一元主义是排斥工会的存在,认为企业和工会之间是难以建立起有效关系的。然而,一元主义回避了劳资关系双方的力量不平等这一核心问题,过于夸大企业内部管理的作用。实际上,一元主义出发点仍是维护企业自身利益,企业对员工需求关注只是满足企业自身发展的一种手段,以雇主为中心(employer-centric)的一元主义由此受到质疑(Greenwood,2013;Greenwood、Van Buren,2017)[52,53]。

2.2.3 多元主义

多元主义认为雇主和雇员之间存在着共同利益,可以通过制度和程序来协调雇主和雇员的利益及其潜在冲突(Ackers,2017)[54]。其核心观点是:第一,雇主和雇员之间存在共同利益,双方都希望组织盈利;第二,雇主和雇员之间在利润分享和工作保障等方面存在固有冲突,这种冲突具有合理性,是雇佣关系的自然的、健康的特征;第三,雇员在雇佣关系中处于弱势地位,为了协调多元化的利益诉求、解决冲突,必须借由工会力量对雇佣关系进行调整,从而保证劳动关系的有效运行。可见,多元主义观点下的企业-工会关系仍然不能突破劳资双方对自身利益的考虑,工会只是平衡企业和员工之间不平等关系的博弈工具,在此背景下,一些研究者试图通过引入更多的视角重新构建新的雇佣关系分析框架,对多元主义理论进行拓展,以确保雇佣关系理论发展能够适应各国产业结构和劳动力市场的变化。为此,在多元主义理论基础上发展出了劳动关系合作绩效理论(Cooke,1990)[55]、平衡理论(Budd,2004;Kaufman,2010)[56,57]、合作伙伴关系理论(Guest、Brown、Peccei等,2008)[58]。

(1)劳动关系合作绩效理论。该理论的出发点是通过促成劳动关系双方的合作而提升企业的整体运营绩效(Cooke,1990)[55]。其主要观点是:第一,劳动关系双方之间并非相互对抗的关系,双方都是把共同追求更大效益作为各自目标;第二,劳动关系合作强度取决于工会与企业的相对力量、合作结构和组织约束三个因素,且劳动关系合作强度会带来劳动关系的变化，进而影响雇员的努力程度；第三，劳动关系的合作关系有助于促进企业提高劳动生产率、提高产品和服务质量、减少生产浪费和返工、减少管理成本等，并促进工会与管理层的沟通而使员工获得相应经济收入。可见，该理论视角考虑了工会在协助企业提升绩效方面的积极作用，并且工会能够在此过程中尽可能地保障劳动关系双方的利益（常凯，2005）[59]。但由于该理论视角仍侧重于企业利益方而忽视工会和员工利益的重要性，这种基于企业绩效提高的劳动关系合作可能给工会带来负面影响，如工会面临被管理方同化、集体谈判力量被削弱的风险，从而使企业-工会关系的合作难以得到长期维系和发展。

（2）平衡理论。该理论认为要从企业、工会和员工三者均衡关系上重构雇佣关系（Kaufman，2010）[57]。其核心观点是：第一，在一个不完全竞争的市场中，劳动关系双方的根本矛盾是因为存在利益分歧，雇佣关系被看作不同利益群体之间的利益博弈问题；第二，不能把雇佣关系中的博弈主体看作只关注经济利益的理性人，他们具有社会人的属性，如个体行为同样受到有限认知、情感、社会文化的一般规则及价值观、平等、公正等因素的影响。可见，平衡理论强调构建人性化的雇佣关系，当企业、工会和员工三者之间构成了一个等边三角关系时，三者之间的关系就达到和谐状态，员工可以同时承诺于企业和工会。尽管平衡理论试图从均衡的视角出发，弥补已有雇佣关系理论侧重于企业、工会和员工其中一方或两方的问题，但更多地仍停留在描述劳动关系的整体特征上，在具体应用上并未构建出具有解释力的分析框架，这不利于深入探讨劳动关系主体之间的行为互动、权力关系等问题。

（3）合作伙伴关系理论。该理论遵循互利共赢（Mutual-gains）的原则，强调劳动关系双方在工作中创造的多边合作关系，以便雇主和雇员能够在一起有效工作，最终实现共同或互补的目标（Guest、Brown、Peccei等，2008）[58]。该理论更关注工会的具体事务，如明确规定工会可以参与企业管理决策过程，并就员工利益问题与企业进行协商与沟通，以促使企业、工会和员工间的相互合作，推动劳动关系各主体的利益共赢（Geary、Trif，2011）[60]。可见，合作伙伴理论强调在雇员和雇主之间建立合作关系，这为缓解雇员和雇主之间利益冲突提供方向指导（Wilkinson、Dundon、Donaghey 等，2014)[61]，但合作伙伴理论在概念内涵和形成机理等方面仍然存在一定的不足：一是概念内涵较模糊。虽然研究者认为合作伙伴关系需要解决的核心问题是雇主和雇员之间的"互利"和"互惠"，但其仅能反映参与者是否因交换而获得收益，难以深刻揭示雇佣关系的质量（彭娟、刘善仕、滕莉莉，2012)[62]；二是实现机理仍有待进一步研究。虽然研究者从多种视角探讨了实现合作和互利的途径，但是其中的具体运作过程仍处于"黑箱"状态。

综上所述，现有的与企业-工会关系相关的雇佣关系理论研究中，激进主义过于强调雇佣关系主体之间的利益冲突，企业-工会关系多呈现对抗形态；一元主义过于关注雇佣关系主体之间的共同利益，工会被认为是非必要的第三方，企业-工会关系难以有效建立；多元主义虽然承认雇主和雇员之间同时存在着共同利益和冲突，且雇主和雇员之间的冲突可以通过工会的集体谈判解决，但企业和工会之间的集体谈判被认为具有高度敌对性，企业-工会关系仍然无法实现劳动关系各主体之间利益的有效融合；而在多元主义基础上发展出的劳动关系合作绩效理论、平衡理论和合作伙伴关系理论虽然在一定程度上反映出企业和工会之间紧密配合和互利共赢的关系状态，但仍未能揭示企业和工会之间相互影响、相互作用的深层次原因，对主体之间进行合作与配合的具体过程的阐述也较为模糊，导致在分析企业-工会关系的形成与具体表现方面仍然具有一定的局限性。更为重要的是，上述理论都是基于国外的劳动关系研究情境来分析企业-工会关系，但中国和国外的研究情境存在很大差异，中国的企业-工会关系在内涵、结构、作用范围等方面具有鲜明的本土特征，因此，中国的企业-工会关系研究不能简单移植/套用已有的国外雇佣关系理论，构建适用于中国情境下企业-工会关系的理论势在必行。

2.3 企业-工会耦合关系对企业影响的相关研究

通过梳理文献可以发现，企业与工会间的密切互动能够平衡劳动关系中各个利益相关方的诉求，促进各方实现共赢。实际上，企业-工会耦合关系对企业、员工和工会各主体都会产生影响和作用。就企业来说，企业-工会耦合关系的影响主要体现在管理效能和企业绩效这两个方面，其中，管理效能是为企业绩效的改善提供内在的持续驱动力，企业绩效则是管理效能变化后的直观结果。为此，围绕企业-工会耦合关系对企业效能和管理绩效的影响这两个方面展开文献回顾。

2.3.1 企业-工会耦合关系对管理效能的影响

随着企业对全面、健康、可持续的高质量发展的日益重视，企业-工会耦合关系对企业管理效能的影响受到研究者的关注。《中国工会章程（2018）》明确规定，工会需要"按照促进企事业发展、维护职工权益的原则，支持行政依法行使管理权力，组织职工参加民主管理和民主监督，与行政方面建立协商制度，保障职工的合法权益，调动职工的积极性，促进企业、事业的发展"。特别是在当前企业追求高质量发展的大环境下，如何改善管理效能、促进企业健康持续发展，已成为各方关注的热点问题（张璇、龙立荣，2017；金碚，2018；张军扩、侯永志、刘培林等，2019）[63,64,2]。实际上，随着工会改革的推进，工会逐渐参与涉及员工工资和福利等切身利益的企业决策（Cooke，2014）[22]，企业-工会耦合关系对资源管理效能和雇佣关系稳定性的改善作用也得到了越来越多研究支持：

（1）人力资源管理效能。Kochan、Lansbury、Verma（2005）[65]指出企业很难通过质疑自身的管理方式而提出最有效的管理策略，而Vernon、Brewster（2013）[66]研究指出工会在这方面的作用不可或缺。在此基础上，胡恩华、章燕、单红梅（2018）[11]、邢周凌、王一鸣、李灵璐（2014）[67]研究发现，企业人力资源管理职能部门通过与工会合作，能够对企业的招聘、薪酬及民主管理等管理实践形成有益补充；Fan、Dong、Hu等（2018）[68]研究认为，工会和企业能够就员工的薪资水平、发展机会、工作环境和职业培训等各个方面进行合作，共同提升企业人力资源管理效能；Hernaus、Pavlovic、Klindzic（2019）[69]进一步研究发现，工会和企业的人力资源管理部门之间的协同合作可以为员工提供更多的职业发展机会。由此可见，工会在工作场所可以发挥一种拓展的人力资源管理功能，通过与企业的互联互动，推动企业人力资源管理效能的改善。

（2）雇佣关系稳定性。Gill（2009）[70]认为，企业管理实践的有效运行离不开雇佣关系的稳定。工会通过参与企业的一系列活动，能够在企业中营造稳定的劳资关系氛围。魏下海、董志强、金钊（2015）[71]认为，工会通过代表员工与企业签署集体合同的集体发声途径，有助于减少企业随意的解雇行为，促进就业的稳定性；李召敏、韩小芳、赵曙明（2017）[72]研究指出，工会通过敦促企业改善员工的物质性报酬和发展性报酬，驱动企业形成不同的雇佣关系模式，从而提升其雇佣关系稳定性；Lee、Brown、Wen（2016）[73]、谢玉华、杨玉芳、毛斑斑（2017）[74]研究认为，工会和企业在保障员工发言权、构建内部沟通体系以及推动集体协商制度化等方面开展深入合作，有利于营造员工积极参与企业管理的组织氛围，从而提升企业民主管理的效率和效果，为企业雇佣关系的稳定发展提供保障。

2.3.2 企业-工会耦合关系对企业绩效的影响

企业-工会耦合关系对企业绩效的影响可以从"节流"和"开源"两个方面进行文献梳理。

"节流"是指企业和工会协作与配合能降低企业生产成本，减少不必要的资源浪费，从而提高企业绩效。王永丽、郑婉玉（2012）[6]通过对广东省1050家非公有制企业进行实地调研，发现工会作为企业内的一个嵌入式组织，在与企业互动中履行着跨界职能，推动了企业和员工之间的有效沟通，帮助解决企业中的资源冗余问题，从而对企业绩效产生正向影响。游正林（2011）[75]通过对一家国有独资企业的研究，发现工会在企业中通过牵头开展"生产操作无差错"活动有效地抑制员工的违章操作、违纪操作和错误操作的发生，通过"修旧利废"活动促进了企业生产资源的循环利用，工会与企业间的这种协调配合的互动关系，帮助企业降低了生产成本。此外，Pohler、Schmidt（2016）[76]、淦未宇、徐细雄（2018）[77]研究也证实，维持雇佣关系的稳定性对于企业回收投资成本、实现企业平稳运行至关重要，并指出在企业和工会保持良好合作关系的情况下，企业雇佣关系质量不断提升，员工频繁离职行为不断减少，有效降低了企业生产成本，促进企业绩效提升。

"开源"是指企业和工会的互动有利于创造新的企业绩效。具体体现在提高企业生产率、提升企业创新能力、改善企业投资配置能力等方面。Ge（2014）[32]的研究较早地验证了中国工会能够帮助企业显著提高劳动生产率。随后，Lu、Tao、Wang（2010）[78]、魏下海、董志强、黄玖立（2013）[79]研究也都发现，在工会的作用下，企业劳动生产率显著提升。但这些研究仍未能深入揭示企业-工会关系促进企业绩效提升的动因与过程。随着研究的不断推进，对企业-工会关系与企业绩效间关系的探究也逐渐深入。Fang、Ge（2012）[80]、李文贵（2014）[81]的研究发现，工会的参与有助于推动企业在创新和研发方面的投资，并指出这些现象背后的原因是企业与工会的利益可以兼容。单红梅、胡恩华、黄凰（2014）[82]从组织可见绩效和市场可见绩效两个维度来衡量企业的绩效表现，探讨了工会实践与企业绩效之间的关系，发现工会实践与企业绩效正相关，且其间的过程机制体现在劳资关系氛围的中介作用上。魏下海、金钊、孙中伟（2018）[83]指出，工会能够显著促进企业的原产品规模扩张、新产品研发以及工艺创新等新增投资，并且工会这种促进作用的程度取决于管理层是否重视员工权益，在员工权益保护较好的企业，工会促进投资的效应将放大。这意味着企业-工会耦合关系促进企业绩效的边界条件之一是企业对员工权益的重视程度。

综上所述，企业与工会可以通过有效合作，能够对管理效能和企业绩效产生积极影响。这反映了在中国情境下，企业与工会之间存在利益协同优势，工会的发展并不必然以牺牲企业利益为代价。特别地，企业绩效和管理效能的共同提升意味着，积极的企业-工会关系使企业具有长期稳定发展的能力，能够在一种健康的状态下实现全面、全面、协调、可持续的高质量发展目标。这为探究企业-工会耦合关系与组织健康之间的关系提供了有力的理论支持。但现有的文献研究相对零散、不成体系，鲜少涉及企业-工会耦合关系对组织健康的具体影响，且两者间的过程机制也处于"黑箱"状态。鉴于此，亟需研究者关注企业-工会耦合关系对组织健康的影响研究。

2.4 企业-工会耦合关系对工会影响的相关研究

通过文献梳理发现，企业和工会耦合关系对工会的影响研究主要是在两个方面：一是企业-工会耦合关系对工会角色认可的影响研究；二是企业-工会耦合关系对工会能动性的影响研究。

2.4.1 企业-工会耦合关系对工会角色认可的影响研究

在企业-工会耦合关系中,对工会的角色认可决定了工会能否在企业中顺利地开展相关工作。已有研究主要从获得企业支持和配合、获取员工认同两个方面展开企业-工会耦合关系对工会角色认可的研究。

(1) 获得企业支持和配合。在企业-工会耦合关系中,工会主要通过协助企业进行生产管理、协调劳资关系、为企业提供外部制度支持而发挥作用,从而获取企业认可。

从工会协助企业进行生产管理研究来看,激发员工生产积极性、提高员工能力素质、促进员工建设性意见表达等是研究者关注的重点。在激发员工生产积极性方面,工会发挥自身的组织和动员能力,积极在企业中开展企业生产目标的宣传活动,激发员工工作自主性(Snape、Redman,2012)[84]。在提高员工能力素质方面,工会通过开展劳动竞赛、技术革新、发明创造等多种形式的活动,帮助员工在实践中不断提高自身的业务技能水平与综合素质,提升员工的人力资本。在促进员工建设性意见表达方面,工会收集员工在企业生产过程中的建设性意见,并代表员工向企业提出运营管理的建议和方案,有利于企业愿意与工会交换信息以及为其活动提供支持(Lüthje,2014;徐泽磊、于桂兰、杨欢,2019)[85,86]。

从工会协助企业协调劳资关系来看,研究者主要是从工会在劳资协商和沟通中的作用展开研究的。Lee、Brown、Wen(2016)[73]指出,工会以制度建立者、谈话参与者和第三方调停者的角色联结企业与员工双方,并在劳资协商和沟通中发挥着不可或缺的作用;Chan、Snape、Luo等(2017)[7]研究认为,工会具有表达员工利益诉求、解决劳动争议和参与集体协商等作用,已成为工作场所中促进企业和员工进行双向沟通的桥梁和纽带,使企业管理者愿意主动在工作场所中给工会授权并配合工会开展工作。

从工会为企业提供外部制度支持研究来看,研究者主要围绕工会在协助企业获得政府支持、参与社会活动等方面展开研究。在协助企业获取政府支持方面,Chung(2016)[27]研究发现,工会不仅担负着维护员工权益和提升企业效率的职能，还帮助企业与政府进行有效的交流和沟通，为企业获取更多的政府资源，有利于提升工会在企业中的地位。在促进企业参与社会活动方面，吴建平（2017）[87]认为，工会通过积极配合企业参与行业竞赛或政府组织的相关活动，来争取对企业有益的外部资源，如推选企业领导者或骨干当选各级劳模或先进荣誉，协助企业参加"劳动关系和谐企业"评比等，这些都给企业带来了实质性利益和好处，有利于工会在企业内部得到接纳和认同。由此可知，工会不仅能够从内部提升企业效益，还可以从外部为企业发展创造条件，这是企业支持和配合工会工作的重要基础。

（2）获取员工认同。在企业-工会耦合关系中，工会主要通过增加员工福利、保障员工参与企业管理和为员工提供情感资源而发挥作用，从而获取员工认可。

从工会增加员工福利研究来看，工会在企业中积极推行员工福利计划，通过赠保险、设基金、开咨询、建听证等多种方式为员工送福利、送帮助，不仅能有效增强员工的凝聚力与向心力，而且还提升了员工对工会的忠诚与承诺（罗明忠、罗发恒，2015）[88]；李敏、周恋（2015）[89]也指出，工会在员工帮扶和文化娱乐活动等方面能够给员工提供更多的服务。

从工会保障员工参与企业管理研究来看，工会既可以通过集体谈判、职工代表大会等方式提升员工的集体参与，又可以采取合理化建议、工作再设计、质量小组、民主对话等方式鼓励员工直接参与企业事务。瞿皎姣、赵曙明（2017）[29]认为，工会可以通过联合行业工会、推行工会直选制、落实工会干部职业化制、完善集体谈判制度等多种方式，保证员工在企业中充分享有发言权，并真实表达其多元化的利益诉求；Fortin-Bergeron、Doucet、Hennebert（2018）[90]研究结果也证实，当企业与工会处于良好的互动和合作关系时，工会能够督促企业重视员工的意见和利益诉求，提升员工对工会的认可。

从工会为员工提供情感资源研究来看，一是工会可以通过倡导"以厂为家""和谐发展"等理念来营造集体主义氛围，满足员工的社会情感需要（朱苏丽、龙立荣、贺伟等，2015）[91]。席西民、刘鹏、孔芳等（2013）[34]、吴坤津、刘善仕、王红丽等（2016）[92]、Wang、Ang、Jiang

等（2019）[93]研究表明，工会通过倡导多方以"和"与"合"的方式共同促进"和谐发展"等理念，积极维护员工、企业和社会的整体利益，进而能得到员工的广泛认可。二是工会可以为员工提供人文关怀、丰富员工的精神生活以及改善员工的身心健康和工作体验，来提高员工对工会的认可。胡恩华、韩明燕、胡彩红等（2019）[94]、张戌凡、席猛（2019）[95]研究发现，企业员工加入工会后，由于积极参与集体团建、交际、艺术、体育等文体娱乐活动，员工的身心健康和家庭幸福感得到显著提升，增强了员工身份归属感，提升了员工对工会的信任和承诺。

总之，企业-工会耦合关系能够影响企业和员工对工会角色的认可，这对工会工作的顺利开展至关重要。随着社会主义市场经济的深入发展，劳动关系主体需求和劳动关系形态也在不断地发生着变化。工会在积极响应新形势、新任务、新要求的同时，必须重视工会自身的能动性建设，唯有如此，才能提升工会服务能力，为和谐劳动关系建设提供坚实保障。

2.4.2 企业-工会耦合关系对工会能动性的影响研究

已有文献主要是从促进工会自身建设和提升工会履职效果两个方面来探究企业-工会耦合关系对工会能动性的影响。

（1）促进工会自身建设。企业-工会耦合关系中，工会在与企业的互动过程中，主要通过创新工作方式和拓展信息渠道两个方面来完善工会自身建设。

从创新工会工作方式看，张毛龙、胡恩华、张龙（2018）[43]指出，我国自上而下的统一的工会工作安排模式已经无法满足基层企业员工的实际需要，亟需推行基层工会改革，让基层工会能因地制宜地发挥自身维护员工权益的主动性。与此同时，通过梳理现有文献发现，在良好的企业-工会耦合关系中，企业更加重视工会的作用，这使工会能够凭借群众化和民主化改革更大程度地维护员工权益。如李力东（2012）[96]研究发现，在企业的支持下，工会通过自下而上的自身改革来增强工会的维权能力，通过工会主席直选、工会干部的职业化、专业化和社会化等民主选举改革，既有助于提高工会的独立性和代表性，与企业开展更有效的集体协商和劳动争议处理，更有利于对员工权益的维护；Kai、Brown

(2013)[97]指出，工会可以通过创新和变革自身工作方式与流程，提升其在集体谈判协商、表达员工利益诉求等方面作用。

从拓展工会信息渠道来看，谢玉华、杨玉芳、毛斑斑（2017）[74]、Lee、Brown、Wen（2016）[73]认为，工会通过敦促企业实施民主管理、构建内部沟通体系、推动集体协商制度化等途径在企业中搭建信息沟通和交流渠道，有助于提升工会在劳资双方间的沟通作用；瞿皎姣、赵曙明（2017）[29]研究发现，工会可以通过联合行业工会，在工会主席直选、集体谈判等方面与企业进行交流和沟通，拓展员工在企业中享有充分享有发言权，合理表达其利益诉求。

（2）提升工会履职效果。已有文献主要是从企业给予工会履职所需资源、补充和强化工会履职有效性两个方面来探究企业-工会耦合关系对工会履职效果的影响。

在企业给予工会履职所需资源的研究方面，工会开展工作离不开了企业的支持，良好的企业-工会关系有助于工会在履职过程中获取来自企业的各种支持性资源，从而提升工会履职效果。如在企业支持工会民主选举方面，良好的企业-工会耦合关系中，企业愿意协助工会完善工会主席的民主选举制度，有利于提高工会组织的凝聚力，这是工会能够有效开展工资集体协商的重要条件之一（石晓天，2012）[98]。又如，在企业与工会进行平等对话方面，Cooke（2014）[22]研究表明，良好的企业-工会耦合关系能够促使企业主动与工会构建平等对话机制，有利于解决工会维权范围狭窄或难以满足员工多元化诉求的问题；魏下海、金钊、董志强（2015）[71]也指出，工会与企业确立平等协商的工作机制，确保工会在企业决策的不同层面进行"源头参与"，扩大工会职能发挥的覆盖面。

在企业给予工会履职的互补和强化研究方面。从对工会履职互补作用来看，工会职能与企业管理职能的侧重点不同，企业管理职能的发挥有利于形成对工会职能的补充。刘泽双（2010）[99]指出，工会教育职能的履行与企业人力资源培训在企业-工会关系中能够形成互补，工会进行的培训更倾向于与员工建立情感上的联结，满足员工的情感需求（张毛龙、胡恩华、张龙，2018；胡恩华、韩明燕、胡彩红等，2019）[43,94]，而企业更看重对员工知识和技能等方面的培训，促进员工工作能力的提升（Jiang、Lepak、Hu等，2012；Cooke，2014）[100,22]，在这互补的过程中，工会在员工思想观念和敬业精神等方面的教育职能对企业人力资源的业务能力培训形成了有益的补充，同时企业的人力资源专业培训方法能够为工会教育职能效果提供有益借鉴和补充，有利于提升工会员工培训效果。从对工会履职强化作用来看，工会和企业在协调员工与企业关系、改善员工工作感受、推动员工参与管理决策及发挥员工工作自主性等诸多方面存在交叉与合作，工会在与企业的沟通交流中可以不断累积相关经验，能够对工会的有效性发挥"增量"作用（Liu、Guthrie、Flood等，2009；Liu、Li，2014）[101,30]；徐泽磊、于桂兰、杨欢（2019）[86]也发现，良好的企业-工会耦合关系有利于工会获得企业的支持，并指出工会在企业内对员工培训次数、时间增加的同时，劳动争议和劳动合同纠纷也就相应减少了，这说明工会在维护员工权益方的有效性得到提升。

综上所述，中国企业-工会耦合关系中工会不仅可以同时获取企业和员工的认同，还能够通过完善自身建设和提升履职能动性，充分发挥工会职能履行的效果。尤其是工会在企业和员工之间扮演着"桥梁"和"纽带"作用，能够实现企业和员工利益的共享和共赢，这为整合企业-工会耦合关系在企业和员工层面的不同影响过程及其跨层互动提供了有力的支持。但总体上这方面的研究结论仍然较为零散，难以有效揭示企业、工会和员工之间的复杂互动关系，有必要进一步结合中国和谐劳资关系情境和工会职能的有效性来构建更为系统的企业-工会耦合关系理论。

2.5 企业-工会耦合关系对员工影响的相关研究

员工作为同时嵌入在企业和工会中的重要参与者，其收入水平、劳动保护条件、福祉、行为等都会受到企业-工会耦合关系的影响。通过对已有文献梳理发现，企业-工会耦合关系对员工产生的影响主要在员工劳动权益保障和员工工作表现两个方面。

2.5.1 企业-工会耦合关系对员工劳动权益保障的影响研究

随着中国劳动关系的深度转型，员工对劳动权益的诉求日益多元化

第2章 企业-工会耦合关系研究现状与发展动态

(常凯,2013)[102],构建恰当的企业-工会关系对员工的劳动权益保障至关重要(李敏、周恋,2015)[89]。通过梳理文献发现,企业-工会耦合关系对员工劳动权益的保障作用主要体现在基础型劳动权益和发展型劳动权益两个层次:基础型劳动权益是指受到劳动法律法规明确保护的员工权益,反映的是员工最基本的社会生存需要,属于对员工劳动权益的"底线保障";发展型劳动权益是指受到相关政策法规的提倡,并非强制要求,反映的是劳动者与企业利润增长或社会发展保持同步的较高层次的需要,是一种"增长型权益"(孙中伟、贺霞旭,2012;纪雯雯、赖德胜,2019)[47,103]。由此,将重点围绕企业-工会耦合关系对这两种劳动权益的保障展开文献回顾。

(1) 对员工基础型劳动权益的维护。在以企业效益为中心的管理模式下,变更雇佣合约、延长工作时间、恶意欠薪、提供不安全工作环境等侵犯职工权益的现象时有发生。工会作为员工权益的代表,承担着维护员工合法权益的基本职责。因此,企业-工会耦合关系对员工基础型劳动权益维护主要体现在保障员工劳动收入和改善劳动保护条件两个方面。

劳动收入是员工赖以生存的物质基础。工会可以在企业中运用劳动法律法规所赋予的各项权利,确保员工劳动收入权益得到保障。通过梳理文献发现,随着工作场所员工利益诉求的提升,企业-工会耦合关系对员工劳动收入影响研究的关注点经历了从最低工资标准到工资增长的变化。在最低工资标准方面,程恩富、胡靖春(2010)[104]认为,工会与企业的劳资谈判可以促进最低工资标准共决制度的形成,工资共决可以抑制雇主对于工资的过分压低,有助于改善劳动报酬在初次分配中的比重;孙中伟、贺霞旭(2012)[47]研究发现,工会对外来员工的最低工资、社会保险等劳动权益具有显著的保障作用。在工资增长方面,杨继东、杨其静(2013)[105]基于全国12个城市1268家企业的调查数据研究发现,工会能够普遍地提高工人劳动收入;李明、徐建炜(2014)[106]基于北京等6个省市约24万雇员—雇主匹配数据研究发现,工会不仅提高了员工的工资水平,并且不同技能职工从工会中的获益不同,其中中等技能员工加入工会后的工资率溢价高于均值,低技能员工低于均值,最高技能员工最小;纪雯雯、赖德胜(2019)[103]探究了企业和工会互动过程对员工权益的影响,并指出工会通过推动、参与劳动立法和监督企业对相关劳动法规的执行情况，对劳动者工资收入产生显著促进作用。

当工会与企业实现有效合作，还能为员工提供更好的劳动保护条件，具体包括降低员工的工作时间和强度、扩大社会保险的覆盖范围、缓解工作场所的性别歧视以及改善工作场所的安全卫生环境等。在降低工作时间和强度方面，姚洋、钟宁桦（2008）[4]指出，工会可以通过签署集体工资协议和劳动合同来提高工人的小时平均工资、缩短每月平均工作时间，并提高企业养老保险覆盖率；李明、徐建炜（2014）[106]在此基础上，证实了工会有助于降低员工的工作时间，特别是与国有企业相比，私营、港澳台和外资企业员工的工作时间降低更为显著；Cheng、Wang、Chen（2014）[107]也发现，相较于没有加入工会的劳动者，加入工会的劳动者签订劳动合同的概率更高，在一定程度上能够合理降低他们非法超时工作的概率。在扩大社会保险的覆盖范围方面，刘海洋、刘崢、吴龙（2013）[108]运用第一次全国经济普查的25万多家企业的数据进行研究发现，工会对养老医疗保险和失业保险有正向影响；张抗私、刘翠花（2018）[109]指出，加入工会提高了员工医疗保险覆盖率。随着研究的推进，研究者们开始基于我国劳动力市场结构的转变，探讨企业-工会耦合关系对于工作场所中的性别歧视问题的缓解作用。袁青川（2015）[110]基于2012年雇员—雇主匹配数据指出，有工会的企业中较少出现对中等收入群体的性别工资歧视现象；毛学峰、刘靖、张车伟（2016）[111]认为，工会能够降低女性受到的工资歧视，有工会企业的歧视水平只有非工会企业的30%左右，且这种作用在私营企业中尤为显著；袁青川（2018）[112]进一步研究发现，工会通过劳动合同、集体合同等手段减少了员工性别工资歧视的程度。企业与工会之间的良好互动还能推动工作环境的改善。Cheng、Wang、Chen（2014）[107]指出，企业与工会的良好互动关系会促使企业主动采取行动尊重员工利益，改善员工工作和生活条件；罗永华、魏夏海、吴春秀（2018）[113]研究也发现，工会的工具性实践有利于推动企业改善员工的工作环境等基本工作条件。

综上所述，企业与工会良好互动关系在保障员工基本劳动权益方面发挥着重要的积极作用。然而，伴随经济社会的发展，对员工权益的保护不再停留在基础型劳动权益的保障上。特别是党的十八大以来，党和政府的工作重心逐步调整，已从主要关注经济建设向关注民生福祉问题转移。由此，企业-工会耦合关系对员工参与管理、职业发展、员工福祉等发展型权益的保障和促进成为新的热点研究。

（2）对员工发展型劳动权益的提升。随着社会经济文化的不断发展，员工利益诉求日益多元化，在劳动法律法规保护的最低工资标准、社会保险和劳动安全卫士条件等基础型权益诉求之外，他们对参与企业民主管理、自我职业发展以及员工福祉等更高层次的、多元化的利益诉求的呼声不断增强（Budd、Sojourner、Jung，2017）[114]，因此，研究者开始关注企业-工会耦合关系对员工参与企业民主管理、自我职业发展、员工福祉等发展型权益保障的促进作用。

企业-工会耦合关系能够为员工参与企业民主管理拓展渠道。随着雇佣关系的转变，员工群体的利益诉求愈加多元和复杂，有更高意愿和更强能力去参与企业的管理决策，掌握工作自主权（Chan、Ngai，2009）[115]。而企业和工会通过建立内部沟通机制提高员工在工作场所内的话语权，为员工表达真实意见和利益诉求创造条件，进而为员工参与企业民主管理拓宽渠道。当企业-工会关系良好时，员工可以获得更多的参与企业管理的机会，也更愿意参与具体的行动中支持工会和企业（Gordon、Ladd，1990）[116]，员工的参与式管理也更容易组织和实施（Wu、Lee，2001）[117]。但这些研究仍主要停留在探讨企业和工会之间关系状态的"好坏"问题，尚未深入探索企业-工会耦合关系在促进员工参与方面的具体作用机制。在此基础上，Xi、Xu、Wang 等（2017）[118]基于中国的劳动关系情境，提出了一种企业、员工和工会之间的相互合作关系机制，有效提升了员工工作满意度和情感承诺，激发员工参与企业管理。

企业-工会耦合关系能够为员工职业发展提供资源。王永丽、郑婉玉（2012）[6]研究发现，工会通过履行对员工的教育职能，改善了员工的工作能力和综合素质。Humborstad、Kuvaas（2013）[119]也认为，工会对于员工自我实现和发展的积极作用不仅体现在具体的管理操作层面，还体现在更多地是为员工提供了企业信任和重视等资源，并指出工会与企业的良好互动，能促使在企业决策过程中重视员工的意见和利益诉求、将员工视为重要的利益相关者，因此员工能得到更多的信任、重视和尊重，从而在自我实现方面具有更高的满足感。但这些研究仍停留在企业工会的"有无"问题所带来的影响差异,未涉及企业和工会之间的具体互动配合机制和影响作用。随后,刘长庚、许明、刘一蓓(2014)[120]研究发现,企业和工会的配合有利于为员工提供更加充分的教育培训,保证员工的发展权利。由此可见,在企业和工会的良好关系下,员工不仅可以获得更好的就业机会,也能享受更多的技能培训,这有利于促进员工与组织以及与岗位的匹配,进而实现职业成长(翁清雄、卞泽娟,2015)[121]。胡恩华、张毛龙、单红梅(2016)[28]也认为,工会通过争先创优激励、思想文化宣导等方式,组织并激励员工加强自身能力、技能与素质发展,促进其职业发展。

企业-工会耦合关系能够为提升员工福祉创造条件。工会参与能够提升员工的身心健康、工作幸福感和满意度、工作—家庭平衡等方面的员工福祉。在提升员工身心健康方面,张宏宇、周燕华、张建君(2014)[122]研究发现,工会通过参与优化企业管理方式来改善员工工作感受,如给予员工身份归属感、精神和信任支持等社会支持资源,能够有效减轻员工的工作压力和疲惫感等消极心理,促使其保持积极健康的工作状态。李召敏、赵曙明(2017)[123]也证实,工会与企业间的良好合作氛围能够增强员工的心理安全感,这是因为,在良好的合作氛围中,企业和工会共同努力为员工营造良好工作环境,双方可以自由交换信息、及时解决分歧等,员工在这种氛围下心理安全感得到增强。在员工工作满意度和幸福感方面。工会在与企业的互动中,能够为员工消解压力、不安全感等消极情绪,增强员工与企业的沟通、提高对员工的人文关怀、丰富员工的精神生活(毛学峰、刘靖、张车伟,2016)[111],且能改善员工的工作体验(单红梅、胡恩华、黄凰,2014)[82],通过这些情感实践来提升员工的幸福感。胡恩华、韩明燕、胡彩红等(2019)[94]进一步研究发现,工会在企业中通过组织团队建设活动、人际交往活动、文化艺术活动、兴趣爱好活动、趣味竞赛活动、体育锻炼活动等文娱活动,加强了自身与企业之间多方面的合作,让员工感知到更多的积极情绪资源,提升员工的工作幸福感和工作满意度,有效改善了员工福祉。此外,中国情境下的企业-工会耦合关系还能够超越工作领域范畴,对员工的工作—家庭平衡方面产生积极影响。张抗私、刘翠花(2018)[109]研究发现,工会参与具有"情感性价值",如工会可以在企业中为员工争取家庭友好的工作环境（Family-friendly workplace），并提供直接帮助和支持。在此基础上，张毛龙、胡恩华、张龙（2018）[43]指出，企业-工会耦合关系对员工影响将超越工作领域，在家庭、情感、人际交往和身心健康等非工作领域对员工产生正面影响。

总之，中国企业-工会耦合关系既能满足员工在劳动收入、劳动保护条件等基础型劳动权益方面的需求，又能促进员工在参与企业民主管理、自我职业发展、员工福祉等发展型劳动权益的提升。也就是说，当企业与工会之间形成耦合关系，能够共同促进员工在工作和非工作领域等多方面需求的满足。实际上，企业-工会耦合关系对员工权益的影响与员工的整体工作生活质量（Quality of Work Life）息息相关，但已有文献尚未对两者间的关系进行研究。这亟需研究者应关注企业-工会耦合关系影响员工工作生活质量的研究，并探究两者间的作用机制。

2.5.2 企业-工会耦合关系对员工工作表现改善的影响研究

在企业-工会耦合关系对员工劳动权益的保障作用不断强化的过程中，员工自身在工作场所中的自主性和能动性开始增强（Kai，2014；Chang、Cooke，2018）[124,35]。而早期关于企业-工会关系的影响作用研究，多数是从企业和工会"自上而下"视角来考察对员工权益的影响，忽略了员工"自下而上"的能动性（谢玉华、杨玉芳、毛斑斑，2017）[74]。事实上，企业、工会、员工都是嵌入在组织中的行动者，其主体能动性和所处组织情境之间存在相互作用（Pache、Santos，2010）[125]，这表明员工不仅是企业-工会耦合关系情境下的"资源接收方"，还能够在此基础上进一步采取"能动的反馈和塑造"，两者之间形成了双向沟通和促进的机制。由于中国企业-工会耦合关系着眼于平衡劳动关系各主体的利益诉求，不仅要关注对员工权益的保障和促进，还需要调动员工的积极性，促使员工更好地投入工作，进而改善员工工作表现，这将在企业中形成一种"自下而上"的合力，对企业整体发展起到积极作用（Greve、Zhang，2017）[126]。因此，将围绕企业-工会耦合关系能够有效减少员工消极行为和显著增加员工积极行为两个方面展开文献回顾。

（1）减少员工的消极行为。良好的企业-工会关系有利于加强员工与企业之间的联结，员工不仅更愿意留在企业中，减少离职行为，而且会主动履行自身职责，避免做出伤害组织利益的事情，因而导致反生产工作行为也相应减少。良好的企业-工会关系为员工提供更具保障性和发展性的工作环境，能够促进员工与组织的融合，并增强员工对于自身组织地位的感知，从而减少其离职行为（单红梅、胡恩华、鲍静静等，2015；Chen、Kim、Liu 等，2018）[127,128]；罗永华、魏下海、吴春秀（2018）[113]通过对工会主席直选的研究发现，员工直选产生的的工会主席越是来自基层管理者，其企业中的员工留职意愿越强，并指出来自基层的工会主席主要通过谈判、协商等方式，促使企业增加薪资、改善福利，促使企业签订劳动合同、延长劳动合同期限以及提升员工安全感，以此来影响员工留职意愿。另外，在企业和工会关系融洽情况下，员工在更紧密地融入企业的同时还会显著减少反生产行为，这点已被李召敏、赵曙明（2017）[123]和 Newman、Cooper、Holland 等（2019）[24]的研究所证实，即在企业与工会之间关系和谐时，员工的心理安全感增强，对管理层更加信任，其工作嵌入程度会增强，员工的反生产工作行为显著减少。

（2）增加员工的积极行为。在减少员工的消极行为之外，企业与工会之间的互动还能显著增加员工的积极行为。罗明忠、罗发恒（2015）[88]指出，在工会履职较好的企业中，得益于员工对劳动关系进行了好的评价，会使员工的敬业度显著改善；Kandathil、Joseph（2019）[50]研究发现，工会代表员工采取间接参与（如集体谈判）和直接参与（如高绩效工作系统）相结合的方式能够扩大工作场所中员工发声的穿透力或影响力；胡恩华、章燕、单红梅等（2018）[11]也认为，当企业与工会能够有效合作时，能够有效激发员工促进性建言和抑制性建言行为。还有一些研究还指出，当企业与工会之间关系融洽，在对企业和工会双重承诺的驱使下，员工的组织公民行为和工会公民行为都能够得到全面显著提升（Chan、Snape、Redman，2011；单红梅、胡恩华、张梦琦等，2017）[129,130]。

综上所述，中国企业-工会耦合关系能够有效减少员工消极行为，增进其积极行为，从而改善员工工作表现。这意味着在企业-工会耦合关系的推动下，员工行为具有能动性表现且可以涌现在企业层面，对企业发展产生积极影响。由此可以推断，企业-工会耦合关系在员工个体层次和企业组织层次的影响并不是孤立的，而是存在密切的相互作用，这为探究企业-工会耦合关系影响效应的跨层互动研究提供了有力的理论支持。

2.6 研究述评

（1）国内外企业-工会关系的研究情境和特征存在差异，亟需构建符合中国研究情境的企业-工会关系理论。综合已有文献可以看出，中国和国外的企业-工会关系在产业关系结构、工会的角色与职责、社会文化环境等方面的研究情境存在着很大差异。在产业关系结构方面，中国的产业关系结构是由"政府—企业—员工—工会"四方力量构成，工会是企业和员工之外的一个单独行动主体（Newman、Cooper、Holland等，2019）[24]，这不同于国外的"政府—企业—员工"三方产业关系结构模型，工会和员工的立场是绝对一致的，以代表会员向企业争取更多利益为主要目标（Ibsen、Tapia，2017）[21]。在工会的角色与职责方面，中国工会的角色内涵包括员工服务导向、企业管理导向和社会伙伴导向（Chan、Snape、Luo等，2017；Ibsen、Tapia，2017）[7,21]，并未体现出国外工会的"垄断者"角色；在工会职责作用上，中国工会并不会采取强势和激进的手段来达到维护员工权益的目的，而是通过搭建沟通桥梁、协调各方利益诉求等方式，追求劳动关系的"和谐"与"共赢"（Sun，2016）[33]。在社会文化环境方面，中国社会文化受"整体观"思想的影响，企业、工会和员工彼此间以"和"与"合"的方式共存，采取"柔性"方式来协调各方的共同利益（Hu、Zhang、Shan等，2018；Chang、Cooke，2018）[35,36]。正是由于中国企业-工会关系的研究情境呈现出自身的独特性，使中国的企业-工会关系在内涵、结构、作用范围等方面具有鲜明的本土特征。具体表现在：中国企业-工会关系内涵更为丰富。中国企业和工会的互动议题涉及政府、企业、工会、员工等多个主体的利益（陈维政、任晗、朱玖华等，2016；Chang、Cooke，2018）[5,35]，互动形式较少表现出激烈的对抗，即使出现意见分歧，也会采取温和的集体协商与集体谈判等方式进行解决（张毛龙、胡恩华、张龙，2018）[43]。中国企业-工会关系结构更加稳定。一是中国政府在制度设计上保障了企业与工会间的关系建立，使中国企业-工会关系的结构更加稳定（Zhu、

Warner、Feng，2011）[131]；二是中国企业与工会之间存在相互信任和共同合作的坚实历史基础，正是这种互信和合作又进一步加强了企业-工会关系结构的稳定性（Kuruvilla、Zhang，2016；Newman、Cooper、Holland等，2019）[46,24]。与此同时，中国企业-工会关系的作用范围更加广泛。一方面，中国工会具有自上而下"行政建制"的特征（靳卫东、崔亚东，2019）[8]。这为企业-工会关系在中国企业中的广泛覆盖创造了条件。另一方面，与国外工会只保护会员权益不同的是，中国工会在企业工作场所中同时维护会员与非会员的权益，对职工权益的维护具有正向"溢出效应"（孙中伟、贺霞旭，2012）[47]。正是中国企业-工会关系研究情境的独特性和中国企业-工会关系的本土特征事实，不能简单地把国外企业-工会关系的研究结论移植到中国情境下来指导中国的企业-工会关系建设实践。实际上，中国企业-工会关系已经超越了国外企业-工会关系的冲突或合作，表现出相互作用、彼此促进而紧密相连和制衡的一种耦合关系状态（胡恩华、章燕、单红梅等，2018）[11]，用"耦合关系"来概括和描述中国企业-工会关系，能更全面、更客观地识别和刻画中国企业和工会之间相互融合的关系状态。然而，现有关于企业-工会耦合关系的研究不仅稀少，而且较多停留在合作、协作和配合等表象描述，并未对企业-工会耦合关系的内涵、特征和形成机制做出解释和深入探讨，这不利于企业-工会耦合关系研究的进一步开展，也阻碍了相关研究成果的积累。为此，将结合中国企业-工会关系建设实践，对企业-工会耦合关系进行探索性研究，厘清其内涵、特征和形成机制，构建出符合中国企业-工会关系特征的理论范式，为开展中国企业-工会关系的本土研究奠定理论基础。

（2）已有的企业-工会关系研究理论无法有效揭示中国企业-工会耦合关系规律，亟需从新的理论视角建构中国企业-工会耦合关系理论。综合已有研究来看，企业-工会关系理论主要来源于国外雇佣关系领域中的激进主义、一元主义和多元主义以及在多元主义基础上发展出的劳动关系合作绩效理论、平衡理论和合作伙伴关系理论等。其中，激进主义过于强调雇佣关系主体之间的利益冲突，企业-工会关系多呈现对抗形态（Kochan、Piore，1984）[49]；一元主义认为企业可以通过自身的管理策略和实践调解与员工之间的利益矛盾，工会被认为是非必要的第三方，企业-工会关系难以有效建立（Kandathil、Joseph，2019）[50]；而多元主义则认为雇佣关系主体间同时存在着共同利益和冲突，且可以通过工会的集体谈判来协调各方利益及其潜在冲突，但这种集体谈判被认为具有高度敌对性，企业-工会关系仍然无法实现劳动关系各主体之间利益的有效融合（Ackers，2017）[54]。这些相关理论视角能够为解释中国企业-工会关系提供一定的理论启示，但在关注点、合作机制、具体内涵等方面存在一定的不足。在关注点方面，激进主义和一元主义观点分别关注企业-工会关系中的冲突和替代两个方面（Leonardi、Gottardi，2019）[51]，多元主义虽然注意到了企业与工会的合作问题，但仍然未能突破各方对自身利益的考虑，如劳动关系合作绩效理论侧重于提高企业的整体营运绩同时，却忽视工会和员工利益，使企业-工会关系的合作难以得到长期维系和发展（Cooke，1990）[55]，可见这些理论均不能完整地揭示中国企业-工会关系的内涵和关系结构。在合作机制方面，尽管在多元主义基础上又发展的平衡理论从平衡视角解释企业、工会和员工之间的合作关系，合作伙伴关系理论也探讨了企业和工会实现合作的途径，但仍然未能厘清企业与工会之间合作机制究竟是如何运行的。在具体内涵方面，已有理论侧重于描述企业-工会关系的状态和特征，未能深入探讨其本质性内涵，如平衡理论仍停留在对劳动关系整体特征的描述上，在具体应用上并未构建出具有解释力的分析框架，合作伙伴关系理论的"互利"和"互惠"等核心原则的概念仍然较为模糊，这意味着已有的国外雇佣关系理论不能有效揭示中国企业-工会耦合关系的特征。那么，中国企业-工会耦合关系究竟该如何定义，以及采用何种分类和测量方法？中国企业-工会耦合关系的形成机理究竟是什么？其具有哪些表现形式？不同表现形式之间是否可以演化？演化过程和机制是什么？这些问题在上述理论中并不能直接找出答案，但其确是构建中国企业-工会耦合关系理论所亟需解决的基础性问题。针对上述研究问题，制度逻辑理论提供了一个可行的解决方案，这是因为：第一，企业和工会之所以会形成耦合关系，原因是它们各自的制度逻辑，企业-工会耦合关系的形成过程就是企业逻辑和工会逻辑的互动过程；第二，企业和工会均具有不同的制度逻辑，在不同逻辑主导下，企业-工会耦合关系的形态也是不同的，企业-工会耦合关系形态会随着企业逻辑和工会逻辑的变动而变化。因此，本书将从制度逻辑视角切入，对中国企业-工会耦合关系的内涵、特征、测量、形成机理、演化机制等问题进行深入系统解读和探讨，以此构建中国企业-工会耦合关系管理理论。

（3）有关企业-工会耦合关系对企业的影响研究不成体系，缺少对企业全面、协调、可持续的高质量发展目标的关注。综合已有文献可以看出，企业-工会耦合关系对企业的影响主要在管理效能和企业绩效两个方面。在对管理效能的影响方面，良好的企业-工会关系能够促进人力资源管理实践的优化（Fan、Dong、Hu等，2018）[68]和维持雇佣关系的稳定（Lee、Brown、Wen，2016；李召敏、韩小芳、赵曙明，2017）[73,72]。在对企业绩效的影响方面，研究者从"节流"和"开源"视角分析了企业-工会耦合关系对企业绩效的影响：在"节流"上，企业和工会之间的有效互动有利于降低企业生产成本，减少不必要的资源损失（Pohler、Schmidt，2016；淦未宇、徐细雄，2018）[76,77]；在"开源"上，良好的企业-工会关系有利于创造新的企业绩效，提高企业生产率（Lu、Tao、Wang，2010；魏下海、董志强、黄玖立，2013）[78,79]以及改善企业投资配置能力（Fang、Ge，2012）[80]、推动企业创新能力（李文贵，2014；魏下海、金钊、孙中伟，2018）[81,83]。事实上，企业-工会耦合关系对企业绩效的提升体现了企业投入—产出和创新等功能的活跃，而企业-工会耦合关系对管理效能的改善则在一定程度上反映了"补短板"的结构均衡要求，这些都反映了企业-工会耦合关系与组织健康之间存在着重要联系。然而，无论是企业绩效的提升还是管理效能的改善，均只是企业功能活跃和结构均衡的局部体现，同时，在外部竞争环境的易变性、复杂性、模糊性和不确定性等特征不断增强的当下，企业迫切需要提升对外部环境的适应能力，结合当前中国经济高质量发展要求和和谐社会建设的时代背景，构建结构均衡、功能活跃、内部和谐、外部适应的健康组织对企业实现高质量发展目标具有重要意义（时勘、周海明、朱厚强等，2016）[132]。然而，现有研究不成体系，并未全面揭示企业-工会耦合关系对组织健康的具体影响，其间的过程机制也处于"黑箱"状态。为此，亟需建立企业-工会耦合关系影响组织健康的完整研究框架，在这个研究框架内，重点探究企业-工会耦合关系对组织健康有何种影响？企业-工会耦合关系对组织健康的影响过程是什么？企业-工会耦合关系影

第2章 企业-工会耦合关系研究现状与发展动态

响组织健康的过程是否受到情境变量的调节?

（4）有关企业-工会耦合关系对员工的影响研究较为零散，缺乏整合性的研究框架。通过梳理文献发现，企业-工会耦合关系对员工的影响研究主要集中在劳动权益保障和工作表现的改善两方面。其中，企业-工会耦合关系对员工劳动权益保障包括基础型劳动权益维护和发展型劳动权益提升两个层次。在基础型劳动权益维护上，包括最低工资的保障（孙中伟、贺霞旭，2012）[47]、工资增长（李龙、宋月萍，2017）[133]、工资时间和强度的减少（李明、徐建炜，2014；纪雯雯、赖德胜，2019）[106,103]、社会保险覆盖范围的扩大（张抗私、刘翠花，2018）[109]、工作场所性别歧视的缓解（毛学峰、刘靖、张车伟，2016；袁青川，2018）[111,112]以及工作环境的改善等方面（罗永华、魏下海、吴春秀，2018）[113]。在发展型劳动权益提升上，员工参与企业民主管理（Wu、Lee，2001；Chan、Ngai，2009；Xi、Xu、Wang等，2017）[117,115,118]、员工职业发展（王永丽、郑婉玉，2012；刘长庚、许明、刘一蓓，2014；胡恩华、张毛龙、单红梅，2016）[6,120,28]和员工福祉（张宏宇、周燕华、张建君，2014；李召敏、赵曙明，2017；张毛龙、胡恩华、张龙，2018；胡恩华、韩明燕、胡彩红等，2019）[122,123,43,94]等则受到了较多关注。当员工劳动权益得到保障时，员工的能动性将会被调动，工作表现得到改善，具体体现在离职行为（单红梅、胡恩华、鲍静静等，2015；Chen、Kim、Liu等，2018）[127,128]和反生产行为（王德才，2018）[134]等消极行为的减少，建言行为（胡恩华、章燕、单红梅等，2018）[11]和组织公民行为（Chan、Snape、Redman，2011；单红梅、胡恩华、张梦琦等，2017）[129,130]等积极行为的增加。总体来看，企业-工会耦合关系对员工的影响研究涉及员工多方面需求的满足。例如，基础型劳动权益保障有利于满足员工对经济、健康和安全等较低层次需求，发展型劳动权益提升有利于满足员工对自尊、创造和自我实现等较高层次需求，员工能动性的调动则进一步强化了员工自尊和自我实现等需要。然而，现有研究仍然较为零散，对于员工多种需求的研究成果呈现零散的状态，并且研究成果主要聚集在工作领域的员工需求问题上，在对非工作领域的员工需求关注不足，如缺少对员工家庭和社交等需求的关注，这不利于全面衡量企业-工会耦合关系对员工的影响。因此，需要将员工的多层次需求纳入统一理论框架进行整合性研究。Sirgy、Efraty、Siegel 等（2001）[135]从需求满足的视角出发指出，工作生活质量是员工获得的一系列需求满足感，这种满足感既包括工作方面需求满足、也包括家庭和社交等非工作方面需求满足，是一种对个体工作和生活质量的全面评估。基于此，本书将构建企业-工会耦合关系对员工工作生活质量影响的理论模型，揭示企业-工会耦合关系影响员工工作生活质量的作用机制，并探索其边界条件。

（5）有关企业-工会耦合关系对企业和员工影响的研究存在着相互脱节，且鲜少关注员工对企业的能动性影响和企业对企业-工会耦合关系的反馈作用。从研究述评中的第三点和第四点可以发现，现有关于企业-工会耦合关系对企业影响和对员工影响的研究是相互独立的，两者之间存在明显的"脱节"现象，且主要遵循的是"企业-工会耦合关系→企业/员工影响"的单一层次和单一研究方向的分析框架，缺乏对"员工层面→企业层面"跨层研究和"企业层面→企业-工会耦合关系"的反馈作用研究，这不利于全面揭示企业-工会耦合关系的整体影响效果。虽然鲜有文献直接探讨员工如何对企业产生能动性影响，以及企业如何对企业-工会耦合关系产生反馈，但现有研究成果仍然为研究这两个问题提供了一些理论线索。例如，员工对企业的能动性影响方面，当员工权益得到有效保障时，员工会进一步采取"能动的塑造"，为企业建设做出贡献，推动企业健康发展（胡恩华、章燕、单红梅等，2018）[11]；再如，企业对企业-工会耦合关系的反馈作用方面，企业层面效果的提升有利于强化企业对工会的角色认可和促进工会的职能履行，而工会的角色与职能与企业-工会耦合关系密切相关。其中，企业-工会耦合关系对工会角色认可的积极作用主要体现在获取企业支持和配合（吴建平，2017）[87]与员工认同（罗明忠、罗发恒，2015；李敏、周恋，2015；吴坤津、刘善仕、王红丽等，2016）[88,89,92]；企业-工会耦合关系对工会职能履行的促进作用则主要包括促进工会的自身建设（Liu、Guthrie、Flood 等，2009；Budd、Chi、Wang 等，2014；Liu、Li，2014）[101,136,30]和提升工会的履职能动性（瞿皎姣、赵曙明，2017）[29]。但总体来看，上述这些文献都未对企业、工会和员工在企业-工会耦合关系中的能动性和反馈机制进行系统和深入地探讨。事实上，企业、工会、员工都是嵌入在组织中的行动者，其主体能动性和所处的组织情境之间存在相互作用（Pache、Santos，2013）[137]，并形成了双向促进和沟通的机制，这表明企业-工会耦合关系的影响效应是跨层次和螺旋递进的。基于此，本书将构建企业-工会耦合关系对员工和企业影响的综合理论模型，探究企业-工会耦合关系对员工和企业的影响及作用机制，揭示员工如何超越个体层次、自下而上的能动影响企业以及企业又是如何对企业-工会耦合关系产生反馈作用，这为构建互利共赢的和谐劳动关系提供新的研究思路。

第3章
企业-工会耦合关系理论体系的研究框架

3.1 企业-工会耦合关系理论的思路设计

本书以中国的企业和企业工会作为研究对象，旨在构建中国的企业-工会耦合关系管理理论。为此，按照如下研究思路开展具体研究。

首先，基于"阐释现象的重要性→明确构念的定义→探索构念的理论内涵"的构念开发框架，揭示企业-工会耦合关系的目标关联和权力平衡内涵，探究其影响因素及形成过程，从而为开发企业-工会耦合关系量表奠定基础，解决了"企业-工会耦合的关系是什么"这一问题。

其次，运用构型方法，识别出企业-工会耦合关系的四种模式，并探究不同企业-工会耦合关系模式之间的演化机制，解决了"企业-工会耦合关系具体如何表现"这一问题。

再次，运用SARS系统模型，构建"输入—感知—反应—输出"理论框架，厘清企业-工会耦合关系对员工和组织的影响机制，并从制度逻辑的行动者具有"嵌入式能动性"视角，探究员工工作生活质量对组织健康的能动作用和组织健康对企业-工会耦合关系的反馈作用，解决了"企业-工会耦合关系的价值如何发挥"这一问题。

最后，在上述研究基础上，提出企业-工会耦合关系的总体发展策略、模式演化策略和价值提升策略的"三位一体"管理策略体系，解决了"如何保障企业-工会耦合关系的有效运行"这一问题。

3.2 企业-工会耦合关系理论的目标设计

在劳动关系领域，由于劳动关系双方的力量不对等、利益分配不均衡，导致员工无法有效共享企业发展成果，使中国劳资矛盾进入凸显期和多发期，在此情境下，以提升员工工作生活质量和企业组织健康发展、打造共建共治共享的新时代和谐劳动关系为目的，构建符合中国情境的

第3章 企业-工会耦合关系理论体系的研究框架

企业-工会耦合关系管理理论,这是本书的总目标,在此基础上,还要实现三个子目标(见图3-1)。

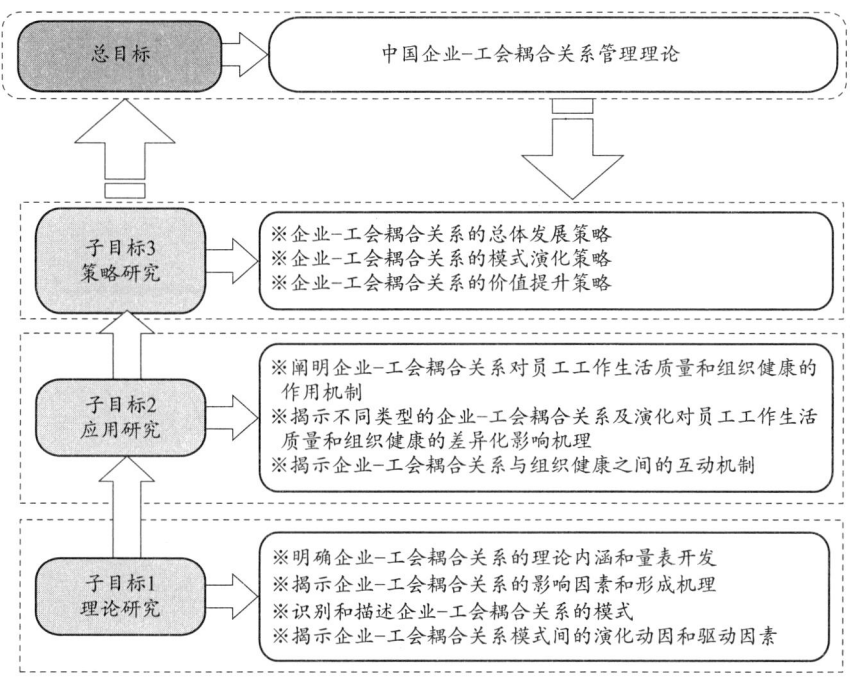

图3-1 研究目标

(1)发展出企业-工会耦合关系构念并开发出企业-工会耦合关系量表,揭示企业-工会耦合关系的影响因素和形成机理,识别和描述中国企业-工会耦合关系的不同模式、主要特征及其动态演化机制,为构建企业-工会耦合关系理论体系提供理论研究基础。

(2)阐明企业-工会耦合关系对员工工作生活质量和企业组织健康影响的作用机制,揭示不同模式的企业-工会耦合关系及其演化对员工工作生活质量和企业组织健康的差异化影响机理,从个体层面和组织层面为构建企业-工会耦合关系体系提供应用研究基础。

(3)构建"三位一体"的企业-工会耦合关系管理策略体系,推动形成企业-工会耦合关系的总体发展策略、模式演化策略和价值提升的策略体系,为构建和落实企业-工会耦合关系理论体系提供策略研究基础。

3.3 企业-工会耦合关系理论的框架设计

以"理论研究—应用研究—策略研究"的研究范式来设计企业-工会耦合关系理论体系的研究框架,具体如图3-2所示。其中模块一、模块二分别主要研究企业-工会耦合关系的理论内涵、影响因素、形成过程、模式构型、演化过程等内容;模块三、模块四分别研究企业-工会耦合关系对员工工作生活质量和组织健康的总体影响和作用机制,继而探究不同模式下的企业-工会耦合关系演化的差异及作用机理。模块一、模块二属于企业-工会耦合关系的理论建构研究,模块三、模块四则属于企业-工会耦合关系的情境化研究,即理论研究在具体实践场景中的应用,将理论情景化,是理论建构的重要方面(张志学,2010)[138]。同时,模块五属于管理策略研究,主要是基于模块一、模块二、模块三、模块四的研究结论,提出中国企业-工会耦合关系的管理策略体系。

模块一:企业-工会耦合关系的内涵和形成机制研究。遵循构念开发的一般框架,进行企业-工会耦合关系的理论内涵分析、揭示企业-工会耦合关系的目标关联和权力平衡两个关键维度;基于制度逻辑视角,从机会、能动性和资源调动三个方面深入挖掘企业-工会耦合关系的影响因素;基于"多重逻辑识别→多重逻辑互动→多重逻辑制度化"互动融合机制,阐明企业-工会耦合关系的动态形成过程。

模块二:企业-工会耦合关系的模式构型及演化机制研究。结合多重制度逻辑的分析框架和企业-工会耦合关系的理论内涵,从目标关联和权力平衡两个维度,运用构型法对企业-工会耦合关系进行模式分类;以目标关联和权力平衡的变化作为基本演化趋势,探究企业-工会耦合关系模式间演化的驱动动因、驱动因素和具体演化路径;通过纵向多案例研究、大规模问卷调查和大数据挖掘等研究方法,深入探究和验证企业-工会耦合关系的模式构型和模式演化等问题。

模块三:企业-工会耦合关系对员工工作生活质量影响研究。从制度复杂性的响应机制出发,运用SARS模型构建企业-工会耦合关系对员工工作生活质量的影响框架,形成了一个"输入—感知—反应—产出"的四个阶段分析框架。首先是探究企业-工会耦合关系对员工工作生活质量

第3章 企业-工会耦合关系理论体系的研究框架

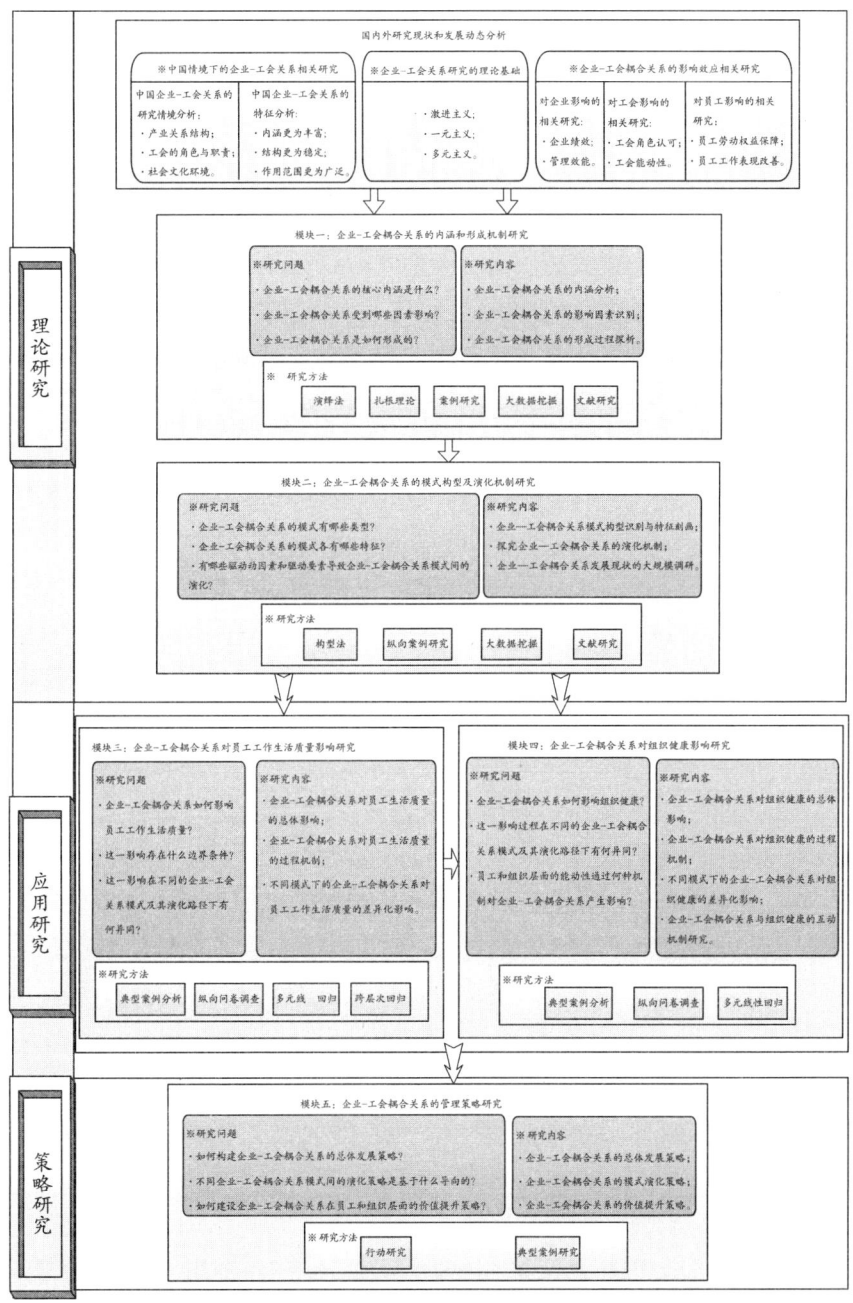

图3-2 企业-工会耦合关系理论体系构建的研究框架

的总体影响；其次是揭示企业-工会耦合关系对员工工作生活质量影响的过程机制；最后是在此基础上，研究不同类型企业-工会耦合关系及其演化对员工工作生活质量的差异化影响。

模块四：企业-工会耦合关系对组织健康影响研究。基于"输入—感知—反应—产出"的四个阶段分析框架，重点研究如下几个问题：探究企业-工会耦合关系对组织健康的影响及作用机制；探索不同类型企业-工会耦合关系及其演化对组织健康的差异化影响；探究企业-工会耦合关系与组织健康之间的互动机制，揭示员工工作生活质量通过身份机制、行动机制到组织健康的能动作用以及组织健康通过信息路径和资源路径到企业-工会耦合关系的反馈作用。

模块五：企业-工会耦合关系的管理策略研究。构建企业-工会耦合关系的"三位一体"管理策略体系，具体包括企业-工会耦合关系的总体发展策略、企业-工会耦合关系的模式演化策略和企业-工会耦合关系的价值提升策略，以此共同推动企业-工会耦合关系在"质"与"量"上持续发展。

3.4　企业-工会耦合关系理论的关键科学问题设计

为了构建中国的企业-工会耦合关系理论，需要解决如下五个关键科学问题。

（1）企业-工会耦合关系的内涵分析和量表开发。在进行中国的企业-工会耦合关系的理论研究时，首先需要探究企业-工会耦合关系的特征表现和界定标准是什么，进而厘清企业-工会耦合关系的内涵。在此基础上，要开发出企业-工会耦合关系的测量量表，这是后续企业-工会耦合关系的实证研究必须具备的基础。基于此，识别企业-工会耦合关系的内涵和开发企业-工会耦合关系的测量量表是本书要解决的首个关键问题。

（2）企业-工会耦合关系的模式识别与特征刻画。如何结合企业-工会耦合关系的目标关联和权力平衡两个维度，识别出企业-工会耦合关系的具体模式构型，客观描述和精准提炼不同模式的企业-工会耦合关系的特征，这是后续企业-工会耦合关系的动态演化及作用机制问题的研究基础，更是构建企业-工会耦合关系理论要解决的第二个关键科学问题。

（3）企业-工会耦合关系模式的演化动因和演化驱动因素分析。企业-工会耦合关系的不同模式之间为什么会产生动态演化，有哪些演化趋势以及演化的动因是什么？机会、能动性、资源调动中的哪些因素的变化会驱使企业-工会耦合关系从一种模式演化到另一种模式，其又存在着哪些具体演化路径？研究企业-工会耦合关系模式的演化动因和演化驱动因素是客观、全面认识中国企业-工会耦合关系演化过程和演化机制的必然要求，也是本书构建企业-工会耦合关系理论要解决的第三个关键科学问题。

（4）企业-工会耦合关系影响员工工作生活质量和组织健康的输入—感知—反应—产出的机制分析。在输入—感知—反应—产出的分析框架中，企业-工会耦合关系对员工工作生活质量和企业组织健康有何影响？其影响的过程机制是什么？对员工和企业影响的具体机制是否存在不同？不同的企业-工会耦合关系模式及其演化对员工工作生活质量和组织健康的影响是否存在差异？员工工作生活质量如何能动地影响组织健康？组织健康又是如何对企业-工会耦合关系进行反馈？只有明确这些问题并厘清之间的内在联系，才能从整体上探寻和揭示企业-工会耦合关系对员工工作生活质量和组织健康的作用机制，这也成为本书构建企业-工会耦合关系理论要解决的第四个关键科学问题。

（5）企业-工会耦合关系的"三位一体"管理策略设计。如何将企业-工会耦合关系理论研究中的研究结论转化为管理实践中能够指导企业-工会耦合关系建设的管理策略，这是本书需要解决的最后一个关键科学问题。为此，本书需要解决企业-工会耦合关系的总体发展策略、企业-工会耦合关系的模式演化策略和企业-工会耦合关系的价值提升策略的"三位一体"管理策略体系内在联系机制是什么？这些管理策略在实际管理情境中的适用性如何？这些管理策略又是如何强化企业-工会耦合关系的理论研究和应用研究的？

第4章
企业-工会耦合关系的内涵和形成机制研究

本章旨在探讨企业-工会耦合关系的内涵与形成机制,主要解决如下三个研究问题。

一是企业-工会耦合关系的内涵分析。基于 Lewis、Templeton、Byrd(2005)[19]提出的构念开发框架,通过逐步探究企业-工会耦合关系现象的重要性、企业-工会耦合关系的定义及其理论内涵,来揭示两个关键的理论维度——"目标关联"和"权力平衡",深入挖掘企业-工会耦合关系的内涵。

二是企业-工会耦合关系的影响因素识别。基于制度逻辑视角,从机会(opportunity)、能动性(initiative)和资源调动(resource mobilization)三个方面探索企业-工会耦合关系的影响因素。

三是企业-工会耦合关系的形成过程分析。基于多重制度逻辑的互动融合机制,通过对企业-工会耦合关系中主体逻辑的识别、互动和制度化三个阶段进行整合,揭示企业-工会耦合关系的动态形成过程。具体如图4-1所示。

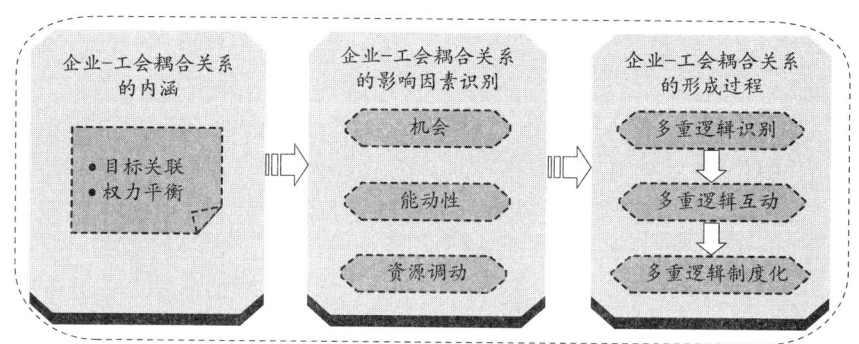

图4-1 企业-工会耦合关系的内涵和形成机制研究框架

4.1 企业-工会耦合关系的内涵

在发展新的理论构念时,需要完成"阐释现象的重要性→明确构念的定义→探索构念的理论内涵"这三个步骤（Lewis、Templeton、Byrd，2005）[19]。因此，这部分研究内容将按照构念开发的三个步骤对企业-工会耦合关系的内涵进行分析，重点解决三个问题：一是探究企业-工会耦合现象的重要性；二是明确企业-工会耦合关系的定义；三是探索企业-工会耦合关系的理论内涵。

4.1.1 企业-工会耦合现象的重要性

近年来，随着我国企业劳资冲突的日益多发以及企业健康发展的需求日益增强，中华全国总工会通过推动企业工会直选、企业民主管理、集体协商等举措加强基层工会建设，工会在工作场所活动中的地位和影响力得到提升，在协调劳动关系各主体利益诉求和推动和谐劳动关系构建方面发挥着重要作用。这使企业和工会之间的互动关系变得更为密切，互动形式变得更加复杂化、多样化和动态化，并在实践中涌现出各种既相互连接、又彼此制衡的企业与工会关系的案例。如富士康科技集团实施的超长工时工作制度曾导致员工出现严重的心理问题，引发社会各界广泛关注的"十三连跳"事件。为了改变这种不利局面，富士康科技集团为了改变这种不利局面，集团的工会通过开展大范围的员工心理疏导并与集团人力资源管理部门共同合作来缓解员工的消极情绪，有效提高了员工的工作满意度，改善了企业劳资关系；又如理光（深圳）公司因薪酬体系缺乏激励性，导致员工不满并引发停工事件，为解决员工的不满情绪、稳定企业生产秩序，企业管理层与工会定期沟通和协商，最终达成了员工工资与企业发展同步增长的协议，使公司员工离职率不到4%，远低于同期电子制造行业20%～30%的平均离职率；再如电装（中国）上海分公司与工会就奖金集体协商问题出现分歧，企业管理层要求工会无条件接受他们单方面提出的唯一方案，并全体拒绝出席第三轮谈判，工会在组织员工提出合理抗议的同时，积极推动与企业的工资协商谈判过程，最终顺利解决了这一劳资纠纷，获得了企业和员工的高度认可……

可见，企业与工会之间这种相互作用、彼此制衡，共同发挥有效价值的关系是中国情境下一种独特的耦合现象，具有重要的理论价值和现实意义。一方面，企业-工会耦合现象有利于工会抑制企业的不当行为。

"资强劳弱"的劳动关系容易导致企业因过于追求商业利润而使员工合法权益受到损害的现象时有发生（王永丽、郑婉玉，2012）[6]。但随着中国工会改革的不断推进，工会地位和影响力大幅提升，如《中华人民共和国工会法》和《中华人民共和国公司法》等法律规定企业必须"支持工会依法开展工作"，这为工会嵌入在工作场所中并发挥维护员工权益创造了制度保障，这对过于强势的资方力量起到重要制衡作用（高良谋、胡国栋，2012）[139]。

另一方面，企业-工会耦合现象有利于工会促进企业更好发展。企业管理中很难通过质疑自身的实践而提出最有效的管理策略，经常出现"X—非效率"问题（Lucio、Stuart，2004）[140]，而工会的参与则能为企业管理活动的有序运行提供重要助力（Vernon、Brewster，2013）[66]。由于中国产业关系结构由"政府—企业—员工—工会"四方共同组成，工会在其中扮演着员工服务、企业管理和社会伙伴的多重角色，主要目标是寻求各方利益的平衡（Chan、Snape、Luo 等，2017；胡恩华、张毛龙、单红梅，2016）[7,28]，加之中国社会文化受"整体观"思想的影响，劳动关系各方都更倾向于以"和"与"合"的方式共存，企业和工会更愿意通过集体协商、谈判等"柔性"方式来协调双方的共同利益，以此获取共同发展，这为摒弃"非此即彼"的劳动关系治理观念，确立"兼而有之"劳资共赢治理新方式提供了坚实基础。

可见，企业和工会之间这种相互作用和彼此制衡的关系不仅反映出中国的企业-工会关系的本土管理实践特征，还成为劳动关系研究领域的一个新的研究方向。对此，研究者需要超越已有研究对中国企业-工会关系的描述，更加深入、全面地探索企业-工会耦合现象中企业与工会之间互动和融合关系状态的定义与内涵。

4.1.2 企业-工会耦合关系的概念定义

理论建构依赖于研究者能否准确地将管理现象抽象为强有力的构念（Suddaby，2010）[141]，为此，在理解企业-工会耦合现象的基础上，需要进一步将抽象构念转化为清晰的定义。由于中国的企业-工会关系在内涵、结构、作用范围等方面具有鲜明的本土特征，中国企业-工会关系已经超越了简单的"合作"和"协调"等关系形式，而是呈现出一种通过相互促进、相互制约而紧密相连的耦合关系状态（胡恩华、章燕、单红梅等，2018）[11]，用"耦合"来概括和描述中国企业-工会关系，能更全面、更客观地识别和刻画中国企业和工会之间相互融合的关系状态。为此，将重点对"合作"、"协调"与"耦合"相似的概念进行内涵辨析，以厘清企业-工会耦合关系的理论边界，从而为本书对其进行准确的定义提供理论支撑（见表4-1）。

表4-1　　　　"耦合"与相关概念的辨析

	合作	协调	耦合
概念内涵	通过相互配合、彼此分工达成共同目的	通过相互协商与矛盾调和，使整个组织和谐一致	基于共同目标，通过相互促进、相互制约等多种作用形式，实现整体和谐和共享发展
关键要素	◆ 相互配合 ◆ 分工协作	◆ 相互配合 ◆ 整体和谐	◆ 共同目标 ◆ 相互促进、相互制约等相互作用 ◆ 整体和谐 ◆ 共享发展
核心特征	◆ 互动主体出于共同的目的而采取联合行动	◆ 互动的本质是调和矛盾、和谐共存	◆ 主体间的互动兼具利益联结与制衡的特征
与其他概念的联系	是其他概念的基础	在合作的基础上，涌现出整体和谐	涵盖并超越了合作和协调等多个含义，并涌现出相互制约、利益融合和共享发展等新的内涵

由表4-1可知，"耦合"包含了合作和协调等概念的基本要素，又具有这些概念所不具备的要素。"耦合"概念蕴含的主体间相互促进和相互制约等丰富的互动关系形式是其具有独特价值的基础，这与强调相互配合与整体和谐的"协调"概念是不同的。由前文对企业-工会耦合现象的描述可以看出，企业与工会之间之所以能够共同发挥有效价值，是因为两者间不但存在相互连结下的促进作用，还存在彼此制衡下的有益制约。由此可见，"合作"和"协调"等关系概念都无法有效描述出中国企业-工会关系特征，而耦合能够有效揭示工作场所中企业与工会间的复杂、多样、动态关系。为此，借用物理学中"耦合"定义，结合中国企业和工会之间关系的现实情况，将企业-工会耦合关系定义为：企业与工会之间相互促进、彼此制衡而联合起来的一种关系状态。

4.1.3 企业-工会耦合关系的理论内涵

由企业-工会耦合关系的定义可知,企业-工会耦合关系的核心内涵是企业与工会之间既相互促进、又彼此制衡。其中,相互促进反映了两者的目标之间存在密切关联,而彼此制衡则体现了两者的权力在互动过程中实现平衡,由此,从目标关联和权力平衡两个方面探索企业-工会耦合关系的具体内涵。

(1) 目标关联。目标关联是指企业和工会的目标之间存在密切的相互连结,具有利益上一致性。随着社会经济的发展,企业在追求经济效益的过程中需要兼顾员工福祉的改善(肖红军、阳镇,2019)[142],工会在保障员工权益的同时兼顾企业的发展需求(单红梅、胡恩华、黄凰,2014)[82]。企业和工会虽然在代表劳资双方利益方面各有侧重,但在实现企业效益和员工福利共同提升的目标上是一致的,这为双方交流与互动奠定了基础。从制度逻辑视角来看,企业与工会的行动逻辑之间具有交叉性。如企业利润逻辑和工会企业管理逻辑存在交叉,企业社会责任逻辑和工会员工服务逻辑也存在交叉。在企业-工会耦合关系中,企业和工会逻辑包容在同一组织结构中,实现了逻辑共存,从而避免双方在承担多重目标任务时出现"方向的偏离"(Battilana、Dorado,2010)[143]。企业与工会的行动逻辑之间的交叉性使双方逻辑能够在相互关联的前提下得以共存。因此,目标关联是企业-工会耦合关系的第一个重要内涵。

(2) 权力平衡。权力平衡是指企业和工会不仅存在对各自制度逻辑的依赖,也面临来自对方逻辑的制约,彼此之间是一种相互制衡的关系。Raaijmakers、Vermeulen、Meeus 等(2015)[144]指出,不同制度逻辑之间存在竞争与冲突,但其结果并不一定是彼此不能共存和相互替代,不同制度逻辑是可以通过不断调整自身的逻辑结构,促进彼此的共生演化,形成整体性优势。具体到中国企业-工会耦合关系,企业和工会通过不断平衡自身和对方的逻辑结构,促进企业逻辑和工会逻辑的共生演化,最终促进中国企业-工会关系的整体优化。企业-工会耦合关系的这一彼此制衡的关系已在实践界和理论界得到证实。在实践界,《中华人民共和国工会法》和《中华人民共和国公司法》等法规明确规定企业必须对工会予以承认,这在很大程度上提升了工会在企业中的地位,推动了企业和工会实现相互制约下的力量对比平衡。如南海本田公司工会通过与企业进行长达一年多的协商谈判,纠正了企业在员工工资涨幅问题上不合理规定,开创了广东处理劳动纠纷和集体罢工事件的新模式。在理论界,岳经纶、庄文嘉(2014)[145]认为,工会可以根据多方协商机制规定的议事规则或程序和企业开展协商谈判,与企业形成相互促进、相互制衡的关系。因此,权力平衡是企业-工会耦合关系的另一个重要内涵。

综合所述,企业-工会耦合关系主要包括目标关联和权力平衡两个核心内涵。这为本书进一步解决企业-工会耦合关系的构念操作化问题提供了理论基础。为此,将通过规范的量表开发程序,基于目标关联和权力平衡两个关键的理论维度开发企业-工会耦合关系的测量量表,为探究企业-工会耦合关系的影响因素、形成过程、演化机制等内容提供理论研究基础。

4.2 企业-工会耦合关系的影响因素

制度逻辑视角认为,组织场域内的制度变革受到机会、能动性和资源调动等因素影响(Dorado,2005)[146]。企业-工会耦合关系作为企业逻辑和工会逻辑互动和融合的结果,必然受到机会、能动性和资源调动的影响,为此,从机会、能动性和资源调动三个方面对企业-工会耦合关系的影响因素进行识别和剖析。

4.2.1 机会

机会因素主要来自组织场域外部,即组织的外部制度环境对行动主体的影响和约束程度。如果外部的制度环境对行动主体具有很强的约束力,那么行动主体进行自我调整和优化以及推动制度变革的空间则相对较小。对于企业-工会耦合关系,能够影响组织外部制度环境特征的因素主要来自于政治、经济、社会和技术等宏观因素以及中观层面的行业因素。

(1)政治因素。影响企业-工会耦合关系的政治因素主要体现在政府的法律、法规和政策方面。政府希望企业和工会能够保持和谐的耦合关系以实现社会稳定与发展,因此通过制定一系列法律法规和政策对工会和企业两个方面加以引导和规范，促进双方在利益上相互认同，为企业-工会耦合关系的发展创造条件。为此，政府一方面要求工会要做到的是：按照《中国工会章程（2018）》规定，工会除了"维护职工合法权益""竭诚服务职工群众"之外，还需要"参与协调劳动关系和社会利益关系，推动构建和谐劳动关系，促进经济高质量发展和社会的长期稳定，为构建社会主义和谐社会做贡献"。政府另一方面要求企业要遵守《中华人民共和国公司法》《中华人民共和国劳动合同法》等法规。其明确规定企业必须对工会予以承认，在涉及员工劳动报酬、保险福利、劳动安全卫生、职业培训等利益时企业应与工会进行协商，要求企业依法支持工会工作开展，为工会开展工作提供必要的支持。

（2）经济因素。影响企业-工会耦合关系的经济因素具体体现在经济发展水平、经济体制等方面。Plovnick、Chaison（1985）[147]指出，企业和工会的关系会随着经济发展发生显著地变化，经济发展水平是影响企业-工会耦合关系的重要因素。随着中国社会市场经济体制日益完善和发展，经济结构在深度转型过程中发生了重大变革，企业与员工间开始出现一定程度的利益冲突和分歧，劳资关系日益紧张，工会作为解决劳资冲突的重要途径和手段，在协调劳动关系各主体的利益诉求方面发挥着举足轻重作用。因此，社会主义市场经济为企业-工会耦合关系的形成和发展提供了现实土壤，促使企业和工会通过耦合关系形式来共同解决劳资冲突和劳资矛盾问题。

（3）社会因素。影响企业-工会耦合关系的社会因素涉及文化、价值观等方面。在社会文化方面，Cooke（2014）[22]强调，在研究中国的劳动关系时，必须考虑中国特殊的社会文化情境。如中国社会文化观念强调"执中""均衡""兼得""和合"与"变化"思想（席西民、刘鹏、孔芳等，2013）[34]，这意味着企业和工会在应对外部制度环境而进行互动时更为谨慎，重视把握时机、节奏与分寸，既不能被动防御而丧失各自的主导逻辑，也不能互相对抗造成冲突，而是强调多重逻辑的目标关联与权力平衡。在价值观方面，中国社会文化观念强调"关系"的重要性，对"关系"与社会网络资源的高度依赖也将会对组织行为产生影响（邓少军、芮明杰、赵付春，2018）[148]。在此价值观驱动下，企业和工会更倾向于联合双方的组织力量，并从关系网络中获得资源，从而促进

第 4 章 企业-工会耦合关系的内涵和形成机制研究

企业-工会耦合关系的形成。

（4）技术因素。影响企业-工会耦合关系的技术因素涉主要人工职能、数字技术等技术进步与创新。如人工智能技术的普及会带来"智能机器换人"的现象，从而加剧企业中的劳动替代问题，员工工作受到威胁，这对工会在企业中发挥服务员工的作用提出了新的要求，必然对企业-工会耦合关系产生影响。再如数字技术催生的平台经济也将对企业-工会耦合产生重要影响，平台经济下企业中员工间的联系相对松散，工会对员工的影响较小，工会的谈判力较弱，这对工会在企业中的作用发挥构成了新的挑战，不利于企业-工会的耦合关系的形成和发展。

（5）行业因素。已有研究表明，不同行业中企业与工会的关系具有不同的表现形式（Gamage、Hewagama，2012）[149]。Monastiriotis（2007）[150]指出，在能源煤矿业等专业性和技术性行业中，工会能够在企业管理过程中发挥积极作用与效能，而在销售业、非工程制造业和金融服务业中，工会在企业运营和决策制定过程中难以发挥作用；靳卫东、崔亚东（2019）[8]研究发现，与非公有制企业工会相比，公有制企业工会的行政建制属性更强，依托政府的行政力量，工会获取了更多的合法性，与企业的对话能力也越强。因此，需要探究行业特征对企业-工会耦合关系的影响作用。

4.2.2 能动性

能动性是指行动主体内在的自驱力。它反映的是行动主体驱动自身行为脱离原有模式的力量，是一种行动主体内在的创造力。行动主体的能动性体现在其能否脱离原有的制度逻辑和行为方式（惯常能动性）、如何理解当下的场域条件并进行情境赋义（意义建构能动性）和设计哪些策略以实现未来的行动目标（策略能动性）（Raaijmakers、Vermeulen、Meeus 等，2015）[144]。企业-工会耦合关系包含了企业、工会、员工等重要的行动主体，他们对组织场域内过去、现在以及未来的运行逻辑的理解和设计是影响企业-工会耦合关系形成和演化的重要因素。

（1）企业能动性。随着员工需求的日益多样化，企业难以凭借一己之力实现对员工最有效的管理（张毛龙、胡恩华、张龙，2018）[43]。企业越来越重视通过企业-工会耦合关系的建立、维持和发展，更有效地协调劳资关系、改善员工态度与行为以及提高企业管理运行的效率。在这样的情况下,企业会主动寻求与工会合作,共同为企业发展而做出努力(Lee、Brown、Wen,2016)[73],因此,企业能动性是推动企业-工会耦合关系形成的重要因素。

(2) 工会能动性。在中国的企业基层,企业工会的作用一度受到质疑,企业工会亟需摆脱"空壳工会""企业附庸"的标签。随着工会改革的不断推进,基层企业工会的独立性和代表性不断提升(张戌凡、席猛,2019)[95],工会常以制度建立者、谈话参与者和第三方调停者的角色联结企业与员工双方,并在劳资协商和沟通中发挥着不可或缺的作用(Chung,2016;Lee、Brown、Wen,2016)[27,73],有助于促进企业-工会之间形成相互关联和彼此制衡的耦合关系,这表明工会在企业-工会耦合关系的形成上具有能动性。

(3) 员工能动性。已有的企业-工会耦合关系影响因素的研究,多数从企业和工会的视角出发,忽略了员工方面的能动性作用。实际上,员工的能动性是影响企业-工会耦合关系形成的重要底层因素。随着企业员工由单位人向社会人、经济人到共享人转变(肖红军、阳镇,2019)[142],员工自身在工作场所中的团队意识和主人翁意识开始增强(陈万思、周卿钰、杨朦晰等,2019)[151],企业也越来越重视员工多样化的需求,并通过满足员工需求来调动员工的积极性。而工会肩负着向企业反映和争取员工诉求的职责,两者的运行逻辑都与员工的需求和能动性息息相关,这使企业更加重视工会的代表性、又使工会更加积极地向企业争取员工权益。由此,员工自身能够在企业中形成一种"自下而上"的合力,对于企业-工会耦合关系的形成起着至关重要的影响。

4.2.3 资源调动

资源调动是指行动主体对各种资源条件的利用和调度方式。Dorado(2005)[146]归纳出行动主体的资源调动方式有:行动主体争取其他主体对自身的资源支持、不断积累自身的资源以及在多个层面形成资源汇集和协同。具体来说,在企业、工会、员工这个组织场域中,员工越来越多地借助工会途径实现利益诉求,有利于工会地位和影响力的提升,进一步对企业-工会耦合关系产生影响;与此同时,工会自身的组织建设、员工对于知识的学习等都是他们各自进行力量积蓄、积累自身资源的方式，这种资源积累也将影响企业-工会耦合关系的形成和发展。因此，企业、工会和员工这三个行动主体采取的资源调动和利用的方式是企业-工会耦合关系形成的至关重要的影响因素。

综上所述，企业-工会耦合关系的影响因素分析模型如图4-2所示。

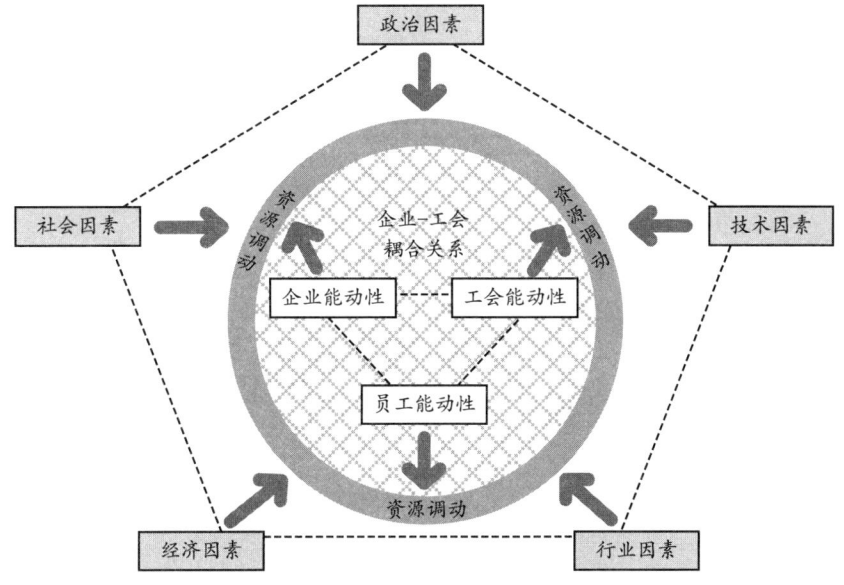

图4-2　企业-工会耦合关系的影响因素

注：最外围的五角形状部分表示机会因素；中间的环状部分表示资源调动因素；里面的倒三角形状部分表示能动性因素；网格阴影部分表示企业-工会耦合关系。

4.3　企业-工会耦合关系的形成过程

制度逻辑认为，组织内的多重逻辑通过一定的机制可以不断趋近平衡与融合，并形成整体性结构（Besharov、Smith，2014）[152]。企业-工会耦合关系的形成过程在本质上是组织场域内企业逻辑和工会逻辑不断互动和融合的过程。Ramus、Vaccaro、Brusoni（2017）[153]提出了一个能够有效呈现组织内多重逻辑融合形成机制的框架图，结合企业-工会耦合关系的形成过程，这一框架可以描述为"多重逻辑识别→多重逻辑互动→

多重逻辑制度化"三个阶段模型。具体来说，在机会、能动性和资源调动等因素的共同驱动下，企业和工会两个主体对自身的逻辑进行识别和互动，在此基础上促进自身逻辑和整体逻辑的融合和优化，实现企业和工会两个主体间形成耦合关系。基于此，构建出如图4-3所示的企业-工会耦合关系的形成过程。

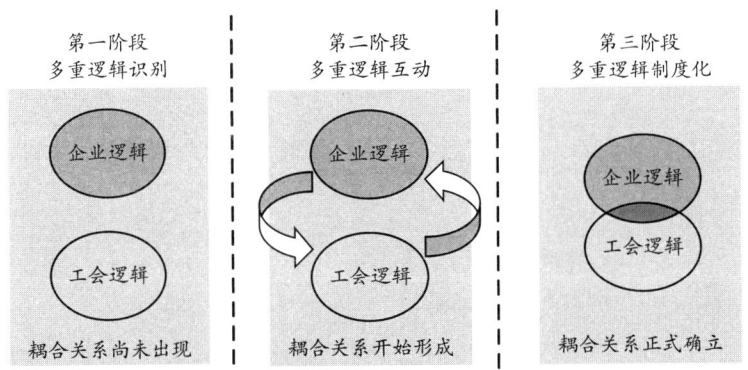

图4-3 多重逻辑融合下的企业-工会耦合关系的形成过程

4.3.1 多重逻辑识别阶段

企业与工会构成的组织场域内存在着多重制度逻辑，识别这些逻辑的过程即厘清不同逻辑的内容、边界、适用情境和优先级的过程。在该阶段，企业和工会首先对自身的逻辑进行锚定，明确各自的角色和目标。在政府政策、社会经济和产业结构等外部制度环境因素影响下，企业和工会的制度逻辑需要遵循外部环境对组织行动所提出的规范和要求；同时，企业、工会和员工是嵌入在社会中的行动者，它们的能动性和制度结构相互作用（Pache、Santos，2010）[125]，以此确定和调整自身的制度逻辑。在多种因素的共同作用下，企业主要形成了商业利润逻辑和社会责任逻辑（刘德鹏、贾良定、刘畅唱等，2017）[154]，工会主要形成了员工服务逻辑和企业管理逻辑（Ibsen、Tapia，2017）[21]；企业和工会两者的逻辑既各有侧重、存在竞争，又存在交集和合作。企业和工会多重逻辑的识别有助于明确两者各自的运行逻辑，寻找逻辑的关联和互动空间，从而为两者逻辑的融合发展奠定基础。

4.3.2 多重逻辑互动阶段

在逻辑互动过程中，受组织外部环境和内部主体能动性的共同影响，每种逻辑不断吸收其他逻辑的优势，扩大自身的边界，并进行相互补充和制约，使组织场域内的不同制度逻辑涌现出整合的趋势（Canales，2014；Ramus、Vaccaro、Brusoni，2017）[155,153]。

就企业-工会耦合关系而言，在组织场域的内外部因素的共同作用下，企业和工会多重逻辑的互动具体表现在构建共同战略目标、参与企业民主管理和推进集体协商谈判等方面。

（1）构建共同战略目标是指企业和工会将对方逻辑的元素融入自己的组织行动中，形成跨越逻辑之间界限的共同话语，这是维持企业与工会间合作的重要条件（Nicholls、Huybrechts，2016）[156]。《中华人民共和国工会法》和《关于构建和谐劳动关系的意见》等法律、法规明确规定了工会在构建和谐劳动关系中的主体作用，工会作为嵌入企业的组织，其主要目标是寻求各方利益的平衡，推动建立和谐的劳动关系，因此工会和企业的根本利益是一致的，这是企业-工会耦合关系形成的战略基础。

（2）参与企业民主管理是指企业、工会和员工在其各自的逻辑驱动下，共同参与企业的管理决策和生产过程，双方共享信息和沟通，在引起双方利益分歧的领域及时化解冲突，形成双方间的有益制约。

（3）推进集体协商谈判是指企业和工会通过构建正式的协商规则和程序，促使双方在员工权益方面互相让步，达成妥协，减少逻辑冲突对抗。集体协商谈判主要涉及员工工资的集体协商，包括员工的年度工资水平、递增速度、福利待遇等内容。如企业和工会在集体协商谈判过程中，双方本着以"相互理解、相互信任、相互支持"和"兼顾企业、职工利益"为互动原则，对员工工资和福利等问题进行沟通和协商。在企业和工会的逻辑紧密互动过程中，双方逻辑实现了融合和发展，这一过程是企业-工会耦合关系形成的核心环节。

4.3.3 多重逻辑制度化阶段

企业逻辑和工会逻辑之间通过互动过程逐渐趋同和优化是一种"半制度化"的阶段，只有原本共同存在、不断互动的多重逻辑逐渐融为新的制度体系，并产生新的价值，意味着这一整体结构在组织场域中得以明确和合法化。组织场域内的各个行动主体对融合后逻辑的接受与支持是决定其能否成为主导逻辑的关键因素。因此,要真正完成制度化变革,还需要使融合后的逻辑获得认知合法性,通过正式化的手段确认融合后逻辑的内容和规则,推动组织场域内的行动主体从认知上接受融合后的逻辑并加以倡导和推广。对于企业-工会耦合关系,当企业逻辑与工会逻辑达成融合,在组织场域内确立了新的、融合后的逻辑,还需要通过固化规则、宣传扩散、说服认知等各种手段,使融合后的逻辑获得广泛的接受和支持,并在组织场域内取得了认知合法性,也就正式形成了企业-工会耦合关系。

第5章
企业-工会耦合关系的模式构型及演化机制研究

这部分旨在探究三个重点问题：（1）企业-工会耦合关系的模式构型。通过探索企业-工会耦合关系中企业逻辑和工会逻辑之间的互动和融合规律，以目标关联和权力平衡作为分类依据，运用构型法识别和刻画不同的企业-工会耦合关系模式。（2）企业-工会耦合关系的演化机制。在分析不同的企业-工会耦合关系的演化起点的基础上，以目标关联和权力平衡作为基本演化趋势，探究企业-工会耦合关系模式间的演化动因、驱动因素及其演化路径。（3）企业-工会耦合关系发展现状的大规模调研。基于企业-工会耦合关系在空间和时间上的分布存在差异，通过开展纵向多案例研究、大规模问卷调研和大数据挖掘等手段获取数据，深入探究和验证中国企业-工会耦合关系的模式构型、影响因素、形成机制、演化路径等问题。

5.1 企业-工会耦合关系的模式构型

5.1.1 维度选择

从制度逻辑视角来看，企业-工会耦合关系的形成在本质上正是组织场域内企业逻辑和工会逻辑相互关联并趋近平衡的过程，是一种多重制度逻辑间的互动关系。在此，基于Besharov、Smith（2014）[152]提出的组织场域内多重制度逻辑间关系的分析框架，对企业-工会耦合关系类型进行模式构型。在这个研究框架中，逻辑向心性（centrality）和逻辑兼容性（compatibility）是组织中多重制度逻辑间关系进行构型的两个关键分类标准。其中，逻辑向心性是指不同逻辑对组织核心功能的影响程度，也可以理解为组织场域中与组织行使核心职能密切相关的制度逻辑的数量。逻辑向心性高意味着多重逻辑能都对组织运行发挥重要的影响，使组织内主导逻辑模糊；而逻辑向心性低意味着组织内存在明确的主导逻辑，其他逻辑对组织的直接影响较弱。逻辑兼容性是指多重制度逻辑指向共同的组织目标的一致性程度。逻辑兼容性高意味着多重逻辑的目标相对一致,能够为共同目标采取行动;逻辑兼容性低意味着多重逻辑之间的目标不尽一致,导致逻辑互动过程中存在冲突。上述框架从理论上揭示了多重制度逻辑之间互动和融合的基本规律,可以为处于多重制度逻辑情境中的组织关系提供解释。

而企业-工会耦合关系从形成之初就处于企业逻辑和工会逻辑的多重制度情境下,为此需要结合企业-工会耦合关系构型的"目标关联"和"权力平衡"内涵和多重制度逻辑之间的向心性和兼容性,选择"目标关联"和"权力平衡"这两个关键的理论维度作为企业-工会耦合关系的构型依据。其中,"目标关联"反映了企业逻辑和工会逻辑之间的兼容性,体现的是企业-工会耦合关系中双方之间的密切连结和利益上的一致性;"权力平衡"反映了企业逻辑和工会逻辑之间的权力向心性,体现的是企业-工会耦合关系中双方之间的相互制约和彼此制衡的关系。选择这两个维度的具体依据如下。

(1) 从目标关联来看,行动目标反映了组织的核心价值观和行动理念,是基于逻辑合理性的深层评价,较难被挑战和更改(Jones、Maoret、Massa 等,2010)[157]。行动目标的一致性不仅是衡量多重逻辑之间兼容情况的关键指标,也是企业逻辑和工会逻辑产生关联的核心表现。尽管企业的商业利润逻辑与工会的员工服务逻辑存在一定的差异和冲突,但中国工会同时具有维护员工权益和促进企业发展的多重职责,企业和工会双方的根本目标是可以兼容的(李文贵,2014)[81]。例如,企业的社会责任逻辑与工会的员工服务逻辑都是员工导向型逻辑,工会的企业管理逻辑和企业的商业利润逻辑都是企业导向型逻辑,这些多重逻辑间行动目标的一致性在很大程度上影响了企业-工会耦合关系的形成和发展。因此,用企业逻辑和工会逻辑之间的目标关联作为刻画企业-工会耦合关系构型的一个重要维度。目标关联程度越高,表明企业逻辑和工会逻辑两者间的行动一致性程度越高;反之,目标关联程度越低,表明企业逻辑和工会逻辑两者间的行动一致性程度越低。

(2) 从权力平衡来看,Pache、Santos(2013)[137]指出,逻辑向心性反映了组织场域中不同制度逻辑间的权力制衡程度。在权力平衡性高的情况下,企业与工会的权力势均力敌,两者的逻辑都注入了组织的核心实践，其权力结构更加平衡。而在是权力平衡性低的情况下，企业和工会其中一方占据主导地位。需要指出的是，结合中国企业-工会关系的现实情境，由于中国工会逻辑在组织场域内占据主导地位的情况鲜少存在，在权力平衡性较低的情况下，一般是企业权力表现更强（Friedman、Kuruvilla，2015；胡恩华、韩明燕、胡彩红等，2019）[158,94]，即企业逻辑占据主导地位，工会逻辑属于次要逻辑。综上所述，本书选择企业逻辑和工会逻辑的权力平衡性作为企业-工会耦合关系构型的另一个重要维度。权力平衡越高，意味着企业逻辑和工会逻辑在组织场域内同等重要，两者有平等对话的基础；反之，权力平衡越低，表明企业逻辑和工会逻辑地位悬殊，企业占据着组织内的主导地位，两者难以平等对话。需要说明的是，企业逻辑和工会逻辑的权力平衡与目标关联的高与低之间并没有泾渭分明的界限，而是逐渐变化的连续体。

5.1.2 模式构型

根据前述分析，选择权力平衡和目标关联这两个维度，采用构型法将企业-工会耦合关系划分为四种理想类型。由图5-1可以看出，组织场域中的权力平衡高意味着企业逻辑和工会逻辑力量均衡，都占主导地位，结合目标关联可以进一步分解为两种情况：双方目标关联高时，企业-工会耦合关系表现为共生型耦合关系；目标关联低时，企业-工会耦合关系表现为纠偏型耦合关系。组织场域中的权力平衡低意味着企业逻辑占据主导地位，工会逻辑属于次要位置。再结合目标关联也可进一步分解为两种情况：双方目标关联高时，企业-工会耦合关系表现为辅助型耦合关系；双方目标关联低时，企业-工会耦合关系表现为边缘型耦合关系。

需要说明的是，多重逻辑分类模型中不同分类指标的高与低之间是连续变化、而不是二分的，因此，图5-1中使用虚线而不是实线来区分不同的耦合关系模式。实际上，随着时间的推移，组织的内外部环境变化会导致其目标关联和权力平衡发生变化，使不同的耦合关系类型呈现出不同的特征。在此，将对边缘型耦合关系、辅助型耦合关系、纠偏型耦合关系、共生型耦合关系的四种模式特征进行刻画和描述。

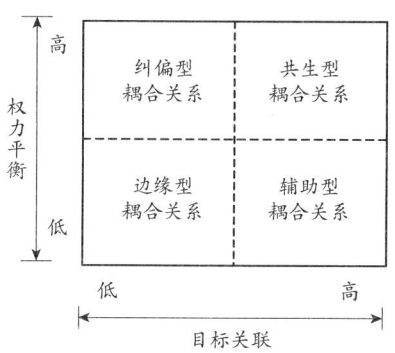

图5-1 企业-工会耦合关系的模式构型

（1）边缘型耦合关系。该模式特征是"低权力平衡—低目标关联"，企业逻辑和工会逻辑的行动目标一致性程度较低，且两者的权力结构并不均衡，企业逻辑占主导地位，工会逻辑处于次要地位。此时，企业逻辑与工会逻辑在目标、角色、任务等方面存在较大差异，如企业追求商业利润逻辑与工会关注员工服务逻辑的差异。由于企业逻辑在组织运行中占主导地位，工会无法有效干预企业逻辑的运行。在此情况下，企业和工会仅在组织场域中进行有限互动，更多表现出"各司其职"特点，但这并不意味着企业逻辑和工会逻辑的割裂或对立，而是呈现出一种相对独立、有限互动的"松散耦合"（Glassman，1973）[159]。在中国实践中，许多传统国企与其工会间的关系大多属于边缘型耦合关系，工会游离于企业的正式制度和组织结构的边缘，在有限的自主范围内履行服务员工权益职能，表5-1中的江铃汽车集团公司的工会举办职工大合唱比赛就是一个典型案例。需要指出的是，工会逻辑在边缘型耦合关系中处于次要地位，无法对出现以牺牲员工利益为代价而过度追求商业利润的企业逻辑进行有效制衡，这不仅无法保障员工合法权益，也不利于企业长期发展。

（2）辅助型耦合关系。该模式是"低权力平衡—高目标关联"，企业逻辑和工会逻辑的行动目标一致性较高，但两者的权力结构不平衡，企业逻辑主导着辅助型耦合关系。

在辅助型耦合关系中，企业具有较高的自主权，确定双方共同行动的目标和方向；而工会的自主权相对有限，其主要的行动准则是辅助企

第5章 企业-工会耦合关系的模式构型及演化机制研究

业实现目标。一个典型的例子就是工会与企业结成的"生产力联盟"（productivity coalition），工会采取维护企业生产稳定、调解劳资纠纷、传达员工诉求等方式来激励员工工作积极性，以此提高企业的经济效益（Chan、Snape、Luo 等，2017）[7]；而企业也愿意把工会看作提升其经营管理的一种辅助手段，通过给予工会活动经费、活动场地、信息分享等所需的资源支持，为工会职能的履行创造条件。在现实中，企业和工会结成"生产力联盟"的事例屡见不鲜。如在企业危机时期，工会通常会响应企业管理层的要求，主动出面组织员工与企业同舟共济、共度时艰，成为企业应对危机的重要辅助力量，表 5-1 中的鞍钢集团公司的工会组织的"网络问企"活动，其在公司集中发力攻克"扭亏为盈"难题的过程中就发挥了重要作用，成为辅助型耦合关系的一个典型案例。但由于企业和工会之间的权力平衡较弱，工会在辅助企业的过程中易成为企业经营管理的工具，双方都服务于企业利益，造成员工无法有效共享企业发展成果，其质疑和批评之声越来越多。

（3）纠偏型耦合关系。纠偏型耦合关系模式，表现为"高权力平衡—低目标关联"特征，企业逻辑和工会逻辑的行动目标的一致性较低，但两者在权力平衡性上势均力敌，各自具有较高的自主权，彼此能够挑战对方的行动规则，形成了在各自目标下开展既相互监督、又相互制约的行动。具体表现在：一方面，工会逻辑的存在能够督促企业更好地履行雇主责任，关注员工的多元化利益诉求（Brammer、Jackson、Matten，2012）[160]。如工会通过嵌入企业内部的员工提案、合理化建议、座谈会等建言渠道，为员工利益表达和劳资矛盾化解创造条件，提升了企业民主管理水平（Yao、Zhong，2013）[161]；再如工会通过开展劳动法律监督检查活动，督促企业建立起员工参与的工资决定机制、工资正常增长机制和支付保障机制来维护员工权益（纪雯雯、赖德胜，2019）[103]。另一方面，由于中国情境下的工会嵌入在企业的组织场域中，其职能履行的有效性受到企业商业利润逻辑的制约，这使工会在为员工争取权益时，必须兼顾企业发展，而非采取过于激进或对抗式的维权手段。在实践中，电装（中国）上海分公司工会"抗议信"事件就是典型的纠偏型耦合关系。在这个案例中，企业过分追求商业利润而忽视了员工权益时，工会提出严正抗议并提请政府依法介入，最终企业与工会协商一致，达成了双方都认可的结果。

需要指出的是,在纠偏型耦合关系模式下,工会主要是纠正企业在发展过程中忽视甚至伤害员工权益的偏差行为,对促进员工权益保护和完善企业民主管理等方面有积极作用,但企业与工会间存在着"各自为政"和"暗地较量"(Cook、MacKenzie、Forde,2017)[9],使工作场所的环境呈现出较高的竞争性和不稳定性。从长远来看,这不利于和谐劳资关系的构建。

(4)共生型耦合关系。该模式主要为"高权力平衡—高目标关联",高的目标关联意味着企业与工会具有明确的共同目标,而高的权力平衡表明企业逻辑和工会逻辑在组织场域中地位和作用能够对等,企业和工会互动过程是协调的、有序的,双方能够通过高效的竞争与合作方式进行互动。

在共生型耦合关系中,企业逻辑与工会逻辑同等重要且双方具有共同的发展愿景。因此,与其他三种模式的企业-工会耦合关系相比,共生型耦合关系下的企业和工会自主权都处于最高水平,双方既能够进行自主协商、又保持各自的能动性。更重要的是,由于企业逻辑和工会逻辑的目标关联高,双方具有共同目标,能够立足整体利益导向,共同分担风险,合理分享成果,为改善员工福祉和提升组织健康而协同努力。因此,在共生型耦合关系模式下,企业和工会是"和而不同"的,通过"以合作促竞争、以竞争促合作"的方式形成合力,促进企业和员工的共同发展。在现实中,上海出租车行业的"海鸥服务社"就是共生型耦合关系的代表案例。即企业与工会联合设立了面向个体出租车司机的服务社,帮助司机提高了运营效率和收入水平,同时通过市场化的方式和新的管理模式,促进整个出租车行业的转型升级,实现多方共赢。

综上所述,表5-1对上述四种企业-工会耦合关系模式特征进行描述、刻画和举例。

表5-1 企业-工会耦合关系模式特征的刻画和举例

模式类型	边缘型耦合关系	辅助型耦合关系	纠偏型耦合关系	共生型耦合关系
模式特征	◆ 权力平衡低 ◆ 目标关联低	◆ 权力平衡低 ◆ 目标关联高	◆ 权力平衡高 ◆ 目标关联低	◆ 权力平衡高 ◆ 目标关联高

续表

模式类型	边缘型耦合关系	辅助型耦合关系	纠偏型耦合关系	共生型耦合关系
互动方式	有限互动	分工协作	监督与制约	竞争与合作
行动准则	工会和企业相对独立,各司其职	工会辅助企业达成目标	工会和企业相互挑战对方的规则	共同推动企业和员工的发展
典型案例	江铃汽车集团工会举办职工大合唱比赛①	鞍钢公司"网络问企"工作模式②	电装(中国)上海分公司工会"抗议信"事件③	上海出租车行业的"海鸥服务社"④

5.2 企业-工会耦合关系的演化机制

在组织场域中,多重制度逻辑的互动和融合是一个动态演变的过程,这意味着不同的多重制度逻辑间在一定条件下会发生转变和演化(Nigam、Ocasio,2010;Ramus、Vaccaro、Brusoni,2017)[162,153]。本书认为,建立在多重制度逻辑互动和融合基础上的企业-工会耦合关系同样也会沿着不同的演化路径进行着动态演化。具体来说,各种内外部驱动因素和条件的变化会影响企业和工会之间的互动形式、行为准则和应对策略,使企业逻辑与工会逻辑间的权力平衡和目标关联的高低发生改变,最终表现为企业-工会耦合关系在边缘型耦合关系、辅助型耦合关系、纠偏型耦合关系和共生型耦合关系之间进行动态演化。

根据系统论的观点,组织的发展是从相对混乱无序的初始状态向稳定有序的状态转化的。例如,场域边缘的行动者有可能走向中心位置,场域中相互冲突的组织目标也可能逐渐走向融合(葛明磊、张丽华、黄秋风,2018)[163]。由于边缘型耦合关系、辅助型耦合关系和纠偏型耦合关系本身存在的局限性,而共生型耦合关系作为企业逻辑和工会逻辑之间一种相对平衡、有序的模式,是企业-工会耦合关系演化的最终状态。

---

① 2019年9月,江铃汽车集团有限公司工会举办了庆祝新中国成立70周年"我和我的祖国"江铃第二十一届职工大合唱比赛。江铃汽车集团有限公司工会自1996年以来,每年都会举办大合唱比赛,自2016年起改为两年举办一次。

②③④ 该案例详情见1.1研究背景中所述。

也就是说，其他三种类型的企业-工会耦合关系模式都具有向共生型耦合关系演化的驱动力，具体表现为企业逻辑和工会逻辑之间目标关联增强（在 X 轴上自左向右演化，简称为"趋势 X"）和权力平衡提高（在 Y 轴上自下向上演化，简称为"趋势 Y"）两种基本的演化趋势。进一步地，由于企业-工会耦合关系模式的演化路径起点和终点存在不同，"趋势 X"还可以区分出 X_1 和 X_2 这两条不同的演化路径，"趋势 Y"则包含 Y_1 和 Y_2 两条不同演化路径。此外，当"趋势 X"和"趋势 Y"同时发生演化时，其演化路径就是 Z（见图 5-2）。本书拟采用案例研究方法，设定不同模式的企业-工会耦合关系状态作为逻辑起点，围绕"趋势 X"和"趋势 Y"这两个基本趋势以及相应的具体演化过程进行深入研究。这不仅有助于解释企业-工会耦合关系在场域内外部因素影响下的变化动因，而且有利于识别这种变化的内在过程及其结果，为优化企业-工会耦合关系提供理论支撑。

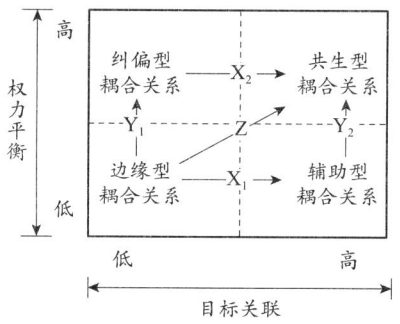

图 5-2　企业-工会耦合关系演化的基本趋势和演化路径

5.2.1　演化的基本趋势

（1）演化趋势 X。"趋势 X"是指企业-工会耦合关系模式的演化具有在 X 轴上由左向右演化的趋势，主要是提升企业逻辑和工会逻辑间的目标关联程度。具体途径有如下几种。

从企业和工会自身的能动性来看，企业和工会自身的目标调整是驱动企业-工会耦合关系模式演化的内因。一方面，企业在与工会的互动过程中，逐渐意识到工会在提升企业效益和引导员工的工作感受与行为等方面具有独特价值，因而愿意主动与工会进行互动、沟通，乃至开展深度的合作。如企业在管理决策方面与工会进行信息共享，或为工会工作提供物质支持，提升工会的角色认可和职能履行效果，促使双方逻辑逐渐形成融合趋势。另一方面，工会作为嵌入企业的组织，其主要目标是协调和平衡劳动关系各主体的利益诉求，推动构建和谐的劳动关系（Lee、Brown、Wen，2016；李召敏、韩小芳、赵曙明，2017）[73,72]，为此，工会在组织场域中需要兼顾企业利益，对企业生产经营情况和员工实际需求做出敏锐判断，并基于此调整自身的制度和规则，以提高双方的目标关联程度。在企业和工会这种紧密互动过程中，双方之间的目标差异和分歧将随之减少，从而推动了以高目标关联为特征的企业-工会耦合关系的产生。

从外部环境来看，国家政策、经济结构、社会文化等机会因素作为外因对企业-工会耦合关系模式的演化起着驱动作用。首先，国家对构建和谐劳动关系的要求为企业和工会的紧密联系和合作提供了制度基础（吴清军，2018）[164]。如《中华人民共和国工会法》和《基层工会工作暂行条例》等法律法规明确规定，工会应该"促进企业发展"，这为工会和企业在目标上达成一致创造条件。其次，企业外部的经济结构转型和经济波动等因素，会促使企业更加关注全面、协调和可持续的高质量发展需要，工会更加关注其维护社会稳定和促进企业生产的职能（陈维政、任晗、朱玖华等，2016）[5]，双方会暂时搁置彼此之间的目标差异和冲突，努力构建互相信任、相互支持的利益共同体，这实质上提升了两者目标的一致性。最后，随着社会文化中和谐发展与人文关怀意识提升，也促使企业和工会愿意通过集体协商、谈判等"柔性"方式来解决分歧，协调各方的共同利益（Chang、Cooke，2018；Hu、Zhang、Shan 等，2018）[35,36]，从而推动了企业逻辑和工会逻辑在组织场域中的关联和融合。

（2）演化趋势 Y。"趋势 Y"是指企业-工会耦合关系模式的演化具有在 Y 轴上自下向上演化的趋势，意味着相对于企业逻辑，工会逻辑在组织场域中的力量不断增强，工会能够逐渐与企业进行平等对话。总体而言，工会逻辑地位提升的驱动力主要来自向外"借力"和由内"聚力"两种渠道。

其中，向外"借力"是指工会获得政府和社会等外界支持，主要体现在国家和社会两个层面。从国家层面来看，中国的企业工会在工会体系的各个层级中身处基层一线位置，直接面对企业及员工的利益冲突和协调问题，肩负着构建和谐劳动关系的重任（Chan、Snape、Luo 等，2017；张毛龙、胡恩华、张龙，2018）[7,43]，工会力量的来自目前仍主要依赖于国家的制度支持，在制度设计上明确工会在企业中的职责和相应权力（Zhu、Warner、Feng，2011）[131]，赋予工会足以与企业相制衡的力量，从而对企业逻辑形成挑战和制约，保证企业与工会耦合关系的建立。如新修订实施的《中华人民共和国工会法》和国务院制定的《关于构建和谐劳动关系的意见》等法律法规确立了工会在构建和谐劳动关系中的主体作用，这为工会由"企业利益的协同者"向"平等对话的合作者"的转变提供了制度支持（靳卫东、崔亚东，2019）[8]。从社会层面来看，社会维权意识的觉醒使企业主导逻辑更容易成为舆论的质疑对象，如2019 年中国"996.ICU"事件中的加班工作制度引起了社会舆论的广泛遣责，在此情境下工会的作用也被广泛讨论，这种"以人为本"的社会价值观有利于促进了工会逻辑地位的提高。上述这些政府和社会因素都有助于打破企业逻辑和工会逻辑在权力结构方面的失衡状态，推动企业-工会耦合关系向共生型耦合关系演化。

由内"聚力"是指工会通过自身能动性的改革提升影响力，工会通过自身的能动性改革获得"事实权力"，与企业合作中保持力量平衡（孟泉、曹学兵，2019）[165]。如 2018 年新修订的《中国工会章程》明确规定工会的基本职责是"维护职工合法权益、竭诚服务职工群众"，进一步强化了工会的员工服务逻辑，提升了工会在企业工作场所中的话语权。此外，在企业逻辑主导的耦合关系模式下，工会还能够采取推行工会民主选举制度、落实工会干部职业化制、完善集体谈判制度等多种方式来企业管理发挥制衡作用，从而逐渐打破企业与工会间的力量不对等、不均衡的关系状态。

5.2.2 演化过程

趋势 X 和趋势 Y 体现了企业-工会耦合关系模式演化的基本趋势，但在不同的演化起点上，企业-工会耦合关系模式的演化机理和演化路径也是不一样的。具体来说，以辅助型耦合关系、纠偏型耦合关系和边缘型耦合关系作为演化的逻辑起点，在向共生型耦合关系演化的过程中，存在着五条不同演化路径，如图 5-3 所示。

第 5 章　企业-工会耦合关系的模式构型及演化机制研究

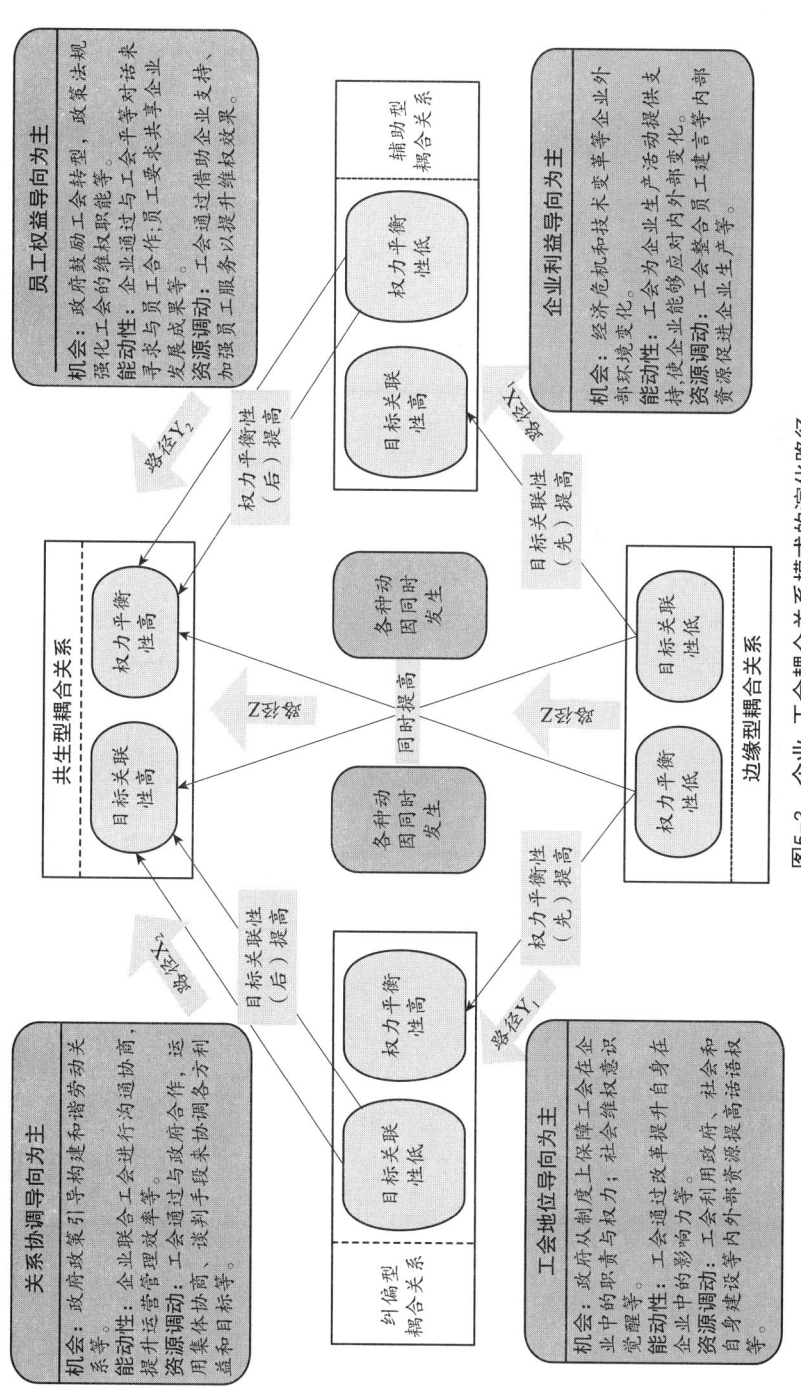

图 5-3　企业-工会耦合关系模式的演化路径

注：右上角路径 Y_1 表示的是"辅助型耦合关系→共生型耦合关系"演化过程；左上角路径 X_2 表示的是"纠偏型耦合关系→共生型耦合关系"演化过程；右下角路径 Y_2 表示的是"边缘型耦合关系→辅助型耦合关系→共生型耦合关系"演化过程；左下角路径 X_1 和左上角路径 X_2 的结合表示的是"边缘型耦合关系→纠偏型耦合关系→共生型耦合关系"演化过程；中间路径 Z 表示的是"边缘型耦合关系→共生型耦合关系"演化过程。

79

(1) 演化动因。由图 5-3 可知，不同演化起点的企业-工会耦合关系模式在向与之紧密相连的企业-工会耦合关系模式演化时的动因是不同的。本书把企业-工会耦合关系模式间的演化动因归结下列四种类型。

以边缘型耦合关系为起点，其与辅助型耦合关系之间的演化过程以企业利益导向为主。在边缘型耦合关系下，企业逻辑在组织运行中占主导地位，而工会逻辑处于次要地位。工会因为缺少与企业相制衡的力量、自主权相对有限，其主要的行动准则是辅助企业实现目标，因此更多地需要依附于企业目标和协助企业开展生产活动以维持双方共同生存和发展。在此过程中，提升了企业和工会之间的目标关联性，使边缘型耦合关系逐渐向辅助型耦合关系演化。

以边缘型耦合关系为起点，其与纠偏型耦合关系之间的演化过程以工会地位导向为主。在边缘型耦合关系模式下，工会存在"先天不足"独立性的问题，为了提升其在企业中的角色认可和职能履行效果，需要借助国家法律制度、发挥工会自身能动性以及调动内外部资源力量来提升在企业中的话语权，有效提高了企业与和工会间的权力平衡，使边缘型耦合关系逐渐向纠偏型耦合关系演化。

以辅助型耦合关系为起点，在向共生型耦合关系演化的过程中是以员工权益导向为主。在辅助型耦合关系中，由于企业逻辑和工会逻辑之间的权力平衡性不足，工会缺乏员工代表性，很容易作为企业改善经营管理的辅助手段，双方都服务于企业利益，造成员工无法共享企业发展成果。因此，工会需要增强自身维权职能的履行，在与企业在平等对话的基础上维护员工的合法权益，提升工会逻辑的影响力和自主性，增强企业逻辑与工会逻辑之间的权力平衡，使辅助型耦合关系逐渐向共生型耦合关系演化。

以纠偏型耦合关系为起点，在向共生型耦合关系演化的过程中是以关系协调导向为主。在纠偏型耦合关系中，企业逻辑与工会逻辑的权力平衡较高，但双方的目标关联较低，企业和工会间的"各自为政"和"暗地较量"时常发生，这不利于和谐劳动关系的构建。此时双方都迫切需要通过沟通、协商、谈判等途径来达成对彼此发展目标的认同，在"和而不同"情境下提升双方的目标关联，使纠偏型耦合关系逐渐向共生型耦合关系演化。

第5章　企业-工会耦合关系的模式构型及演化机制研究

(2) 演化的驱动因素。由图5-3可以看出,组织场域内的机会、能动性和资源调动等驱动因素既影响着企业-工会耦合关系模式之间的演化,又对不同的企业-工会耦合关系的产生不同的影响。为此,以边缘型耦合关系、辅助型耦合关系、纠偏型耦合关系为演化起点,重点探究这三种情形下的五条演化路径的驱动因素。

情形一:以边缘型耦合关系为演化起点。边缘型耦合关系在向共生型耦合关系演化的过程中,不仅需要提升企业逻辑和工会逻辑之间的目标关联,也要增强企业逻辑和工会逻辑之间的权力平衡。根据组织场域各类驱动因素的具体情况,这两种动力可以先后发生,也可以同时发生。当组织场域中企业利益问题更为突出时,边缘型耦合关系先会通过"趋势X"增强企业逻辑和工会逻辑之间的目标关联性演化为辅助型耦合关系,继而通过"趋势Y"提升企业逻辑和工会逻辑之间的权力平衡演化为共生型耦合关系,即演化路径Ⅰ"边缘型耦合关系→辅助型耦合关系→共生型耦合关系"(图5-3中演化路径X_1+演化路径Y_2);当组织场域中工会独立性问题为主导时,边缘型耦合关系首先会通过"趋势Y"增强企业逻辑和工会逻辑之间的权力平衡演化为纠偏型耦合关系,继而通过"趋势X"提升企业逻辑和工会逻辑之间的目标关联演化为共生型耦合关系,即演化路径Ⅱ"边缘型耦合关系→纠偏型耦合关系→共生型耦合关系"(图5-3中演化路径Y_1+演化路径X_2)。然而,无论是演化路径Ⅰ还是演化路径Ⅱ,目标关联增强和权力平衡增强呈现的是割据、分裂状态,两者未能同步实现有效融合。事实上,目标关联和权力平衡在提升的过程中可以同步进行,实现交叉与共存,使边缘型耦合关系直接向共生型耦合关系演化,即演化路径Ⅲ:"边缘型耦合关系→共生型耦合关系"(图5-3中的路径Z)。在此,将针对上述三条演化路径的驱动因素展开分析。

演化路径Ⅰ:边缘型耦合关系→辅助型耦合关系→共生型耦合关系。该演化路径包括"边缘型耦合关系→辅助型耦合关系"(演化路径X_1)和"辅助型耦合关系→共生型耦合关系"(演化路径Y_2)两个阶段。

在第一阶段的演化路径X_1中,企业-工会耦合关系演化的驱动因素主要包括企业生存环境变化、工会能动性和工会内部资源调动等方面。首先,从企业生存环境变化来看,当企业面临危机、技术变革等外部环境变化时，这使企业亟需获得其他力量支持来应对变化，更加重视与工会之间的互动和联合。从工会能动性来看，工会既需要考虑员工的工作与生存、又要协助企业进行生产经营管理的职能，工会在短期内会主动做出折中或妥协，搁置与企业的分歧，优先以企业的利益和生产目标为中心发挥作用。从工会内部资源调动来看，为了更好地发挥协助企业提高生产效率的作用，工会会通过组织员工建言献策、鼓励创新、提倡成本节约等各种方式整合内部资源，为企业分忧解难，共同维系着企业生存和发展。这实质上促使了企业和工会间的目标达成，提升了企业逻辑和工会逻辑间的目标关联，推动了企业-工会耦合关系从"各司其职"的边缘型耦合关系向"工会协助企业实现目标"的辅助型耦合关系的演化。

在第二阶段的演化路径 Y_2 中，随着企业-工会耦合关系的演化进入辅助型耦合关系时，共享企业发展成果已成为员工的必然要求，企业中开始出现员工质疑和批评辅助型耦合关系。工会作为员工的代表，迫切需要提高工会在工作场所的地位和力量。为此，这一阶段的企业-工会耦合关系演化的驱动因素包括企业能动性、工会内部资源调动和外部政府鼓励等方面。具体来说，一是发挥企业自身能动性。得益于辅助型耦合关系模式下工会调动员工工作积极性以促进企业发展方面做出的贡献，企业意识到要借助工会来加强企业与员工之间的沟通，为了进一步实现企业自身的持续健康发展，企业愿意主动配合工会提高工会参与企业管理实践的广度与深度，为工会的发展提供空间，从而实现与员工的进一步合作（Liu、Li，2014）[30]。二是提升工会内部资源调动能力。为了更好地维护员工利益，工会通过整合辅助型耦合关系中积累的企业认可和会员基础等有利资源加强内部民主管理和尊重员工的文化建设，在促进企业发展、获得企业更高认可的同时，提高工会对企业的议价能力，从而强化自身的员工服务逻辑，更好地保护员工的成果分享权。三是借助政府支持工会转型机会。政府出于社会经济的全面、健康、持续发展需要，着力提升工会逻辑在企业工作场所中影响力，并鼓励工会进行职能转变，如鼓励工会切实向维护员工权益回归，确保员工能够有效分享企业发展成果。上述驱动因素共同提升了工会逻辑在组织场域内的自主权和影响力，使工会逻辑在与企业逻辑互动和融合的过程中权力平衡得到增强，推动了企业-工会耦合关系从"工会辅助企业实现目标"的辅助型耦合关系向"竞争与合作共赢"的共生型耦合关系的演化。

演化路径Ⅱ：边缘型耦合关系→纠偏型耦合关系→共生型耦合关系。该演化路径包括"边缘型耦合关系→纠偏型耦合关系"（演化路径 Y_1）和"纠偏型耦合关系→共生型耦合关系"（演化路径 X_2）两个阶段。

在第一阶段的演化路径 Y_1 中，这一阶段的企业-工会耦合关系演化驱动因素主要包括国家制度保障、社会维权意识觉醒、工会能动性以及工会外部资源调动等方面。首先，从国家制度保障来看，国家颁布的《中华人民共和国工会法》和《中华人民共和国公司法》相关劳动法律法规赋予了工会维护员工切身利益的职责与权力，并明确要求企业应当"支持工会依法开展工作"，为工会"提供必要的活动条件"，这为打破工会逻辑和企业逻辑的力量不对等提供了制度支持，有助于推动工会与企业间的权力平衡提升。其次，从社会维权意识觉醒来看，企业逻辑一直在企业-工会耦合关系中占据主导地位更容易成为舆论质疑的对象，如2010年前后发生的南海本田[①]、盐田国际[②]等一系列备受瞩目的集体劳动争议案件圆满解决使员工认识到工会在维权方面大有作为，提升了工会的地位和影响力，使工会拥有了更多的自主权。再次，从工会能动性来看，工会通过推进工会干部民主选举改革，以及"网络工会"和"智慧工会"等创新的工会工作方式，提升工会对企业的影响力。最后，从工会外部资源调动来看，工会可以争取和调动来自政府和社会支持的外部资源，增强自身影响力，提升在工作场所中的话语权。上述这些驱动因素共同提升了工会地位和影响力，有效增强了工会逻辑与企业逻辑间的权力平衡，使工会有能力与企业进行相互监督与制约，推动了企业-工会耦合关系从"各司其职"的边缘型耦合关系向"监督与制约并存"的纠

---

① 2007年4月，盐田国际的280名企业员工因为工资、工时和工作条件等问题集体罢工，导致港口营运停顿，给当地社会秩序造成了严重困扰，后经过当地政府的大力协调，工会迅速开展企业管理层和员工之间的沟通疏导工作，并代表员工向企业传递合理的权益诉求，最终以企业的让步而获得胜利。

② 2010年5月，广东省佛山市的本田汽车零部件制造有限公司数百名员工因对工资和福利不满进行罢工，罢工持续近一个月，给本田公司带来了巨大的经济损失，当地政府、工会等迅速介入，指导劳资双方就员工涨薪问题开展多轮集体谈判，最终促使双方达成协议，劳资纠纷得到解决。

偏型耦合关系的演化。

在第二阶段的演化路径 X_2 中，由于纠偏型耦合关系间存在"各自为政"和"暗地较量"现象，这不利于和谐劳动关系的构建，从长远来看，亟需企业和工会对彼此发展目标的认同，在"和而不同"情境下提升双方的目标关联性。在 X_2 的演化过程中，政府政策引导、企业能动性和工会内外部资源调动等是推动该阶段演化的重要驱动因素。首先，从政府政策引导来看，在政府力量的敦促下，企业和工会双方必须通过集体协商解决分歧，达成一致目标，形成和谐的劳动关系（张军扩、侯永志、刘培林等，2019）[2]。其次，从企业能动性来看，由于工会承担着维护企业生产秩序和协调劳动关系的作用，使企业愿意为工会发挥促进劳动双方共赢的职责提供行动配合和资源支持，甚至主动授权工会开展员工诉求征集、受理、解决等相关工作（Chan、Snape、Luo 等，2017；张毛龙、胡恩华、张龙，2018）[7,43]，企业与工会之间的这种良好互动有助于提升双方之间的目标关联。最后，从工会内外部资源调动来看，由于纠偏型耦合关系中企业和工会之间的意见分歧主要体现在劳资协商问题上，此时工会通过调动来自政府和谐劳动关系构建和自身集体协商、谈判建设等方面的力量和资源，有助于发挥政府、企业和工会之间三方协调机制的作用，促进企业、工会和员工之间进行协商和沟通，保证在关系协调导向下提高企业与工会的目标关联程度。由此可见，这些驱动因素共同推动了企业-工会耦合关系从"监督与制约并存"的纠偏型耦合关系向"竞争与合作共赢"的共生型耦合关系的演化。

演化路径Ⅲ：边缘型耦合关系→共生型耦合关系。这一路径是指在以边缘型耦合关系为演化起点时，企业逻辑与工会逻辑的权力平衡和目标关联在提升的过程中可以保持同步进行，使边缘型耦合关系直接向共生型耦合关系进行演化，即图5-3中的路径Z。在这种情况下，政府引导和谐劳动关系构建、企业和工会自身寻求发展等多重因素共同发生作用时，企业和工会在工作场所中的协商、沟通和合作方式得到极大改善和丰富，有利于同时实现权力平衡和目标关联的提升。如在以企业利益导向为主的演变中，工会优先帮助企业发展生产，为了避免工会在辅助企业的过程中沦为企业的生产工具，政府必须同时从政策上保障工会的权力，工会也需要时刻关注员工的发展诉求，并调动政府资源解决自身独立性问题,实现在促进企业发展的同时提升对企业的制约和监督能力。在此情况下,企业逻辑和工会逻辑的目标关联和权力平衡得以充分提升。再如,在以工会地位导向为主的演变中,工会通过综合利用机会、自身能动性和资源调动因素来提升在企业中的话语权,代表员工与企业开展更多的集体谈判和协商。在不断的沟通中,工会对企业的生产经营状况更加了解,工会也会意识到维护企业生产发展的重要性,并主动为企业生产活动提供支持,实现在监督企业的同时促进企业发展,使企业逻辑和工会逻辑的权力平衡和目标关联得以同时提升。可见,企业逻辑和工会逻辑能够实现各得其所、有效共存,促使原本的"相对独立、有限互动"的边缘型耦合关系直接演化为双方"竞争与合作共赢"的共生型耦合关系。

情形二:以辅助型耦合为演化起点。这一演化路径是辅助型耦合关系→共生型耦合关系(图5-3中演化路径Y_2),演化路径主要是沿着"趋势Y"进行的,其具体演化过程与情形一中的演化路径Ⅰ"边缘型耦合→辅助型耦合→共生型耦合"中的第二阶段原理一致,因此不再赘述。

情形三:以纠偏型耦合关系为演化起点。这一演化路径是纠偏型耦合关系→共生型耦合关系(图5-3中演化路径X_2),演化路径主要是沿着"趋势X"进行的,其具体演化过程与情形一中的演化路径Ⅱ"边缘型耦合→纠偏型耦合→共生型耦合"中的第二阶段原理一致,因此不再赘述。

5.3 企业-工会耦合关系发展现状的大规模调研

由于中国各个省、直辖市、自治区的工会建设受到中华全国总工会"顶层设计"的政策和指导思想的影响,工会发展总体趋势存在相似之处,但地域之间的经济发展、产业结构、劳动力来源、劳动政策等呈现出不同程度的差异,使在全国层面出现了一些工会建设情况较为典型、特点较为突出的地区(Friedman、Kuruvilla,2015;胡恩华、张毛龙、单红梅,2016)[158,28]。例如,珠江三角洲地区的劳动关系波动较大、劳资冲突频发,是企业工会改革的前沿阵地,工会的维权特征更加明显;长江三角洲地区民营经济和民间行业协会繁荣，行业性集体协商工作推进较好，工会的工作更加多元化，更加注重为企业和员工搭建交流和沟通的平台；而东北地区国有经济比重高，工会的改革转型相对滞后，企业劳动关系的协调和建设主要依靠政府行政力量的引导来进行（闻效仪，2017）[166]。

从以上分析可知，由于中国的发展现状不同，其组织场域内企业逻辑与工会逻辑的权力平衡和目标关联必然存在不同，这意味着企业-工会耦合关系模式在不同情况下存在差异化分布，这符合制度逻辑的历史权变观（Dunn、Jones，2010）[167]，即在社会层次上，特定的历史时期会存在某种占据主导地位的企业-工会耦合关系；在企业层面上，不同模式的企业-工会耦合关系在同一时期是可以并存的。但是，目前对于全国层面上企业-工会耦合关系模式的分布特征并不明确，因此，有必要通过典型案例研究、大规模调查研究、大数据挖掘等方式，对不同地区、不同规模、不同所有制以及不同行业企业内的企业-工会耦合关系模式的分布情况进行"探底"。通过这样的调查研究，可以系统呈现出中国企业-工会耦合关系模式的发展现状，同时对不同情形下企业-工会耦合关系模式发展面临的问题进行科学诊断和分析。这部分研究内容不仅能够有力地补充和深化关于企业-工会耦合关系的影响因素、形成机制和演化路径的研究结论，还为提升企业-工会耦合关系的管理策略建议提供了坚实的数据基础。

5.3.1 典型案例研究

由于企业-工会耦合关系模式的形成和演化是一个复杂的长期过程，拟采取纵向多案例研究方法来探究企业-工会耦合关系模式的形成机制、演化动因和演化路径等问题。基于理论抽样的重要性和聚焦原则（Eisenhardt，1989）[17]，拟按照边缘型耦合关系、辅助型耦合关系、纠偏型耦合关系和共生型耦合关系的四种模式，甄选出典型案例，逐一展开案例研究。具体地，结合本研究团队密切联系的企业及近年来各类媒体报道的典型案例，从中选取8~10个特色鲜明、影响广泛的关于企业-工会耦合关系的案例进行纵向分析和对比研究。

对于这部分研究内容，根据研究中积累的一些材料，包括相关案例

第5章 企业-工会耦合关系的模式构型及演化机制研究

的媒体报道、档案文本和人物访谈等。这些材料的详情见表 5-2 所示。本书在这些材料的基础上,继续通过走访、现场观察、线上和线下访谈等各种方式获得一手资料,并结合企业和工会的档案、媒体报道以及各类出版物等二手资料,深度剖析不同企业-工会耦合关系模式的典型特征、形成机制和演化路径等问题。另外,鉴于企业-工会耦合关系的形成和演化过程需要考虑时间以及关键情境因素,经过为期 3~5 年的纵向时间追踪,识别企业-工会耦合关系形成和演化过程中企业和工会所采取的不同的阶段性策略,并完整地描绘其企业-工会耦合关系的形成机制、演化驱动因素和演化过程。

表 5-2 本研究积累的调研素材汇总

企业名称	拟归类的企业-工会耦合关系模式	新闻报道	出版物	企业档案	采访/访谈记录
国家电网南瑞集团有限公司	辅助型耦合关系	√		√	√
鞍钢集团有限公司	辅助型耦合关系	√			
浙江信威塑胶公司	辅助型耦合关系	√			
富士康电子科技(淮安)有限公司	辅助型耦合关系	√		√	√
吉宝通讯(南京)有限公司	辅助型耦合关系	√			√
中复连众复合材料集团有限公司	辅助型耦合关系	√			
南海本田汽车零部件制造有限公司	纠偏型耦合关系		√		
电装(中国)投资有限公司上海分公司	纠偏型耦合关系	√			
江苏平山交通设施有限公司	边缘型耦合关系			√	
江铃汽车集团	边缘型耦合关系	√	√		
中复碳芯电缆科技有限公司	边缘型耦合关系	√			
理光(深圳)工业发展有限公司	共生型耦合关系	√	√		
上海海鸥控股(集团)有限公司	共生型耦合关系	√			√
新疆金风科技股份有限公司	共生型耦合关系	√	√		

5.3.2 大规模问卷调研

分别在全国八大经济区(东北综合经济区、北部沿海综合经济区、东部沿海综合经济区、南部沿海经济区、黄河中游综合经济区、长江中游综合经济区、大西南综合经济区、大西北综合经济区），按照行业、规模及所有制等多种维度，随机抽取共计 300 家建立工会的企业和 200 家未建立工会的企业，进行大规模的问卷调研。对于已经建立工会的企业，问卷内容旨在了解企业-工会耦合关系的历史轨迹和发展现状，并通过数据统计分析，获得边缘型耦合关系、辅助型耦合关系、纠偏型耦合关系和共生型耦合关系在不同地区、行业、规模和所有制上的分布现状，诊断当前企业-工会耦合关系发展的问题所在。对于尚未建立工会的企业，问卷内容则旨在了解当前企业的劳动关系现状、员工和管理层对于工会的各自认识以及企业未来建立工会的可能性等，通过对这部分企业问卷数据的统计分析，与已经建立工会的企业进行对比研究。

5.3.3 大数据挖掘

综合使用人工搜索和程序抓取等不同方式，对不同渠道的各类电子数据进行挖掘及分析。线上数据来源渠道包括：官方媒体报道，例如中华全国总工会网站、中工网、人民网、中国新闻网等；各类出版物的线上版，如《工人日报》《中国劳动关系学院学报》《工会理论研究》等；网络媒体报道，如网易新闻、新浪新闻、腾讯新闻、今日头条等；各类统计年鉴数据，如《中国劳动统计年鉴》《中国工会年鉴》《中国工会统计年鉴》等；社交媒体数据，如新浪微博、领英、职友集、脉脉职言社区等。通过对各类数据的梳理整合及深入分析，全面呈现当前企业-工会耦合关系的发展现状和分布特征。

总之，这部分的调研既能够验证企业-工会耦合关系的存在、形成、分布和演化等问题，也是模块三、模型四中实证研究部分的预研究工作，为研究的变量甄选、数据收集和分析等内容奠定理论基础。

第6章
企业-工会耦合关系对员工工作生活质量影响研究

越来越多的研究者呼吁要重视制度复杂性的微观响应机制研究,关注组织中的员工如何响应制度复杂性的微观过程与机理(Raaijmakers、Vermeulen、Meeus 等,2015;Bertels、Lawrence,2016)[144,168]。企业-工会耦合关系的本质是组织场域中多重制度逻辑的互动和融合的结果,反映的是企业-工会耦合关系在组织场域内企业逻辑与工会逻辑间的关联和平衡关系。当企业-工会耦合关系形成后,组织场域内的行动者会针对新形成的制度环境做出响应,这种响应进而对组织场域的运行发挥能动影响,最终提升组织场域的产出。Siven、Ysander(1973)[169]和严广乐、王浣尘(2000)[170]提出感知反应系统(Sensitive and Reactive System,简称SARS)模型并认为,场域环境和个体之间存在着复杂的作用关系,个体对环境的感知和反应是环境输入和个体产出之间的重要环节。这为研究企业-工会耦合关系对员工工作生活质量的影响提供了研究思路,基于此,运用SARS模型,以企业-工会耦合关系作为输入,以员工的感知(认知和情感)和反应(主动性和适应性)作为过程,以员工工作生活质量作为产出,构建一个"输入—感知—反应—产出"的四个阶段分析框架,以此探究企业-工会耦合关系对员工工作生活质量的影响机制。具体研究内容包括:(1)企业-工会耦合关系对员工工作生活质量的总体影响;(2)企业-工会耦合关系影响员工工作生活质量的过程机制;(3)不同模式下的企业-工会耦合关系及其演化对员工工作生活质量的差异化影响。研究模型如图6-1所示。

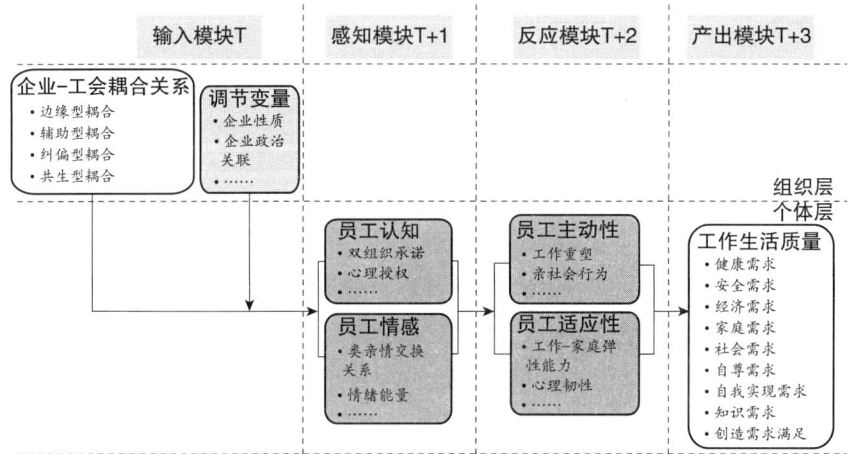

图 6-1 企业-工会耦合关系对员工工作生活质量影响的理论模型

6.1 企业-工会耦合关系对员工工作生活质量的总体影响

企业-工会耦合关系对员工的影响主要体现在对其工作生活质量（quality of work life）的作用上。工作生活质量最早是由美国汽车联合工会在20世纪60年代提出的，是工会和企业共同合作改善员工生活福利和工作环境，以增加参与决策为手段，达到提高生产率和员工满意感的一项措施。随着实践的发展和研究的推进，工作生活质量的概念外延逐渐拓展，已从满足员工的工作方面需求向员工的健康和安全需求、经济和家庭需求、社会需求、自尊需求、自我实现需求、知识需求和创造需求等多种工作与非工作需求的满足转变（Sirgy、Efraty、Siegel 等，2001）[135]，这是一种对员工工作质量和生活质量的全面评估，得到了学术界的广泛认可并被大量使用（Singhapakdi、Lee、Sirgy 等，2015；Kara、Kim、Lee 等，2018）[171,172]。王振源、段永嘉、孙珊珊（2015）[173]和 Fontinha、Easton、Van Laar（2019）[174]进一步指出，员工工作生活质量不仅与员工在工作和生活中的满意度、安全、健康和幸福感息息相关，同时是反映组织环境健康协调发展程度的重要指征，能够使组织乃至社会受益。

第6章　企业-工会耦合关系对员工工作生活质量影响研究

党的十九大报告明确指出，中国社会主要矛盾已经转化为人民日益增长的美好生活需要和不平衡不充分的发展之间的矛盾。满足人民对美好生活的向往已经成为社会主义深化改革的重要议题。在组织管理领域，这种对美好生活的向往主要体现在员工在追求工作领域的需求满足之外，亦开始关注工作—家庭平衡、个人学习和成长、身心健康和社会关系等非工作领域的需求满足（Kocman、Weber，2018；Wang、Jia、Hou 等，2019）[175,176]。这种来自员工的、"更为人道化的工作"的愿望，促使组织逐渐放弃片面追求生产效率的做法，转变为更加重视员工的个体价值和内在需求的满足。而企业和工会作为劳动关系的两大重要主体，双方形成耦合关系的基本出发点是实现员工福祉和企业效益的共同提升。因此，笔者认为企业-工会耦合关系能够成为改善员工工作生活质量的关键策略，其在员工层面的价值集中体现在促进员工的工作和非工作领域平衡，帮助员工获得长期的、可持续的和高质量的幸福生活，这对员工成长具有重要的现实意义。基于此，主要从目标关联与权力平衡的两个方面来探究企业-工会耦合关系对员工工作生活质量的总体影响。

（1）从企业-工会耦合关系的目标关联来看，在中国情境下，企业和工会的逻辑目标是相互兼容和紧密关联的。企业和工会间能够达成一种既追求企业健康发展、又关注员工福祉的"共益"型目标（肖红军、阳镇，2018）[177]，在此目标下，企业和工会共同组织为员工提供既相互增强又相互补充的管理实践活动，满足员工在工作领域和非工作领域的各种需求。具体来说，一是企业和工会通过组织员工知识技能培训、工作场所环境建设等一系列相互增强的管理实践活动来提升员工工作生活质量。如企业是培训员工的主体，工会也会积极开展形式多样的技能培训和竞赛活动，企业和工会的共同合作为员工提供更多的成长性资源，不断提高员工的工作技能，满足员工的知识和自我实现需要；再如企业和工会通过合作来改善员工的工作环境和工作条件，共同营造健康安全的工作场所（张宏宇、周燕华、张建君，2014）[122]，为员工顺利开展工作提供了环境支持，满足员工的健康和安全需要。二是企业和工会通过员工身心健康关怀、社会关系构建等一系列相互补充的管理实践活动来促进员工工作生活质量提高。如企业对于员工工作能力和工作绩效的关注较多，缺少对员工情感的重视，而工会通过为员工提供精神文化方面的服务，改善了员工的工作心理（张毛龙、胡恩华、张龙，2018）[43]，同时通过开展文化娱乐活动，拉近了员工与其他组织成员的关系（胡恩华、韩明燕、胡彩红等，2019）[94]，促进了员工在健康和社会等需求的满足，有效补充了企业管理实践的不足。由此可见，企业-工会耦合关系的目标关联能够促进员工工作生活质量的提升。

（2）从企业-工会耦合关系的权力平衡来看，企业和工会通过相互制约和监督，不断吸收对方优点，克服自身缺点，双方在各自的运行逻辑之间寻求平衡，最终达成整体优化。具体来说，一方面，工会通过监督和制约企业可以提升员工健康需求、家庭需求、自尊需求和自我实现等需求满足。如企业在追求经济效益的过程中，难免会对员工提出过高甚至不当的工作要求，导致员工工作过载和工作—家庭冲突等问题（Mariappanadar，2014）[178]，而工会此时通过维权、集体协商谈判、家庭生活关怀和休闲娱乐活动等"全方位"服务（Chan、Snape、Luo等，2017）[7]，能够有效限制企业的不合理工作要求，使员工的健康需求和家庭需求等得到保障。再如工会通过监督企业民主管理，代表员工参与企业的管理决策，确保企业在决策过程中兼顾公平与效率，尊重员工利益诉求和员工自主决策权，更好满足员工的自尊需求和自我实现需求（Gayathiri、Ramakrishnan、Babatunde等，2013）[179]。

另一方面，企业对于工会出现的过度维权或盲目维权也可以进行有效制衡，确保工会不做出过于损害企业和员工长远利益的行为。如尽管工会在维护员工权益和改善员工工作心理等方面发挥重要作用，但可能会忽视员工在知识结构和个性特质等方面的差异，容易造成"知足常乐"型员工、"投机取巧"型员工"端铁饭碗"和"吃大锅饭"等"搭便车"行为的出现（吴进红、胡恩华、王凌云等，2017）[10]，不利于员工的职业发展与成长，此时企业通过开展监督工作，并采用绩效考核手段可以有效判断员工是否存在"搭便车"行为，激励员工不断提升自身能力，确保员工的工作胜任能力。因此，企业-工会耦合关系的权力平衡在对员工工作生活质量提升上有显著作用。

综上所述，企业-工会耦合关系中，企业逻辑和工会逻辑在组织场域中既相互重叠，具有协作发展的基础，又能够相互制衡，具有整体优化的趋势。在这种情况下，员工不仅能够在工作领域实现健康、长远的发展，还能够在身心健康和家庭生活等非工作领域方面得到足够的权益保障，进而实现员工工作生活质量的改善和提升。

6.2 企业-工会耦合关系对员工工作生活质量影响的过程机制研究

企业-工会耦合关系对员工工作生活质量的影响是一个动态、复杂的过程。为此，基于"输入—感知—反应—产出"四个阶段分析框架，重点探究企业-工会耦合关系对员工工作生活质量影响的两个过程机制：一是分析"企业-工会耦合关系→员工认知/情感→员工主动性/适应性→员工工作生活质量"的中介机制；二是分析企业性质、企业政治关联在企业-工会耦合关系与员工生活质量间的调节机制。

6.2.1 企业-工会耦合关系对员工工作生活质量影响的中介作用机制

（1）输入—感知阶段：在这一阶段，企业-工会耦合关系作为一种情境输入，能够唤起员工在认知和情感上的感知（Mischel、Shoda，1995）[180]。具体来说，企业-工会耦合关系意味着企业和工会在工作场所中形成了一种相互关联、彼此平衡的关系状态，双方达成了和谐相处、协调发展的一致目标，并愿意共同行动。当员工感知到这种健康、和谐的工作环境时，其认知状态（如双组织承诺、心理授权等）和情感状态（如类亲情交换关系、情绪能量等）都将得到改善。

①对员工认知的影响。在企业-工会耦合关系作用下，一方面，企业和工会间的互动关系呈现出兼容、平衡的特征，对于具有企业成员和工会会员双重身份的员工，更容易将其所处的企业和工会两种组织情境视作一个合作的整体，认同企业目标和工会目标是一致的，使员工涌现出双组织承诺，即员工同时承诺于企业和工会的认知（Angle、Perry，1986；Rossenberg、Klein、Asplund 等，2018）[181,182]；另一方面，企业和工会间的相互制衡，使企业组织结构呈现分权和平衡的特征，有利于形成资源丰富、关系透明的工作环境，这既能够提升员工对工作价值和工作自主性的认知，又能够增强员工完成工作的信念和对工作的掌控感，提升了员工的心理授权（李永占，2018）[183]。

②对员工情感的影响。企业-工会耦合关系能够调和员工与组织间的关系,在组织中营造"家庭感",满足员工的情感诉求,这与中国社会文化中的"相互依赖""泛家族主义"等"整体观"思想是十分契合的;与此同时,在企业-工会耦合关系之下,组织通过向员工提供社会支持、合理安排劳动时间、减轻工作场所歧视等方式为员工提供资源供给,有利于员工情感状态的改善,激发员工更容易对组织发展出一种超越经济交换和社会交换的,在情感上具有高度交融、高度依赖的类亲情交换关系(朱苏丽、龙立荣、贺伟等,2015)[91];此外,由于员工的工作幸福感、工作满意度、身心健康等积极体验增强和压力、不安全感、疲惫感等消极体验减弱,有助于改善员工的身心健康和工作体验,激发员工情绪能量的提升(Xia、Wang、Song等,2019)[184]。

(2)感知—反应阶段:当员工认知和情感等感知受到企业-工会耦合关系唤起后,员工必然会在主动性(如工作重塑行为、亲社会行为等)和适应性(如工作—家庭弹性能力、心理韧性等)方面做出反应。

①员工认知对员工反应的影响。一方面,企业-工会耦合关系提高员工的双组织承诺和心理授权,激发员工的"主人翁"精神,使员工产生要出色完成工作的义务感和回报动机,表现出更高的员工主动性。如在双组织承诺和心理授权高的情况下,员工既会积极发挥自身的创造力,主动尝试采取多种途径来改善工作流程、方法和结果,推动工作任务和关系边界的改变,履行更多的工作重塑行为(Wrzesniewski、Dutton,2001;Laurence,2010)[185,186],还会将集体利益置于首要地位,更倾向于超越本职工作要求、自发采取保护他人、团队和组织的亲社会行为(彭小平、田喜洲、郭小东,2019)[187]。另一方面,积极的员工认知有利于增强员工适应性。如双组织承诺的员工能够从企业-工会耦合关系实践中获取更多用来平衡工作与生活之间的组织资源,可以有效协调员工的工作与非工作角色冲突,使员工在工作与非工作领域内能够做到灵活转换,增强员工的工作—家庭弹性能力(Ramarajan,2014;林忠、孟德芳、鞠蕾,2015)[188,189];又如心理授权带来的员工自主感、控制感和胜任感,有利于员工更好地面对和处理工作与非工作领域的各种问题,增强员工的心理韧性(Mccray、Palmer、Chmiel,2016)[190]。

②员工情感对员工反应的影响。企业-工会耦合关系在提升员工与组

织间的类亲情交换关系的同时，也增强了员工的情绪能量，必然会提升员工的主动性和适应性。如员工情绪能量的增强意味着员工具有较高水平的自信感、力量感、活力感以及主动采取行动的倾向（Collins，2014）[191]，员工更愿意参与社会关系互动，并乐于给予和付出（Turner、Stets，2005）[192]，表现出更多的亲社会行为（Barsade、Gibson，2007）[193]；同时，被高度激发的情绪能量还会让员工对外部知识和信息信号更为敏感，使员工获得比平时更广阔的思考和行动的空间，提高其跨越工作—家庭边界进行角色整合的适应能力（Madrid、Patterson、Birdi等，2014）[194]。

（3）反应—产出阶段：由图6-1的SARS模型可知，在认知/情感的感知共同激发出员工的主动性/适应性之后，这种影响还会进一步作用于员工的工作生活质量，形成员工层面的产出。

①从员工主动性角度来看，企业-工会耦合关系通过员工认知与情感促进了员工工作重塑行为的改善，有助于员工在工作场所加强学习、更好地实现个人潜能，满足员工的知识、创造和自我实现等多种需求。亲社会行为的改善有助于员工在工作场所获得认可和更好的人际关系，满足员工的自尊、社会和自我实现等工作与非工作需求。可见，员工在工作重塑行为和亲社会行为的提升意味着他们可以通过不同的行为表现来满足员工在工作、社交、自我实现等方面的多样化需求，促进工作领域和非工作领域之间需求满足感的积极溢出，有利于优化员工的工作生活质量。

②从员工适应性角度来看，员工认知和情感的改变促进了其工作—家庭弹性能力的提升，意味着员工可以更好地平衡自身的工作角色和家庭角色，实现工作和家庭之间的积极溢出，有助于员工更好地照顾家庭生活并获得组织认可，满足员工的家庭、社会和自尊等多种需求。员工认知和情感还能唤起员工的心理韧性，有助于员工从压力、危险和逆境中快速恢复，使员工更好地处理工作与非工作事务，满足员工的健康、安全、家庭和社会等工作和非工作需求，从整体上提高了员工工作生活质量。

（4）整合的链式中介路径。企业-工会耦合关系的"输入"会通过员工的"感知"和"反应"过程带来员工"产出"，是一个循序渐进的动态过程。上述具体路径之间并非各自独立，是可以整合成链式的中介机制，共同构成一个"企业-工会耦合关系→员工认知/情感→员工主动性/适应性→员工工作生活质量"的多阶段、多情境有机过程。具体来说，企业-工会耦合关系反映了一种追求和谐共赢的劳动关系，它意味着企业和工会在相互关联、彼此制衡的互动过程中，为促进企业和员工持续、共同发展而做出一致努力。在企业-工会耦合关系的输入刺激下，员工将被唤起相应的感知，使其认知和情感状态都得到改善。这将进一步激发员工的积极反应、提升员工主动性和适应性，从而促进员工在工作领域和家庭、健康及社会关系等非工作领域都获得更多的满足感，产出更高的工作生活质量。

此外，需要指出的是，除了上述的相关变量及中介路径外，在企业-工会耦合关系影响员工生活质量的过程中，必然还存在其他潜在的中介机制，这需要在研究过程中进行深入挖掘和剖析。

6.2.2 企业-工会耦合关系对员工工作生活质量影响的调节作用机制

企业-工会耦合关系对员工工作生活质量的影响除了存在上述中介机制，还受到企业性质、企业政治关联等调节变量的影响。为此，从企业性质、企业政治关联两个方面来探究企业-工会耦合关系对员工生活质量影响的调节作用。

（1）企业性质。与非国有企业相比，国有企业强调"以厂为家""企业大家庭"等泛家庭主义的企业文化。这种文化与企业-工会耦合关系下所倡导的"以和为贵"、集体主义等价值观相得益彰，能够有效推动员工与组织之间形成高度依赖的类亲情交换关系，并对员工的工作-家庭平衡等带来正向影响。与此同时，非国有企业组织内部的文化情境更加强调平等、变革和创造等因素，而国有企业内部的等级观念较强，政治氛围较浓，上下级之间的高质量沟通与互动相对较少（闫佳祺、贾建锋、罗瑾琏，2017）[195]，会在一定程度上抑制企业-工会耦合关系对员工心理授权的促进作用，进而对员工工作重塑行为和工作需求满足产生影响，在这种情况下，即使企业-工会耦合关系致力于改善员工的工作自主性和灵活性，其实际效果也存在局限。

由此可知，在国有企业与非国有企业的不同情境下，企业-工会耦合关系对员工工作生活质量影响体现是不同的，并且其间的过程机制也各有侧重，因此企业性质是企业-工会耦合关系影响员工工作生活质量的一个重要的边界条件。

（2）企业政治关联。如果以企业家或企业决策人的政治身份和工作经历等因素来衡量企业政治关联，那么这种企业政治关联是可以对企业-工会耦合关系产生调节作用的。具体来说，一方面，具有较高政治关联的企业家其政治敏锐性高，更乐于响应政府的政策号召，打造富有责任感的企业形象。此时，尽管企业-工会耦合关系在员工工资等方面的促进作用受到抑制（杨继东、杨其静，2013）[105]，但企业家会表现出对员工在文娱活动、家庭生活和节日福利等非工作领域的关怀，有效推动员工与组织之间建立类亲情交换关系，提升员工的工作—家庭弹性能力，最终在整体上提高员工工作生活质量。另一方面，由于在企业家政治关联度较高时，企业-工会耦合关系为员工争取的实际利益相对减少，因此削弱了其激活双组织承诺等认知状态和情绪能量等情感状态的能力，这种削弱作用会进一步传递到对员工工作重塑行为等主动性和心理韧性等适应性的影响上，最终导致企业-工会耦合关系对员工工作生活质量的影响变弱。综合分析，企业政治关联是企业-工会耦合关系影响员工工作生活质量的另一个重要边界条件，但其间的调节效应和相关机制则需要结合具体的作用路径进行差异化分析。

当然，除了企业性质和企业政治关联外，在企业-工会耦合关系影响员工生活质量的过程机制中，还存在着其他潜在边界条件。这也亟需在开展研究的具体过程中，进一步对此进行进一步挖掘和探析。

6.3　不同模式的企业-工会耦合关系对员工工作生活质量的差异化影响

企业-工会耦合关系的形成在本质上是组织场域内企业逻辑和工会逻辑相互关联并趋近平衡的动态过程。在这一过程中，企业逻辑和工会逻辑间的目标关联和权力平衡存在差异。根据制度逻辑的历史权变观（Dunn、Jones，2010）[167]，不同模式的企业-工会耦合关系在分布上既呈现横向上的整体性，又呈现纵向上的层次性。横向上的整体性是指在某一时间点上，不同企业中的边缘型耦合关系、辅助型耦合关系、纠偏型耦合关系和共生型耦合关系是可以存在的；纵向上的层次性是指在某一段时间内，同一家的企业-工会耦合关系从一种模式演化为另一种模式的过程。为此在探究企业-工会耦合关系对员工工作生活质量的总体影响和过程机制之外，进需要一步综合横向比较和纵向比较两种视角，深入挖掘不同模式下的企业-工会耦合关系及其演化对员工工作生活质量的差异化影响：一是基于横向比较视角，选取由四种耦合关系模式分别主导的不同组织场域作为样本，比较边缘型耦合关系、辅助型耦合关系、纠偏型耦合关系和共生型耦合关系对员工工作生活质量的差异化影响；二是基于纵向比较视角，在五条不同企业-工会耦合关系的演化路径下，探究不同的企业-工会耦合关系模式之间发生的动态演化对员工工作生活质量产生的差异化影响。

6.3.1 横向比较视角下企业-工会耦合关系对员工工作生活质量的差异化影响

尽管企业-工会耦合关系在对员工工作生活质量的影响机制上存在共同特征，但不同的企业-工会耦合关系模式对员工工作生活质量的影响机制又是存在差异的。如从企业-工会耦合关系的目标关联内涵来看，在目标关联程度低的企业-工会耦合关系中（如边缘型耦合关系和纠偏型耦合关系），员工感知到企业和工会两个组织的目标要求和价值规范是存在差异的，因此难以将两者视作一个整体（Nichols、Zhao，2010）[196]，此时员工双组织承诺和类亲情交换关系水平较低；而在目标关联程度高的企业-工会耦合关系中（如辅助型耦合关系和共生型耦合关系），企业和工会更加能够在员工权益和企业利益等相关问题上达成统一目标，促使员工在组织情境中将两者视为一个结构平衡和利益关联的整体，发展出高水平的双组织承诺，并激发出员工的亲社会行为，员工之间通过互帮互助和信息共享等途径实现了社会需求、经济需求和知识需求等满足。又如从企业-工会耦合关系的权力平衡内涵来看，在权力平衡程度低的企业-工会耦合关系中（边缘型耦合关系和辅助型耦合关系），工会无法有效行使自主权，只能在有限空间内发挥作用，难以保障员工获得更多参与企业

第6章 企业-工会耦合关系对员工工作生活质量影响研究

管理的机会,在此情况下,企业-工会耦合关系对员工心理授权的增益作用较弱,此时员工心理授权在企业-工会耦合关系和员工行为反应之间的中介效应较小,难以提升员工工作生活质量;而在权力平衡程度高的企业-工会耦合关系中(纠偏型耦合关系和共生型耦合关系),工会有足够强的地位和力量与企业进行谈判和协商,为员工争取更多的工作自主权,提升了员工心理授权和情绪能量,激励员工超越工作角色的基本要求而采取工作重塑等主动性行为,有助于满足员工的自尊和自我实现等需求。

上述只是从目标关联或权力平衡的维度上总体呈现不同的企业-工会耦合关系模式对员工工作生活质量影响的差异。实际上,每一种特定的企业-工会耦合关系模式都是目标关联和权力平衡的互动结果,它对员工工作生活质量的影响和作用机制也是有区别的,为此,需要进一步就边缘型耦合关系、辅助型耦合关系、纠偏型耦合关系和共生型耦合关系对员工工作生活质量的影响进行比较分析,以此探究每一种特定的耦合关系模式对员工工作生活质量影响的独特特征。

(1)边缘型耦合关系对员工工作生活质量的影响。在边缘型耦合关系中,虽然工会逻辑处于次要地位,无法有效干预企业逻辑的运行,但工会可以发挥适度的自主权,在企业正式的组织结构和运行逻辑之外履行职能,为员工提供一定的福利、娱乐、家庭关怀等服务,由于工会开展这些活动的经费主要来源于企业,这使员工将这些服务与企业联系在一起,客观上能够起到调和员工与企业间的关系作用,营造出"家庭感",满足员工的情感诉求,有利于员工的类亲情交换关系建立,提高了员工的工作—家庭弹性能力,满足了员工的家庭和自尊需求,这在一定程度上促进了员工工作家庭质量的提升。然而,由于地位和影响力不足,工会在为员工争取工作自主权和制约企业对员工权益造成损害方面的作用受到较多限制,对员工心理授权和情绪能量等感知的增强不明显。此外,工会和企业在组织场域中仅能进行有限的互动,员工对企业和工会间关系的认知是割裂的,难以对企业和工会之间的利益关系产生整体性认知,员工无法在边缘型耦合关系下形成对企业与工会的双组织承诺。总之,边缘型耦合关系对员工工作生活质量有一定的正面影响,且主要集中在对员工家庭、自尊等非工作领域,对员工工作领域需求的促进作用并不显著。

(2) 辅助型耦合关系对员工工作生活质量的影响。在辅助型耦合关系中，由于企业逻辑和工会逻辑的目标关联高，企业和工会在发展生产方面达成一致目标，员工可以有效整合其企业成员和工会会员的身份，形成较高水平的双组织承诺，主动帮助企业解决问题，如试图通过亲社会行为来帮助企业完成生产计划。在此过程中，员工协助企业共同"做大蛋糕"有利于经济需求的满足，同时，员工的主动亲社会行为有助其提升工作能力，促进其社会需要和知识需求的满足。此外，企业逻辑在辅助型耦合关系中占主导地位，工会无法与企业形成有效制衡，工会在某种程度只是企业经营管理的辅助手段和工具，无法有效维护员工权益，这不仅使员工的双组织承诺难以长期维系，也会导致员工在工作中感知到的自主权较弱，表现出较低水平的心理授权，使员工在工作与非工作领域不能进行灵活转换，容易引起员工在工作和家庭领域的冲突感和压力感增强，导致员工的工作—家庭弹性能力较弱，不利于员工健康和安全需求、家庭需求等需求的满足。从整体来看，辅助型耦合关系能够在一定程度提升员工工作生活质量。

(3) 纠偏型耦合关系对员工工作生活质量的影响。在纠偏型耦合关系中，一方面，企业逻辑和工会逻辑的权力平衡高，工会与企业势均力敌，工会有能力根据多方协商机制规定的议事规则和程序与企业开展协商谈判，有效限制企业的不合理工作要求，避免要求过高、强度过大对员工造成的损害，不仅满足了员工的健康和安全需求、也有利于员工情绪能量的积累，此时当员工在面临逆境事件时，情绪能量可以形成对员工的保护，促进员工进行身心系统重整，提升员工的心理韧性，进一步强化员工对健康和安全的满足感；另一方面，企业逻辑和工会逻辑的目标关联低，企业和工会的行动目标存在差异甚至冲突，员工较难进行身份整合，难以形成对企业与工会的双组织承诺，同时，企业和工会的对立关系使得组织缺乏和谐氛围，工会通过"工会之家""娘家人"等宣传建设而营造的"家文化"难以投射到企业，员工很难产生对企业的类亲情交换关系感知，进而员工亲社会行为和工作重塑水平受到制约，不利于员工社会和自我实现等需求的满足。总之，纠偏型耦合关系尽管对员工需求的满足有一定的积极作用，但这种积极作用是源于企业与工会之间的"较量"，而不是双方在目标一致基础上达成的有效合作，因而使员工的工作生活质量提升缺少稳固基础。

(4) 共生型耦合关系对员工工作生活质量的影响。在共生型耦合关系中,由于企业和工会目标高度兼容,双方都具有较高程度的自主权,两者会在动态的竞争与合作中形成一个利益共同体。一方面,企业和工会目标共享,共同寻求企业发展与员工福祉的双赢,企业更加注重对员工权益的保护以和对员工心理的关怀;另一方面,企业和工会之间存在相互监督,即使企业出现使命的偏离,出现忽视员工权益和意见表达等问题,员工也能够有效地依靠工会力量实现自身利益诉求,从而保障自身合理需求得到满足。在共生型耦合关系下,员工将自己视作企业与工会的内部人,员工心理授权和双组织承诺等认知状态以及情绪能量和类亲情交换关系等情感状态都能够得到大幅提升,能够在企业和工会构成的耦合关系跨界网络中便捷地获取工作和非工作方面的支持性资源,会使员工履行更多的工作重塑和亲社会行为等主动行为,提升其在工作—家庭弹性能力和心理韧性等方面的适应性表现,满足员工的健康和安全需求、经济和家庭需求、社会需求、自尊需求、自我实现需求、知识需求和创造需求等多样化需求。这表明,相比边缘型耦合关系、辅助型耦合关系、纠偏型耦合关系、共生型耦合关系能够全面增强员工工作和非工作领域权益的满足,最大限度地提升员工工作生活质量。

综上所述,按照"输入—感知—反应—产出"的四个阶段分析框架,用表6-1比较了上述四种模式的企业-工会耦合关系对员工工作生活质量的差异化影响。此外,需要进一步在研究过程中将不断增加不同情境下的企业-工会耦合关系演化的典型案例,挖掘不同模式的企业-工耦合关系对员工工作生活质量影响的作用机制和特征表现。

表6-1　四种模式的企业-工会耦合关系对员工工作生活质量影响的比较

输入	感知	反应	产出
边缘型耦合关系	弱:双组织承诺 有限作用:类亲情交换关系	弱:工作重塑 有限作用:工作—家庭弹性能力	影响程度最有限,且主要局限于员工家庭、自尊的需求
辅助型耦合关系	弱:心理授权 强:双组织承诺	弱:工作—家庭弹性能力 强:亲社会行为	能在一定程度上提升员工工作生活质量,主要集中在员工社会、经济和知识的需求

续表

输入	感知	反应	产出
纠偏型耦合关系	弱：双组织承诺、类亲情交换关系 强：情绪能量	弱：工作重塑、亲社会行为 强：心理韧性	对员工工作生活质量的影响具有一定的不稳定性，主要集中在员工健康和安全的需求
共生型耦合关系	弱：无 强：全部	弱：无 强：全部	全方位提高员工工作生活质量

6.3.2 纵向比较视角下企业-工会耦合关系对员工工作生活质量的差异化影响

横向视角比较的是不同的企业-工会耦合关系对员工工作生活质量影响的静态差异，但无法有效揭示企业-工会耦合关系对员工工作生活质量的动态影响。实际上，员工的感知、反应和产出过程不仅受到当前企业-工会耦合关系形态的影响，还与员工在该企业中过去经历的耦合关系情境存在紧密联系，这意味着仅仅从静态视角探讨耦合关系对员工工作生活质量的影响是不完整的，还应当结合动态视角，才能更深入、全面地理解企业-工会耦合关系对员工工作生活质量的影响。为此，本部分研究内容基于模块二确定的三种不同的演化起点和五条不同的演化路径来探究不同的企业-工会耦合关系模式间的演化对员工工作生活质量的差异化影响。

（1）"边缘型耦合关系→辅助型耦合关系→共生型耦合关系"对员工工作生活质量的影响。该演化过程包括"边缘型耦合关系→辅助型耦合关系对员工工作生活质量的影响"（简称①的第一阶段）和"辅助型耦合关系→共生型耦合关系对员工工作生活质量的影响"（简称①的第二阶段）两个阶段。

在①的第一阶段演化过程中，企业与工会以提升目标关联为目的，双方主要围绕企业利益展开互动和融合。在员工感知阶段，由于企业和工会的目标关联在逐步提升，双方在短期内能够搁置分歧，工会协助企业进行经营管理以共同应对内外部环境的变化，工会与企业结成的"生产力联盟"使员工对企业和工会目标的一致性感知增强，有助于员工整合企业成员和工会会员身份，发展出高水平的双组织承诺；

第6章 企业-工会耦合关系对员工工作生活质量影响研究

在员工反应阶段,得益于员工双组织承诺水平的提高,员工积极主动投入企业生产活动,愿意开展对企业发展有利的亲社会行为;在员工产出阶段,由于员工与其他成员间的团结互助和积极参与企业生产活动,促进了企业发展,员工的社会需求、经济需求和知识需求得到满足。

在①的第二阶段演化过程中,企业和工会以提高权力平衡为目标,双方主要围绕员工权益展开互动和融合。在员工感知阶段,工会逐渐摆脱对企业的依附,工会一方面在政府政策支持下通过发挥监督作用来制衡企业,保证员工正常的工作时间和健康的工作场所条件,这对避免员工情绪损耗具有重要作用,另一方面工会通过自身改革,不断强化服务员工意识,组织形式多样的文化娱乐活动,补充员工的情绪资源,在情绪损耗降低和情绪资源增加的双重作用下,员工的情绪能量得到大幅提升。企业也需要借助工会渠道来寻求与员工合作,增强工会代表员工参与企业管理实践广度与深度(Liu、Li,2014)[30],使员工能够在工作中感知到更多的自主空间和来自企业与工会的资源支持,提升员工心理授权;在员工反应阶段,随着员工情绪能量的激发,让员工获得更广阔的思考和行动的空间,提高其跨越工作—家庭边界进行角色整合和适应的能力,提升了员工的工作—家庭弹性能力;此外,员工心理授权的增强有助于促进员工开展诸如工作重塑等工作相关的主动行为。在员工产出阶段,由于员工工作重塑的提升和工作—家庭弹性能力的改善,员工家庭、自尊、自我实现和创造需求满足得到明显提升。

(2)"边缘型耦合关系→纠偏型耦合关系→共生型耦合关系"对员工工作生活质量的影响。该演化过程包括"边缘型耦合关系→纠偏型耦合关系对员工工作生活质量的影响"(简称②的第一阶段)和"纠偏型耦合关系→共生型耦合关系对员工工作生活质量的影响"(简称②的第二阶段)两个阶段。

在②的第一阶段演化过程中,企业和工会以提高权力平衡为目标,双方主要围绕提升工会地位展开互动和制衡。在员工感知阶段,工会借助国家法律制度、发挥工会自身能动性以及调动内外部资源力量来提升在企业中的话语权,使工会有能力与企业进行相互监督与制约,在此情形下,工会能为员工提供更多的集体申诉和反馈渠道,增强员工的工作安全感(Edmondson、Lei,2014)[197],避免企业过高的工作要求造成员工心理资源的损耗,提升了员工情绪能量;在员工反应阶段,随着员工情绪能量的不断积累,员工的认知方式变得更加灵活,可以有效应对企业和工会相互制衡的压力情景,提升其心理韧性;在员工产出阶段,员工通过克服逆境和灵活地适应内外部环境变化,不仅能够削弱其心理焦虑、压力等不健康因素,还能增强其对工作环境的掌控和驾驭感,从而满足员工在工作中的健康和安全需求。

在②的第二阶段演化过程中,企业和工会以提升目标关联为目的,双方主要围绕关系协调展开互动和融合。在员工感知阶段,在和谐劳动关系的政策引导下,企业和工会间通过沟通、协商方式解决分歧,在目标上逐渐达成一致,提升了员工对企业和工会的共同认可,这有利于员工双组织承诺的形成;同时,工会通过联合企业为员工提供社会支持和服务,有助于加深员工与企业之间的情感联结,增强类亲情交换关系(朱苏丽、龙立荣、贺伟等,2015)[91]。在员工反应阶段,得益于员工双组织承诺和类亲情交换关系的提升,为了组织的发展员工更加愿意付出努力,并实施对组织和帮助他人的亲社会行为;此外高水平的类亲情交换感知有助于员工解决工作时间、精力紧张和行为转换等方面导致员工工作和家庭之间的潜在冲突,促使员工跨越工作—家庭边界进行角色整合,提高员工工作—家庭弹性能力。在产出阶段,员工在互帮互助和相互促进的过程中增进了人际交往和人际和谐,实现社会需求的满足;同时高水平的工作—家庭弹性能力意味着员工能够灵活高效地处理来自工作和家庭的角色要求,保障其家庭需求得以实现。

(3)"边缘型耦合关系→共生型耦合关系"对员工工作生活质量的影响。在这一路径的演化过程中,企业和工会以目标关联和权力平衡同步提升为目的,企业逻辑与工会逻辑间的互动和融合机制呈现互相增强、共同上升的状态。在员工感知阶段,在企业目标关联和权力平衡的共同作用下,企业和工会的互动和融合由"各司其职""有限互动"向"竞争与合作共赢"进行演化,企业和工会同时给予员工"全方位"的服务和支持,使员工身份割裂感消除,这不仅提升了员工双组织承诺水平,也因为员工获取更多的资源和支持使其产生更为强烈的心理授权、情绪能量和类亲情交换关系。在员工反应阶段，员工双组织承诺和心理授权等认知以及情绪能量和类亲情交换关系等情感的同步增强会激励员工采取更多的工作重塑和亲社会行为等主动行为，进而提升员工的工作—家庭弹性能力和心理韧性等适应能力。在员工产出阶段，得益于员工感知和反应的全面改善，使员工的健康和安全需求、经济和家庭需求、社会需求、自尊需求、自我实现需求、知识需求和创造需求等工作和非工作领域需求得到全面的提升。

（4）"辅助型耦合关系→共生型耦合关系"对员工工作生活质量的影响。该条演化路径的具体演化机制与演化路径①中的第二阶段演化过程是相同的，在此不再赘述。

（5）"纠偏型耦合关系→共生型耦合关系"对员工工作生活质量的影响。该条演化路径的具体演化机制与演化路径②中的第二阶段演化过程是相同的，在此不再赘述。

综上所述，不同的企业-工会耦合关系模式间的演化会使员工做出不同的感知和反应，员工获得的需求也是存在差异的，这表明不同的企业-工会耦合关系模式间的演化对员工工作生活质量的影响机制和结果是不同的。表6-2是上述五条不同的演化路径下的企业-工会耦合关系对员工工作生活质量的差异化影响的比较。此外，亟需在研究过程中不断增加选择不同情境下企业-工会耦合关系演化的典型案例，要进一步针对企业-工会耦合关系的不同演化路径对员工工作生活质量的差异化影响展开深入研究，以便更全面地揭示企业-工会耦合关系对员工工作生活质量影响的动态机制。

表6-2　不同的企业-工会耦合关系模式间的演化对员工工作生活质量影响的比较

演化路径	演化动因	感知	反应	产出
①路径"边缘型耦合→辅助型耦合→共生型耦合"的影响	先企业利益导向，后员工权益导向	先侧重于双组织承诺的中介机制强化，后侧重于情绪能量和心理授权的中介机制强化	先侧重于亲社会行为的中介机制强化，后侧重于工作—家庭弹性能力和工作重塑的中介机制强化	先侧重于社会、经济和知识等需求满足，后侧重于家庭、自尊、自我实现和创造等需求满足

续表

演化路径	演化动因	感知	反应	产出
②路径"边缘型耦合→纠偏型耦合→共生型耦合"的影响	先工会地位导向,后关系协调导向	先侧重于情绪能量的中介机制强化,后侧重于双组织承诺和类亲情交换关系的中介机制强化	先侧重于心理韧性的中介机制强化,后侧重于亲社会行为和工作—家庭弹性能力的中介机制强化	先侧重于健康和安全等需求满足,后侧重于社会和家庭等需求满足
③路径"边缘型耦合→共生型耦合"的影响	双方逻辑的互动和融合程度共同提升	双组织承诺和心理授权等认知以及情绪能量和类亲情交换关系等情感中介机制同时得到强化	工作重塑、亲社会行为等主动性和心理韧性、工作—家庭弹性能力等适应性中介机制同时得到强化	员工工作与非工作领域的各方面的需求都得到满足
④路径"辅助型耦合→共生型耦合"的影响	员工权益导向	侧重于情绪能量和心理授权的中介机制强化	侧重于工作—家庭弹性能力和工作重塑的中介机制强化	侧重于家庭、自尊、自我实现和创造等需求满足
⑤路径"纠偏型耦合→共生型耦合"的影响	关系协调导向	侧重于双组织承诺和类亲情交换关系的中介机制强化	侧重于亲社会行为和工作—家庭弹性能力的中介机制强化	侧重于社会和家庭等需求满足

第7章
企业-工会耦合关系对组织健康影响研究

组织场域内行动者对制度复杂性的响应不仅体现在个体层面,还体现在组织层面(Bertels、Lawrence,2016)[168]和行动者的能动性上(Lounsbury、Boxenbaum,2013;Gray、Purdy、Ansarsi,2015)[198,199]。基于此,模块四在模块三的研究基础上,运用SARS模型,以企业-工会耦合关系作为输入,以企业组织的感知(组织结构、关系和认知)和反应(组织柔性和韧性)作为过程,以组织健康为产出,构建一个"输入—感知—反应—产出"四个阶段分析框架,以此探究企业-工会耦合关系对组织健康的作用机制。如图7-1所示。

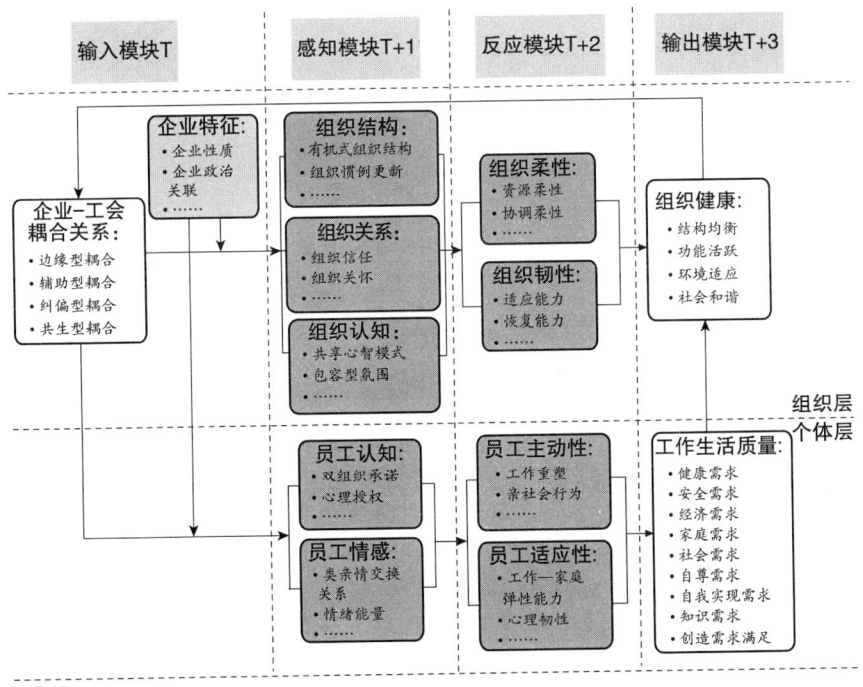

图7-1 企业-工会耦合关系对组织健康影响的理论模型

具体来说，这部分重点研究四个问题：（1）企业-工会耦合关系对组织健康的总体影响；（2）企业-工会耦合关系对组织健康影响的过程机制研究；（3）不同的企业-工会耦合关系对组织健康的差异化影响研究；（4）企业-工会耦合关系与组织健康的互动机制研究。这个研究框架不仅突破了已有单一层次、单一方向的研究局限，而且为"多层次、多阶段、多情境"研究企业-工会耦合关系对员工和组织的综合影响提供研究思路。

7.1 企业-工会耦合关系对组织健康的总体影响

随着中国经济由高速增长向高质量发展的转变，企业如何实现协调、可持续的高质量发展目标已成为备受关注的重要议题。但现实中仍有许多企业坚持利润至上而忽视对员工的关爱和尊重，企业履行的社会责任存在缺失，造成企业随意裁减员工、超时工作等漠视员工利益问题时有发生，使企业不得不面临因忽视员工权益保护而遭遇了严重的发展危机（如富士康员工"十三连跳"事件、本田"罢工"事件、互联网公司的"996.ICU"事件等），企业开始关注自身的健康发展问题。

在这样的背景下，"组织健康"（organizational health）成为一个重要的话题。正如Lencioni（2012）[200]指出，组织健康不仅是指企业在目标、效率和结构等技术层面上取得短期成功，还指企业能够适应内外部环境的变革，实现长期成功并健康发展。组织健康是企业获得持续竞争优势的一种最简单、最有效的方式（时勘、周海明、朱厚强等，2016）[132]。王兴琼、陈维政（2008）[201]认为，组织健康是一个组织能正常有效地开展经营管理并具有持续成长和发展能力的状态，并指出组织健康既要注重企业内部发展能力提升、又能有效适应外部环境变化，最终实现员工主观满意与客观健康和助力企业获得持续竞争优势。在此基础上，杨震宁、李德辉（2014）[202]在中国情境下发展出包含结构均衡、功能活跃、环境适应和社会和谐四维度的组织健康构念。其中，"结构均衡"包括组织结构的静态平衡和动态调整，静态平衡是状态维度，关注组织结构功能分布的平衡性，动态调整则是过程维度，关注组织结构随环境变化而不断进行调整；"功能活跃"是指组织能够不断吐故纳新和变革创新，使组织更好适应外部环境变化的状态和性质,包括组织开放性、组织创新和组织吸收;"环境适应"是指组织能够积极应对环境变化的状态和过程;"社会和谐"包括内部和谐和外部和谐,内部和谐表现为较高水平的组织认同和员工满意度,外部和谐表现为组织关注社会公正,获得社会认同。

可以看出,组织健康意味着企业效益和员工福祉得到共同提升和发展。在中国,企业-工会耦合关系正是强调通过企业逻辑和工会逻辑之间形成紧密关联和动态平衡的关系,促进企业和员工双方实现和谐共赢。为此,本书从目标关联和权力平衡两个方面来探究企业-工会耦合关系对组织健康的总体影响。

(1)从企业-工会耦合关系的目标关联来看,在中国情境下,企业和工会的逻辑目标是相互兼容和紧密关联的。这意味着,企业在追求经济效益的过程中能够兼顾员工福祉的改善(肖红军、阳镇,2019)[142],工会在保障员工权益的同时能兼顾企业的发展需求,从而实现企业效益和员工福利的共同提升,促进企业的组织健康。一方面,企业和工会通过组织相互补充的管理实践活动来提高组织健康水平。如在企业-工会耦合关系下,工会为员工提供的精神关怀、家庭关怀等情感资源支持(胡恩华、韩明燕、胡彩红等,2019)[94],能够对企业自身的工作资源形成有效补充,促进了企业的结构均衡;与此同时,员工获得了更多的工作资源和情感关怀,不仅不会产生企业身份和工会身份的冲突、还有利于促进员工对组织的认同和对工作的满意,实现企业的社会和谐。另一方面,企业和工会通过组织相互增强的管理实践活动来提高组织健康水平。如在企业通过人力资源培训提升员工岗位技能的基础上,工会结合企业生产经营需求,不仅通过开展岗位练兵、技术比武、劳动技能大赛等活动,还广泛开展了"五小"活动(小发明、小创造、小革新、小设计、小建议),有利于提高员工创新热情和创新能力,增强了企业的功能活跃。此外,在共同目标导向下,企业和工会之间的沟通、协调更加顺畅,有效降低了劳动双方之间的信息不对称性,提高了企业应对内外部不确定性因素的环境适应能力。由此可知,企业-工会耦合关系的目标关联能够促进企业组织健康水平的提升。

(2)从企业-工会耦合关系的权力平衡来看,由于组织场域中的企业逻辑和工会逻辑存在相互制约，双方可以纠正彼此不合理的诉求。这种相互监督和相互制衡的关系促进了组织自我监控和自我防御的行为和能力，为企业的健康发展提供了保障。具体来说，一是工会在促进企业履行社会责任方面承担着"监督者"角色（Brammer、Jackson、Matten，2012）[160]，工会通过监督企业遵循社会道德规范，能够及时帮助企业在履行社会责任和平衡多重利益方面的"发现短板、弥补短板"，这种发现和弥补"短板"作用有利于组织结构的动态调整，避免企业组织结构的僵化，提高了企业的结构均衡。二是工会通过开展民主管理、民主决策和民主参与活动，为企业改进和创新其管理实践提供了机会，有助于企业产生新的管理思维和管理策略，有效激活了企业的功能活跃。三是企业和工会的相互监督能够避免组织内部运行出现偏差，这对组织抵抗外部不利因素、减少不确定性具有重要作用，促进了企业环境适应能力提升。四是企业对工会出现的过度维权或盲目维权现象是能够进行监督和制约的，企业在给予工会履行职能所需资源的同时，有权要求工会优化工作流程和改进工作方式，在合法、合理、合情的情况下有效开展工会工作，保障企业内部劳动关系和谐，促进了企业社会和谐。由此可见，企业-工会耦合关系的权力平衡有效提升了企业的结构均衡、功能活跃、社会和谐和环境适应能力、增强了组织健康水平。

总之，在企业-工会耦合关系中，企业逻辑和工会逻辑在组织场域中既相互重叠、具有协作发展的基础，又能够相互制衡和影响、具有整体优化的趋势。在这种情况下，企业具有长期稳定发展的能力，能够在一种健康的状态下实现全面、全面、协调、可持续的高质量发展目标，有效实现组织健康的改善和提升。

7.2 企业-工会耦合关系对组织健康影响的过程机制研究

在前文的研究基础上，基于"输入—感知—反应—产出"四个阶段分析框架，重点探究企业-工会耦合关系对组织健康影响的两个过程机制：一是"企业-工会耦合关系→组织结构/关系/认知→组织柔性/韧性→组织健康"的中介机制；二是企业性质、企业政治关联在企业-工会耦合关系与组织健康间的调节机制。

7.2.1　企业-工会耦合关系对组织健康影响的中介作用机制

（1）输入—感知阶段。在该阶段，企业-工会耦合关系作为一种情境输入，会给组织的结构、关系和认知带来调整和优化（Nahapiet、Ghoshal，1998）[203]。具体来说，企业与工会之间通过相互促进、彼此制衡而形成的耦合关系对推动企业优化自身的结构（如有机式组织结构、组织惯例更新等）、改善组织内部关系（如组织信任、组织关怀等）和提升组织成员的共同认知（如共享心智模式、包容型氛围等）方面有重要影响。

①对组织结构的影响。在企业-工会耦合关系作用下，一方面，企业与工会的权力结构越平衡，组织内部的权力下放程度越高越有利于促进企业分权化管理，员工也越有可能通过民主管理方式更好地参与企业的管理决策过程，在灵活、自由的工作氛围中进行沟通和交流，实现各种信息、知识与资源的共享（Owens、Baker、Sumpter 等，2016）[204]，此时组织整体上呈现出扁平化、柔性化和高度适应性的特征，使企业组织结构转化为有机式组织结构（Dragoni、Kuenzi，2012）[205]。另一方面，与原本单一的企业目标或者工会目标不同的是，企业与工会之间通过紧密互动形成一致目标，使组织战略发展、管理风格和任务特征都发生变化，促使双方的知识、信息和能力不断积累，这意味着组织内通行的规则、标准、共识规范及行为模式等都发生变革（刘立娜、于渤，2019）[206]，促进了组织惯例更新。如理光（深圳）公司案例和鞍钢"网络问政"模式中，企业与工会互动方式的变化改变了原有网络的组织惯例，形成了一种定期沟通、相互促进的管理结构。

②对组织关系的影响。企业-工会耦合关系有利于促进组织信任的形成和发展。组织信任包括组织中的人际间信任和系统信任两个部分（祁顺生、贺宏卿，2006）[207]，其中，人际间信任是指员工与领导、同事之间的人际信任关系，系统信任是指员工对整个组织的信任。具体来说，一是工会组织的文化娱乐休闲活动促进了员工之间的沟通，有利于员工间人际信任水平的提高；二是企业与工会在员工导向目标上的一致性，带来支持性的管理政策、工作保障、明确的管理规则与监督机制以及美

好的愿景与共同信念，增强了员工与企业之间的情感联系和认同，提升了企业系统信任程度（Gillespie、Dietz，2009）[208]。同时，当企业-工会耦合关系形成后，企业和工会通过平衡员工的工作与家庭、鼓励员工实现自我发展等各种方式，对员工给予关心与提供支持，提升了企业的组织关怀水平（Lawrence、Maitlis，2012）[209]。如富士康科技集团在工会的推动下，成功开展的帮扶慰问、女工关爱和亲子关怀等非正式关怀活动以及法律援助和心理咨询等正式组织关怀活动，有效提升了员工与集团公司间的关系融洽程度。

③对组织认知的影响。在企业-工会耦合关系下，一方面，当企业与工会形成了追求劳动关系各主体和谐共处和协调发展的一致目标时，会对组织场域内的集体认知产生重要影响。具体来说，企业和工会通过配合与协调，使员工对所处环境中的任务、工作关系和思维方式等关键要素达成一致理解，并形成互补性的知识框架和共同愿景，有利于员工形成共享心智模式（Schmidtke、Cummings，2017；陈万思、周卿钰、杨朦晰等，2019）[210,151]。另一方面，企业-工会耦合关系平衡了企业、工会和员工等不同利益相关者的目标和诉求，主张以信任、开放和尊重的方式进行管理和互动，鼓励、承认并尊重不同的见解，有利于塑造包容型氛围（Nishii、Rich，2014）[211]。

（2）感知—反应阶段。当企业-工会耦合关系推动了组织结构、关系和认知的改变，组织必然会在组织柔性（如资源柔性和协调柔性）和组织韧性（如适应能力和恢复能力）方面做出不同的反应。其中，组织柔性是指组织在未来资源的灵活探索和现有资源的灵活利用之间进行合理权衡的能力（Sanchez，1995）[212]；组织韧性是指组织有效应对非常态环境冲击后的组织恢复或超越原始状态的能力（Kahn、Barton、Fisher等，2018）[213]。

①组织结构对组织反应的影响。一方面，企业-工会耦合关系促进了有机式组织结构的形成和发展，并推动着组织惯例不断更新，增强了组织匹配外界环境变化的能力，提升了组织柔性水平。这是因为有机式组织结构的灵活授权和便利的社会网络关系使具有双重身份的员工更容易获取和利用企业-工会耦合关系下形成的资源，从而提高组织的资源柔性；同时，企业和工会的目标关联和权力平衡引起的组织惯例更新，使

企业能够及时根据环境的变化,打破固化的惯例与信念的限制,实现对资源的有效配置与整合,提高了组织的协调柔性能力。另一方面,组织结构的改善也能增强组织韧性。具体来说,企业-工会耦合关系促进了组织内沟通渠道、职能责任和权力体系的优化,并推动组织行动准则及作业程序的革新。当组织在面对内部矛盾和外部竞争等逆境时,能够有效调动资源、承担压力,不仅保持既定的组织运行效率(Walker、Nilakant、Baird,2014)[214],还能够从危机和风险中吸取经验教训,推动自身的学习成长,从困境中识别出新的发展机会(Kahn、Barton、Fisher等,2018)[213]。可见,组织结构要素的改善提高了组织快速的恢复能力和适应能力,增强了组织韧性。

②组织关系对组织反应的影响。首先,组织关系的改变提升了组织的资源柔性和协调柔性。组织与员工之间相互信任和关怀,使劳资双方之间形成了一种合作共赢的组织文化,降低了组织内潜在的关系冲突,最大限度地减少了矛盾协调成本。同时,为了回馈企业和工会提供的关怀与信任,员工对组织的承诺感得以增强,更愿意为组织的发展建言献策,由此,当组织在面对不确定环境时能够及时、灵活地采取应对策略(苏涛、陈春花、崔小雨等,2017)[215],更准确地收集组织发展变革所需要的资源并合理协调这些资源的利用方式,提升了组织的资源柔性和协调柔性。其次,组织关系的优化有利于提升组织的适应能力和恢复能力。当企业和工会共同关注员工发展问题时,组织信任与组织关怀使得企业内得以构建以"人"为中心的关系资源。这些基于人际交互和支持的保护性资源使企业在面临逆境时,员工更愿意选择与企业"同舟共济""共克时艰",帮助企业战胜逆境、恢复平衡状态甚至实现自身成长,促进组织韧性不断提升(Kennedy、Landon、Maynard,2016;Kuntz、Malinen、Näswall,2017)[216,217]。

③组织认知对组织反应的影响。企业-工会耦合关系带来的共享心智模式和包容型氛围的提升能够促进企业的资源柔性和协调柔性。一方面,在共享心智模式下,有利于提升员工在企业与工会之间的跨界行为,有利于员工整合企业和工会提供的差异性资源,使企业获取、积累更多优质资源,增强了企业资源柔性;另一方面,由于员工具有企业和工会两种身份,他们的思想和观点更加多样化,包容型氛围有利于激发员工为

企业发展建言献策并分享不同观点和想法，创造出能够帮助企业应对内外部环境变化所需要的新知识，提升企业的协同柔性。与此同时，在共享心智模式和包容型氛围的组织认知推动下，企业适应能力和恢复能力得到提升。这是因为：一是在共享心智模式下，员工对于企业和工会的合作与行动有相似的理解，当企业面临复杂的环境变化时，员工能够有效地对企业的决策和工会的动员做出快速的、积极的响应，以高效的方式应对挑战，帮助企业在危机情况下及时修复、重塑被破坏的组织，以此提升企业的适应能力；二是包容型氛围强调公平、兼容的理念，有助于弱化员工对社会分层的感知与体验，促进员工间的知识共享，从而确保企业在面临逆境时能够及时获得新的知识和发现新的发展机会，使企业恢复能力不断提升。

（3）反应—产出阶段。基于图7-1的SARS模型可知，在企业组织结构、关系和认知的共同激发下，组织柔性和韧性得到增强，这种影响还会进一步传递到组织产出上，带来企业组织健康的有效提升。

①从组织韧性角度来看，组织的适应能力和恢复能力作为一种"活跃的、可被塑造的战略能力和战备资源"，有助于组织在面临危机和逆境时充分调动各种资源来应对压力和挑战，这为组织的长远发展提供重要支撑（Barasa、Mbau、Gilson，2018）[218]，如在企业-工会耦合关系中，企业和工会在高的目标关联水平下能够调动员工对跨界异质性资源的整合和运用，提升了企业应对危机和处理逆境事件的能力，使企业环境适应能力和组织结构均衡得以增强；又如在企业-工会耦合关系中，企业和工会通过共享各自所持有的互补性和保护性资源，积极适应逆境，共同从危机和风险中识别出新的发展机会，帮助企业获得新的知识和管理策略，也保障员工利益不受损害，使企业在功能活跃和社会和谐方面得到提升。

②从组织柔性角度来看。企业资源柔性意味着企业可支配的资源不仅是灵活的，而且适用范围广，这些跨越企业和工会边界的异质性资源在具有双重身份的员工间具有高水平的共享性和转换性（李卫宁、占靖宇、吕源，2019）[219]，使企业的资源转化成本低、难度小，资源配置效率高。当企业在面对复杂多变的环境时，可以迅速、及时地激活现有资源，采取能动性的手段来应对内外部环境变化（Nadkarni、Herrmann，

2010)[220]，使企业的结构均衡和功能活跃得到提升。此外，组织协调柔性的提升意味着企业和工会能够从整体出发，在配置和转换组织资源时会统筹考虑企业和员工的利益诉求，而不偏袒任何一方（Singh、Oberoi、Ahuja，2015)[221]，这有利于促进企业内部利益冲突的化解，并在面对不确定环境变化时"众志成城"，这为组织的社会和谐和环境适应提供了保障。

（4）整合的链式中介路径。需要指出的是，企业-工会耦合关系的"输入"会通过组织的"感知"和"反应"过程带来组织的"产出"，此过程可以整合成"企业-工会耦合关系→组织结构/关系/认知→组织柔性/韧性→组织健康"的多阶段链式中介作用。具体来说，在企业-工会耦合关系的输入刺激下，嵌入其中的组织结构、组织关系和组织认知将对企业-工会耦合关系环境进行感知，使组织结构、组织关系和组织认知得以改善，这将进一步激发组织的积极反应，增强组织柔性和组织韧性，从而促使组织在结构均衡、功能活跃、社会和谐以及环境适应等方面都呈现出健康发展的状态。

当然，除了上述相关变量及中介作用路径，在企业-工会耦合关系影响组织健康的过程中，还存在其他潜在中间机制，需要在实际研究过程中对此进行进一步挖掘和剖析。

7.2.2 企业-工会耦合关系对组织健康影响的调节作用机制

企业-工会耦合关系对组织健康的影响必然还存在一定的边界条件。为此，本书从企业性质、企业政治关联两个方面来探究企业-工会耦合关系与组织健康间的调节作用。

（1）企业性质。与非国有企业比，国有企业的组织结构通常是官僚结构，存在着根深蒂固的观念和既定的行为方式，国有企业的组织结构改变和组织惯例更新受到政府政策的约束和限制，企业-工会耦合关系对国有企业的组织柔性和组织韧性的促进作用会受到抑制，这在一定程度上减弱企业-工会耦合关系对组织结构均衡与功能活跃的增益效果。与此同时，国有企业的"大家庭"特征使其被社会公众赋予更多责任和义务，其对员工权益和福祉保护要比非国有企业做得好，这种集体主义文化情境与企业-工会耦合关系对企业内部关系的提升作用相得益彰，促进了企业与员工之间形成相互关怀和相互信任的高质量关系，提升了组织柔性和组织韧性能力，增强了企业内部的社会和谐等健康指标。由此可见，在国有企业与非国有企业的不同情境下，企业-工会耦合关系对组织健康的影响程度存在差异，需要在实际研究过程中结合不同性质企业径展开具体分析和讨论。

（2）企业政治关联。一是企业政治关联会弱化企业-工会耦合关系对企业的组织结构的调整和反应，从而减弱其对企业结构均衡和功能活跃。这是因为在企业政治关联高的情况下企业内部运行机制受到政府的政策目标干预和行政管制的制约（逯东、王运陈、王春国等，2013）[222]，不利于企业组织结构的调整和对惯例打破，使企业难以自主、灵活转化组织内的各种资源。在此情形下，企业-工会耦合关系对企业的组织结构调整和组织惯例革新的促进作用也会同时受到企业政治关联的抑制，这会降低企业-工会耦合关系对组织柔性和组织韧性的影响效果，最终减弱企业-工会耦合关系对企业结构均衡和功能活跃的增益效果。二是企业政治关联会增强企业-工会耦合关系对组织关系和组织认知的正面作用，有利于增强企业的社会和谐和环境适应能力。这是由于中国情境下的工会服务员工和协助企业管理通常会得到政府的大力支持（陈宗仕、张建君，2019）[223]。因此，当企业具有高的政治关联，就更愿意推动企业-工会耦合关系在维护职工权益、促进组织公平和加强人文关怀等方面发挥作用，以此不断强化企业-工会耦合关系与组织关怀、包容型氛围间的积极关系，进而提升了组织柔性和组织韧性能力，带来更高水平的环境适宜和社会和谐。综上所述，企业政治关联是企业-工会耦合关系影响组织健康的重要调节因素，但其间的调节效应和相关机制需要结合特定的传递路径进行差异化分析。

当然，除了上文所述的企业性质和企业政治关联外，在企业-工会耦合关系影响组织健康的过程机制中，还存在着其他潜在的边界条件。在开展研究的具体过程中，需要对此进行进一步挖掘和探析。

7.3 不同模式的企业-工会耦合关系对组织健康的差异化影响

与本书第六章第三节中的不同模式的企业-工会耦合关系对员工工作

第 7 章　企业-工会耦合关系对组织健康影响研究

生活质量的差异化影响的研究思路一样，这部分也从横向比较和纵向比较两种视角，深入挖掘不同模式的企业-工会耦合关系对组织健康的差异化影响，具体包括：从横向视角上，比较边缘型耦合关系、辅助型耦合关系、纠偏型耦合关系和共生型耦合关系对组织健康的差异化影响；从纵向视角上，基于五条不同企业-工会耦合关系的演化路径，探究不同的企业-工会耦合关系模式间的动态演化及其对企业组织健康的差异化影响。

7.3.1　横向视角下企业-工会耦合关系对组织健康的差异化影响

尽管企业-工会耦合关系在对组织健康的影响机制上存在共同特征，但每一种特定的企业-工会耦合关系模式对组织健康的影响机制又是存在差异的。在此，重点就边缘型耦合关系、辅助型耦合关系、纠偏型耦合关系和共生型耦合关系对组织健康影响的独特特征进行比较分析。

（1）边缘型耦合关系对组织健康的影响。在边缘型耦合关系中，虽然工会逻辑处于次要地位，但工会仍然可以在企业正式的组织结构和运行逻辑之外发挥适度的自主权，可以在其职能范围内给予员工困难救助、职业安全和健康保障、节日福利、家庭慰问等关怀服务，增强了员工对组织关怀的感知，为了回馈组织关怀，员工愿意为企业发展贡献自身的力量，并配合企业开展工作，促进了企业的组织协调柔性提升，在此过程中，减少了员工间的分歧，有利于促进组织社会和谐，提升了企业组织健康水平。然而，该模式中企业逻辑和工会逻辑间的行动目标的一致性较低，不利于为员工提供共同的认知框架，企业内员工之间难以形成共享心智模式。因此，当企业面临危机与挑战时，员工难以用相同或相似的方式去理解信息和解读情境，使企业不能做出快速、有效的响应，导致组织环境适应能力和恢复能力较弱。基于此，边缘型耦合关系对组织健康有一定的促进作用，但这种作用仅体现在社会和谐的促进上，对组织健康的其他方面促进作用并不显著。

（2）辅助型耦合关系对组织健康的影响。由于企业逻辑和工会逻辑在组织生产方面达成一致目标，工会与企业结成了"生产力联盟"（Chan、Snape、Luo 等，2017）[7]，双方共同引导和动员员工积极参与企业生产活动，有利于在企业中营造一种促进组织发展的共享心智模式，促进员工对企业的规范和要求的认同，增强企业承受和应对内外部环境变化而带来的压力，提高了企业协调柔性和适应能力，改善了组织环境适应能力。同时，企业逻辑在辅助型耦合关系中占主导地位，工会无法对企业形成有效的权力制衡，这就导致权力相对集中在企业手中，无法形成以分权化为特征的有机式组织结构。此外，工会倾向于配合与跟随企业，不利于促进企业在生产和管理等规范、制度的改进，阻碍了企业的组织惯例更新，使组织的恢复能力较弱。由此可知，辅助型耦合关系能够在一定程度上提升组织健康，但这种促进作用主要局限在组织环境适应方面。

(3) 纠偏型耦合关系对组织健康的影响。在纠偏型耦合关系中，由于企业与工会的权力结构相对均衡，一方面保证了企业与工会的能够进行平等沟通与对话，有利于提升组织结构的灵活性与权变性，避免组织结构的僵化与高度集权，促进了有机式组织结构的形成和发展；另一方面有利于工会挑战企业的做事方式，对企业形成监督和制约，促使企业在决策过程中尊重员工的意见和诉求，保证了组织的公平公正，有利于在企业中营造包容型氛围。在此基础上，企业内员工间通过社会交互不断分享不同的信息和认知，有利于帮助企业整合多样性员工资源、提升问题解决效率，使企业的资源柔性增强；同时，灵活性的工作环境激发员工的新想法和创造力，为企业提供了源源不断地创造与变革动力，使企业不仅能够适应环境的多变，而且能够根据环境的变化持续优化自身功能，促进了企业的恢复能力提升。在资源柔性和恢复能力的共同作用下，企业不断吐故纳新并调整自身的组织边界，使企业的组织结构更均衡、功能更活跃。然而，在纠偏型耦合关系中，企业和工会的目标关联程度低，使员工在组织目标、行为模式等方面存在较大认知差异，难以形成共同遵守的共享心智模式，不利于组织有效协调彼此间的行为，使组织的协调柔性变弱。可见，尽管纠偏型耦合关系对组织健康有一定的积极作用，但这种积极作用建立在双方在目标不一致的基础上，使企业组织健康提升缺少稳固性。

(4) 共生型耦合关系对组织健康的影响。在共生型耦合关系中，企业和工会的目标一致性高，且权力结构均衡，企业与工会之间既相互合作、又形成"有益"的监督，对彼此结构、流程、制度等进行改善，有

第7章 企业-工会耦合关系对组织健康影响研究

助于促进组织结构有机性和组织惯例更新。与此同时,企业与工会结成目标和利益共享的"命运共同体",将员工和组织的诉求进行了统一,有助于促进员工对组织的信任,促进企业形成包容型组织氛围和为实现共同发展目标而努力的共享心智模式。进一步地,组织结构、组织关系和组织认知的全面改善将通过提升组织柔性和韧性能力,最大限度地提高企业组织健康水平。因此,"和而不同"的共生型耦合关系有利于企业和工会突破各自边界、为组织创造全新的价值。例如,浙江传化集团公司与工会"目标同向、作用互补、相互监督、共同发展",公司通过工会丰富了员工工作与生活福利,增强了员工与企业之间的共鸣,营造了良好的企业文化氛围,工会也通过在企业内部开展工作,充分发挥了维权作用,形成了工资集体协商机制、工资管理民主听证以及职代会审议等制度,从而有效兼顾了企业与职工的共同利益,推动了企业的健康、协调和持续发展。

综上所述,按照"输入—感知—反应—产出"的四个阶段分析框架,用表7-1比较了四种模式的企业-工会耦合关系对企业组织健康的差异化影响。此外,需要在研究过程中,增加选择不同模式的企业-工会耦合关系演化的典型案例,进一步挖掘不同模式的企业-工耦合关系对企业组织健康影响的作用机制和特征表现。

表7-1 四种模式的企业-工会耦合关系对组织健康影响的比较

输入	感知	反应	产出
边缘型耦合关系	弱:共享心智模式 有限作用:组织关怀	弱:适应能力,恢复能力 有限作用:协调柔性	对组织健康影响程度最有限,仅对社会和谐起一定作用
辅助型耦合关系	弱:有机式组织结构、组织惯例更新 强:共享心智模式	弱:恢复能力 强:协调柔性,适应能力	一定程度上提升组织健康,主要体现在环境适应能力
纠偏型耦合关系	弱:共享心智模式 强:有机式组织结构;包容型氛围	弱:协调柔性 强:恢复能力,资源柔性	一定程度上提升组织健康,主要体现在结构均衡和功能活跃
共生型耦合关系	弱:无 强:全部	弱:无 强:全部	全方位提升企业组织健康水平

7.3.2 纵向视角下企业-工会耦合关系对组织健康的差异化影响

在横向比较不同类型企业-工会耦合关系对组织健康的静态差异，但无法有效揭示企业-工会耦合关系对组织健康的动态影响，只有综合静态和动态两种视角，才能更深入、完整地理解企业-工会耦合关系对组织健康的影响。为此，本部分研究内容基于三种不同的演化起点和五条不同的演化路径，重点探究纵向视角下的企业-工会耦合关系演化对组织健康影响的动态差异。

（1）"边缘型耦合关系→辅助型耦合关系→共生型耦合关系"对组织健康的影响。该演化过程包括两个阶段："边缘型耦合关系→辅助型耦合关系对组织健康的影响"（简称①的第一阶段）和"辅助型耦合关系→共生型耦合关系对组织健康的影响"（简称①的第二阶段）。

在①的第一阶段演化过程中，企业与工会以提升目标关联为目的，双方主要围绕企业利益展开互动和融合。在组织感知阶段，经济危机、技术变革等环境变化驱使企业与工会必须搁置分歧，促使工会与企业在生产目标上达成一致，这向员工传递了团结和合作的信号，有利于员工形成对工作场所的任务、工作关系和情境等方面的一致性感知，使员工在企业中发展出高水平的共享心智模式。在组织反应阶段，共享心智模式的增强，员工不仅能够明晰自身在工作团队或部门中的分工与职责，还能够熟悉并配合其他团队或成员的工作，能够有效协调彼此的工作行动和工作方式，增强了组织协调柔性。此外，共享心智模式本质上是组织成员对组织目标、组织管理等的共同理解，能够促使员工在面对复杂的情境时能彼此配合、快速响应环境变化，及时调整工作内容和资源配置，促进企业适应能力提升（李柏洲、徐广玉、苏屹，2015）[224]。在组织产出阶段，企业协调柔性和适应能力提升使企业协作配合和对现有资源利用效率增强，提升了企业快速响应内外部环境变化能力，增强了企业的环境适应性，促进了企业组织健康。

在①的第二阶段演化过程中，企业和工会以提高权力平衡为目标，双方主要围绕员工权益展开互动。在组织感知阶段，为了寻求与工会和员工的合作，企业加强了对员工权益的关注，使员工能够在工作中感知到更多的自主空间和来自企业的资源支持，员工的组织关怀得到提升。

第7章　企业-工会耦合关系对组织健康影响研究

同时，工会通过职能转型、变革不断"聚力"来提高自身的地位，使其有能力影响企业管理和决策，企业的集权程度不断降低、沟通机制和公平实践逐渐增强，促进了有机式组织结构的形成和发展。在组织反应阶段，组织关怀的提升使员工感受到组织的尊重，并在工作中体验到归属感，有助于激发员工的工作积极性、主动性和创造性，为企业获取和积累新资源提供了保障，使企业资源柔性得以增强。此外，有机式组织结构意味着企业与工会的分工更加灵活、沟通更加高效、员工权益兼顾更加合理，有利于组织保持对环境变化的敏感性，使企业在面临环境冲击时能够更好地应对和恢复，提升了企业恢复能力。在组织产出阶段，企业资源柔性和恢复能力提升赋予了企业不断调整和持续更新动力，有助于提升企业在结构均衡和功能活跃等方面的健康水平。

（2）"边缘型耦合关系→纠偏型耦合关系→共生型耦合关系"对组织健康的影响。该演化过程包括两个阶段："边缘型耦合关系→纠偏型耦合关系对组织健康的影响"（简称②的第一阶段）和"纠偏型耦合关系→共生型耦合关系对组织健康的影响"（简称②的第二阶段）。

在②的第一阶段演化过程中，企业和工会以提高权力平衡为目标，双方主要围绕提升工会地位展开互动和制衡。在组织感知阶段，工会借助国家的制度保障和自身能动性变革提升在企业中的话语权，增强工会与企业间的权力平衡，在此情境下，工会既要代表员工主动参与企业民主管理和民主决策又要发挥对企业监督作用，确保企业在制定管理决策时要统筹考虑员工的合理诉求，促进了有机式组织结构的形成和发展。同时，随着工会地位的提升，员工的不同观点和想法能够在企业中得到有效表达，有利于在企业中营造以"差异整合、决策兼容"为特征的包容型氛围（Nishii、Rich，2014）[211]。在组织反应阶段，有机式组织结构和包容型氛围鼓励员工进行开放式交流和沟通，有利于组织成员间的知识共享，帮助企业能够更充分地吸收和利用异质性资源，并在资源整合过程中灵活地开发和探索新资源、识别新机会，增强自身资源柔性和恢复能力。在组织产出阶段，高水平的资源柔性和恢复能力，企业资源不断更新、价值不断创造，组织功能活跃得以增强。

在②的第二阶段演化过程中，企业和工会以提升目标关联为目的，双方主要围绕关系协调展开互动和融合。在组织感知阶段，在和谐劳动关系理念的推动和引导下,企业和工会间会在发展目标上逐渐达成一致,提升了员工对企业和工会的共同认可,使员工在面对不同环境中的任务、工作关系时能够形成共同感知,有助于共享心智模式的涌现;同时,工会与企业通过开展集体谈判和协商,解决了劳动双方的矛盾和纠纷,在企业中为员工营造了和谐、平等组织氛围,提升了员工对组织信任水平。在组织反应阶段,在共享心智模式和组织信任的作用下,企业、工会和员工之间的关系更加和谐,这使组织在主体间的资源配置和整合变得更灵活,表现出更强的企业协调柔性,并且有助于将外部环境的变动转化为企业自身更新和发展的契机,有利于提高企业适应能力。在产出阶段,组织在灵活配置和整合资源的过程中使企业内的利益关系更加协调和公平,提升了组织的社会和谐。

(3)"边缘型耦合关系→共生型耦合关系"对组织健康的影响。在这条演化路径中,企业和工会以目标关联和权力平衡同时提升为目的,企业逻辑与工会逻辑间的互动和融合机制呈现互相增强、共同上升的状态。在组织感知阶段,在目标关联和权力平衡的共同作用下,企业和工会的互动由"有限互动"直接转变为"以合作促竞争、以竞争促合作"。一方面,企业和工会具有共同的目标,双方在促进企业和员工共同发展上形成相互配合和相互支持,不仅有利于形成共享心智模式,而且能够增强员工在组织信任和组织关怀方面的集体感知;另一方面,企业和工会能够保持自身的独立性,双方通过相互监督与制衡,有利于推动有机式组织结构的形成和组织惯例的更新,在组织中营造出包容型的氛围。在组织反应阶段,有机式组织结构和组织惯例更新等结构、组织关怀和组织信任等关系、共享心智模式和包容型氛围等认知的同步增强会激发出更强的组织柔性(如资源柔性和协调柔性等)和组织韧性(如适应能力和恢复能力等)。在组织产出阶段,得益于组织感知和反应表现的全面提升,使企业在结构均衡、功能活跃、环境适应和社会和谐等组织健康的不同方面会得到全面提升。

(4)"辅助型耦合关系→共生型耦合关系"对组织健康的影响。该条演化路径的具体演化机制与演化路径①中的第二阶段演化过程是相同的,在此不再赘述。

(5)"纠偏型耦合关系→共生型耦合关系"对组织健康的影响。该条演化路径的具体演化机制与演化路径②中的第二阶段演化过程是相同的，在此不再赘述。

综上所述，不同的企业-工会耦合关系模式间的演化会使组织表现出不同的感知和反应，组织健康水平的提升是存在着差异，这表明不同的企业-工会耦合关系模式间的演化对组织健康的影响机制和结果是不同的，表7-2是上述五条不同的演化路径下的企业-工会耦合关系对组织健康影响的差异化比较。此外，需要在研究过程中不断增加选择不同模式下的企业-工会耦合关系演化的典型案例，针对企业-工会耦合关系的不同演化路径对组织健康的差异化影响进一步展开深入研究，更全面、更深刻地揭示企业-工会耦合关系对企业组织健康影响的动态机制。

表7-2 不同的企业-工会耦合关系模式间的演化对组织健康影响的比较

演化路径	演化动因	感知	反应	产出
①路径"边缘型耦合→辅助型耦合→共生型耦合"的影响	先企业利益导向，后员工权益导向	先侧重于共享心智模式的中介机制强化，后侧重于组织关怀、有机式组织结构的中介机制强化	先侧重于适应能力、协调柔性的中介机制强化，后侧重于资源柔性、恢复能力的中介机制强化	先侧重于环境适应的提升，后侧重于结构均衡和功能活跃的提升
②路径"边缘型耦合→纠偏型耦合→共生型耦合"的影响	先工会地位导向，后关系协调导向	先侧重于有机式组织结构、包容型氛围中介机制强化，后侧重于共享心智模式、组织信任的中介机制强化	先侧重于资源柔性、恢复能力的中介机制强化，后侧重于协调柔性、适应能力的中介机制强化	先侧重于功能活跃的提升，后侧重于社会和谐与环境适应的提升
③路径"边缘型耦合→共生型耦合"的影响	双方逻辑的互动和融合程度共同提升	有机式组织结构和组织惯例更新等结构、组织信任和组织关怀等关系、共享心智模式和包容型氛围等认知的中介机制同时得到强化	资源柔性和协调柔性等组织柔性、适应能力和恢复能力等组织韧性的中介机制同时得到强化	结构均衡、环境适应、功能活跃、社会和谐等方面的组织健康同时得到提升
④路径"辅助型耦合→共生型耦合"的影响	员工权益导向	侧重于组织关怀、有机式组织结构的中介机制强化	侧重于资源柔性、恢复能力的中介机制强化	侧重于结构均衡和功能活跃的提升
⑤路径"纠偏型耦合→共生型耦合"的影响	关系协调导向	侧重于共享心智模式、组织信任的中介机制强化	侧重于协调柔性、适应能力的中介机制强化	侧重于社会和谐与环境适应的提升

7.4 企业-工会耦合关系与组织健康的互动机制研究

Lounsbury、Boxenbaum（2013）[198]研究发现，在组织场域中，制度逻辑会对场域内的行动主体施加影响，同时嵌入场域中的行动主体也会对组织制度逻辑产生能动作用。实际上，组织制度逻辑与行动主体之间实质上是一个互动过程（Gray、Purdy、Ansari，2015）[199]，且在此过程中，场域中的不同层级的行动主体之间也是存在互动的（Tracey、Phillips，2011）[225]。具体到本书，在企业、工会和员工共同所构成的组织场域内，企业-工会耦合关系不仅能够分别对组织健康和员工工作生活质量产生促进作用，员工工作生活质量还可以突破个体层次，自下而上地促进组织健康的提升，在此基础上，组织健康进一步对企业-工会耦合关系进行能动反馈，使企业-工会耦合关系不断演化和提升。为此，这部分在企业-工会耦合关系对员工工作生活质量和组织健康影响的研究基础上，重点研究员工工作生活质量对组织健康的能动机制和组织健康对企业-工会耦合关系的反馈机制。

7.4.1 员工工作生活质量对企业组织健康的能动机制

企业的组织健康不仅是组织层面的各种因素相互作用的结果，而且受到组织内的个体层面的推动作用。正与Thornton、Ocasio、Lounsbury（2012）[13]研究所指出的，组织的实践、行动和结构等特征受到许多因素的作用，这其中也包括个体对组织逻辑及其运行结果产生"自下而上"（bottom-up）的能动作用（Hitt、Beamish、Jackson等，2007）[226]。由此可知，在企业-工会耦合关系的作用下，个体层次的员工工作生活质量对组织层次的企业组织健康能动机制主要包括两类：一类是员工个体通过身份聚合影响企业组织特性的身份机制（Lok，2010）[227]；另一类是员工个体通过直接行动推动企业组织变革和创新的行动机制（Jarvis，2017）[228]。

（1）身份机制。当组织内多个拥有相似身份的个体汇聚到一起，这些身份特征便会"自下而上"地涌现为组织层面的整体特性。具体来说，在企业-工会耦合关系场域内拥有相似身份的员工在工作与非工作需求得到满足后(即工作生活质量得以提升后),组织内的员工便具有了"高工作生活质量"的身份标签,当这些员工通过交互、传染等方式,促使彼此的身份特征汇聚到一起时能够在组织层次上涌现出结构更均衡、功能更活跃、环境更适应、社会更和谐的集体现象,使企业整体特性发生变化,从而提升企业的组织健康水平。如在企业-工会耦合关系的作用下,具有"高工作生活质量"身份标签的员工群体不断增大,就可以推动在组织层面形成高度的集体认同感和满意感(Jabeen、Friesen、Ghoudi,2018)[229],增进了企业的社会和谐程度;又如高工作生活质量员工通常表现出较好的工作绩效,当这样的员工在组织中成为大多数,就推动了组织层面涌现出新的效能特征(Nayak、Sahoo,2015)[230],提升了企业适应外部环境的能力;再如具有"高工作生活质量"身份标签的员工群体能够更好地平衡和融合其工作—非工作领域角色,有利于促进组织中的各种资源、知识要素的合理布局和利用,使企业组织结构更均衡;最后,高水平工作生活质量的员工其社会关系网络活跃,拥有丰富的信息与资源沟通渠道,有利于促进组织内形成开放交流、吐故纳新的组织氛围,有助于提高企业功能活跃性。总之,员工工作生活质量的共同提升能够自下而上地发展为组织层次的集体身份,提升了企业组织健康。

(2)行动机制。在企业-工会耦合关系的作用下,员工通过协同合作、目标一致的方式开展集体行动,共同推动企业变革,进而提升企业的组织健康水平。具体来说,工作生活质量高反映了员工在工作与非工作领域的多种需求都得到有效满足,符合员工的利益诉求,使员工有更强的动机去回报组织,愿意积极主动采取行动去维系和推动企业组织健康发展。即工作生活质量高的员工更倾向于实施有利于组织持续、协调发展的行为,主动通过集体行动来保障并促进企业的健康运行,此时,员工之间通过相互示范和模仿的方式进行交流与沟通,使员工的社会交互过程变得顺畅和友善,促进了企业的社会和谐;同时,员工高凝聚力使员工愿意以相互合作的方式进行资源共享和协调,有助于企业灵活应对内外部环境变化,提高了企业环境适应能力;此外,工作生活质量水平高的员工其社会关系网络广、信息和资源丰富,他们拥有推动组织不断变革的能力,敢于指出企业发展中的潜在危机,有利于提升企业的结构均衡和功能活跃。根据上述分析,员工工作生活质量的共同提升能够自下而上地激励员工主动采取行动来谋求组织的持续、稳定、和谐发展，推进企业的组织健康水平不断提升。

7.4.2 组织健康对企业-工会耦合关系的反馈机制

Thornton、Ocasio（2008）[14]通过对制度复杂性响应研究发现，制度复杂性与组织场域内的行动者是相互构建的，制度复杂性在对行动者施加影响的同时，也会受到行动者的反馈作用。Kodeih、Greenwood（2014）[231]和邓少军、芮明杰、赵付春（2018）[148]研究也指出，应当关注行动者对场域结构和多元制度环境的反馈影响研究。具体到本部分研究，企业-工会耦合关系在促进企业组织健康的过程中，组织健康也会对企业-工会耦合关系产生反馈作用，通过企业-工会耦合关系与组织健康之间的双方互动，共同推动企业-工会耦合关系的质量不断提升与组织健康水平不断提高，最终实现企业-工会耦合关系与组织健康的螺旋上升。为此，这部分重点从信息和资源两条路径来探究组织健康对企业-工会耦合关系的反馈机制。

（1）组织健康通过资源路径对企业-工会耦合关系进行反馈。企业组织健康提升意味着企业具有较高的经营管理效率以及持续成长和发展的能力（Lencioni，2012）[200]，这既为组织场域中的企业和工会之间的更好协作与配合创造了丰富资源环境、又为企业-工会耦合关系发展提供了资源支持，促进了企业-工会耦合关系向高水平发展。此外，在组织健康水平提升的过程中，企业和工会积累了充分的能力资源和经验资源，这不仅丰富了企业和工会进行新阶段耦合的资源库、而且为企业和工会在下一阶段中的耦合过程提供新的学习机会和新的发展方向，推动着企业-工会耦合关系产生质的跃迁。

（2）组织健康通过信息路径对企业-工会耦合关系进行反馈。组织健康是企业-工会耦合关系在组织层面产生价值的重要体现，当企业组织健康水平不断提升时，这向企业和工会传递了劳动关系各主体利益诉求的协调与平衡、组织和谐发展、组织能够有效适应内外部环境变化等信号。有助于强化企业和工会在下一阶段的互动过程中对耦合关系价值和效用的评价，引导企业和工会双方继续围绕组织共同目标深化合作，推动企业-工会耦合关系的持续发展。同时，随着组织健康水平不断提升，也会出现边际效用递减现象,这会向企业和工会传递当前场域内的企业-工会耦合关系不足以维系企业组织健康持续发展要求的信息,基于组织健康发展的新需要和新要求,企业和工会必须对企业-工会耦合关系进行改变,不断提升企业-工会耦合关系水平,推动企业-工会耦合关系跃迁至符合组织健康要求的新的组织场域,实现企业-工会耦合关系螺旋上升。

第8章
企业-工会耦合关系的管理策略研究

劳动关系的和谐稳定既是构建新时代中国特色社会主义和谐社会的内在要求,又是保证社会经济高质量发展的迫切需要。通过对企业-工会耦合关系的理论构建研究发现,高质量的企业-工会耦合关系,不仅能够改善员工在工作中的认知和情感、提升员工的主动性和适应性能力、促进员工工作生活质量不断提高,还能够推动企业的组织结构、关系和认知调整与优化,提升企业的组织柔性与韧性能力,增强企业的组织健康水平,共同推动劳动关系各方建立互利共赢的长效机制,保障和谐劳动关系全面、协调、持续发展。为了构建规范有序、公正合理、互利共赢、和谐稳定的新时代中国特色劳动关系,有效推进企业-工会耦合关系高质量发展,为此,以前述研究内容为理论基础,从三个方面来探究企业-工会耦合关系的管理策略体系:企业-工会耦合关系的总体发展策略;企业-工会耦合关系的模式演化策略;企业-工会耦合关系的价值提升策略。这三个管理策略相辅相成、缺一不可,共同构成推动企业-工会耦合关系在"质"与"量"上持续发展的"三位一体"管理策略体系,如图8-1所示。

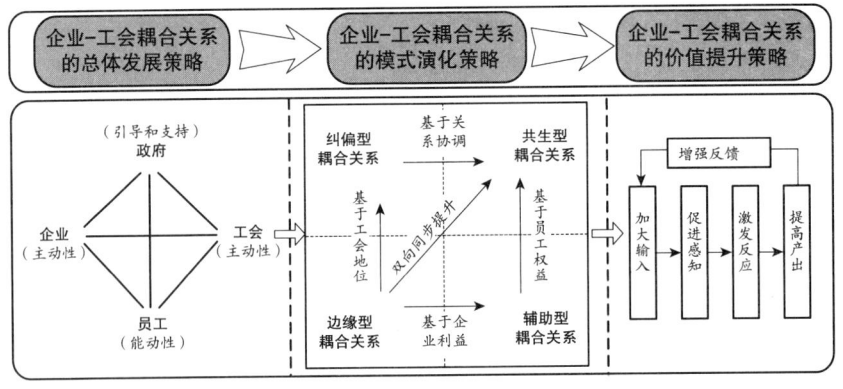

图8-1 企业-工会耦合关系的管理策略体系框架

第8章 企业-工会耦合关系的管理策略研究

8.1 企业-工会耦合关系的总体发展策略

中国企业-工会耦合关系是嵌入政府、企业、工会和员工等多个主体交织的复杂网络中,其有效运行过程离不开政府、企业、工会和员工间的相互配合和协同合作。为了构建企业-工会耦合关系的长效运行机制,应当重视政府的理念引导与政策支持、发挥企业、工会、员工主体能动性等途径来统一协调各主体间的目标关联和权力平衡,以此不断推动企业-工会耦合关系的优化和提升。

8.1.1 重视政府的理念引导和政策支持

政府作为劳动关系政策的制定者和监督者,是企业-工会耦合关系发展的重要影响力量。政府需要从全局角度统筹协调劳动关系,为企业-工会耦合关系发展在理念引导和政策支持方面提供有效的制度保障,不断优化和提升企业-工会耦合关系,推进企业-工会耦合关系向高质量发展。

(1) 为企业-工会耦合关系发展提供理念引导。政府要引导企业与工会顺应社会、经济、文化和技术等发展趋势,把高质量的企业-工会耦合关系作为和谐稳定的新型劳动关系建设的集体共识和共同愿景,为此,政府要高度重视对企业和工会管理理念的政策设计,引导企业与工会把高质量的企业-工会耦合关系作为新型劳动关系建设的共同愿景,为企业和工会提供有效的沟通平台,促进企业与工会间的相互协作,不断强化企业与工会间良好的互动意识,推动企业-工会耦合关系统一认知平台的构建。如政府通过"和谐劳动关系达标企业""模范劳动关系和谐企业"评比等政策手段,促进企业和工会相互认同,为企业-工会耦合关系发展创造条件。又如政府通过报刊、广播、电视等媒体和微博、微信、手机APP等新媒体,大力宣传良好的企业-工会耦合关系是稳妥解决劳资纠纷和冲突最有效的方式,在全社会共同营造关心、支持和参与构建和谐劳动关系的社会氛围;再如政府要密切关注共享经济下的企业-工会耦合关系的构建方式,由于这些平台企业的用工方式更加灵活和复杂,企业、工会和员工各主体的利益诉求存在巨大差异,政府除了赋予企业与工会等行动主体更大的政策空间和制度弹性外,还需要引导企业与工会共同顺应新型劳动关系的发展趋势，指导工会和企业进行有序变革，共同推动企业-工会耦合关系在不断探索中彼此认同和相互合作。

（2）为企业-工会耦合关系发展提供有效的政策支持。政府通过完善现行法律法规和政策体系，推动法规制度有效落实，促进企业-工会耦合关系不断优化和提升。具体来说，政府可以从目标关联和权力平衡两个方面来支持企业-工会耦合关系建设。一方面，政府通过出台新的和谐劳动关系构建政策，完善工会、企业、员工共同参与的协商协调机制，促成企业和工会在目标上达成共识，夯实企业-工会耦合关系的目标关联基础。如政府通过加强对企业实行劳动合同制度监督和指导，支持工会代表员工参与企业工资决定机制和增长机制的构建，推动企业、工会双方就涉及劳动关系方面的重大问题方面进行协商和沟通，增强企业和工会间对彼此目标认同，以此缩小彼此目标分歧和差异。另一方面，政府通过颁布、修改等方式完善现行的劳动政策法规，推动工会转型变革，强化对企业依法支持工会工作开展的监督，惩罚企业侵犯员工权益或违规打压工会等行为，强化企业-工会耦合关系的权力平衡基础。如政府通过完善现行的《中华人民共和国劳动法》和《中华人民共和国工会法》等法律，强化企业未能依法支持工会开展工作的监督及惩罚机制，强化企业与工会在涉及员工劳动报酬、保险福利、劳动安全卫生、职业培训等集体协商机制的落实；又如政府通过推动"强基层、补短板、增活力"的基层工会改革行动，树立并表扬改革的先进典型的方式，提升工会面对企业管理层的谈判力，在维护员工权益和参与企业管理等方面赋予工会真正的"话语权"；再如政府可以引导创新工会工作模式，鼓励工会通过民主直选工会领导以及"网络工会"和"智慧工会"等创新性的工会工作开展方式，更好地发挥维护员工权益和协调劳资关系的职能作用，保证工会拥有与企业进行平等协商的权力。

8.1.2 发挥企业、工会、员工的主体能动性

企业、工会、员工作为企业-工会耦合关系的直接参与者，其能动性的发挥直接关系到企业-工会耦合关系的整体质量提升。这就要求企业、工会和员工既要结合自身需要能动地进行诉求表达和实现目标、又要充分地认识和尊重彼此的互动和支持，在协调劳动关系过程中为对方提供

资源和支持，共同为企业-工会耦合关系发展创造有利条件。

（1）发挥企业主动性来推动企业-工会耦合关系发展。企业应当抛除成见，合理看待并充分发挥工会在企业内的作用，要重视与工会之间的关联程度和平衡程度，推动企业-工会耦合关系质量的提升。

在提升目标关联方面，为了与工会合作、更好地促进自身发展，企业在响应政府支持工会建设号召的基础上，要为工会参与企业管理提供足够的资源和政策支持，主动提高工会参与企业管理的广度与深度，如企业要配合和支持工会切实参与企业的生产建设、建言鼓励、员工激励、员工关怀、组织沟通等环节，以此增强企业与工会间的彼此认同，为双方达成目标关联创造条件

在提升权力平衡方面，企业应理性审视自己与工会在行动逻辑上的差异和分歧，主动与工会进行科学的角色定位和责任划分，并积极搭建信息沟通和共享平台，明确内部协调机制，减少企业与工会间的"矛盾"和"隔阂"，为双方形成动态平衡创造条件。值得注意的是，企业需要洞察社会主义市场经济转型和平台经济发展的契机，增强自身对"均衡""兼得""和合"等社会文化因素的适应性，努力将外部环境的变化内化为推动企业-工会耦合关系建设的关键动驱动力，共筑高质量的企业-工会耦合关系。

（2）发挥工会主动性来推动企业-工会耦合关系发展。工会应积极主动与企业开展合作，推进利益协商和信息沟通来实现相互间的补充和渗透，增强与企业的目标关联与权力平衡，助力企业-工会耦合关系质量提升。

在提升目标关联方面，工会要明确自身身份的双重性，努力将员工服务逻辑与企业社会责任逻辑相融合，在与企业的互动过程中要兼顾企业利益，对企业的生产经营情况和员工多元化需求做出敏锐判断和协调。如通过宣扬劳模精神和工匠精神来改善员工的工作态度，并通过组织班组建设、岗位练兵、技术比武、组织劳动技能比赛、合理化意见征集、创新工作室建设等技能素质提升活动，提高员工的工作能力，促进企业发展，提升企业-工会耦合关系的关联水平。

在提升权力平衡方面，一方面，工会要加强与员工间关系的建设，采取调动员工维权意识、整合员工多样化诉求、参与企业民主管理、推

进集体协商谈判等措施完善自身的工作内容，为员工提供有效的服务与支持，不断提升自身在员工中的影响力。如工会通过灵活运用职业援助、劳动保障、集体谈判等方式对企业工作场所内员工权益的维护和利益诉求加以保障和监督，获取员工对工会的信任和依赖，自下而上"聚力"，提升工会自身与企业的话语权。另一方面，工会借助政府、社会和媒体等力量支持，自上而下"借力"，增强工会面向企业的议价能力。如在处理复杂的劳动纠纷事件时，聘请公检法和劳动行政等工作人员作为特邀顾问，或者邀请劳动监察大队与工会一起进行案件和纠纷的调查取证，并允许工会代表作为仲裁员参与劳动争议案件的处理。再如遇到重大劳动冲突事件时，邀请电视台和报社记者来报道等，通过媒体的介入，形成一股多方参与的"合力"。

（3）发挥员工主动性来推动企业-工会耦合关系发展。由于员工态度和行为嵌入企业-工会耦合关系的互动过程中，其主观能动性和创造力对于企业-工会耦合关系发展至关重要。具体地，员工能够通过增强工会与企业的目标关联与权力平衡提升企业-工会耦合关系的发展。

在提升目标关联方面，员工积极响应工会的生产动员，积极通过技能培训、建言献策、劳动技能比赛和技术变革等方式来提高企业生产效率，促进工会与企业共同达成一致目标。在提升权力平衡方面，员工可以扮演"制度创业者"的角色，通过充分借助工会向企业表达维权诉求，提升工会影响力和代表性，如通过工会向企业争取健康安全、休息休假、工资增长等基础型劳动权益和参与企业民主管理、自我职业发展等发展型劳动权益方面的多元诉求，使员工能够依靠工会对企业的制衡得以分享企业发展成果，推动了企业-工会耦合关系水平的整体提升。

8.2 企业-工会耦合关系的模式演化策略

由图 5-3 可知，边缘型耦合关系、辅助型耦合关系、纠偏型耦合关系向共生型耦合关系的演化过程中的驱动动因和驱动因素是存在差异的，为此，以边缘型耦合关系、辅助型耦合关系、纠偏型耦合关系为演化起点，从演化动因和演化驱动因素来探究企业-工会耦合关系不同模式间的演化策略。

8.2.1 辅助型耦合关系→共生型耦合关系：员工权益导向的演化策略

在该条演化路径中，辅助型耦合关系是演化起点，企业逻辑占据主导地位，工会逻辑的自主权相对有限，工会在某种程度上只是企业经营管理的辅助手段和工具，不能有效维护员工权益，员工无法共享企业发展成果。因此，为了推动辅助型耦合关系向共生型耦合关系演化，需要增强工会与企业之间的权力平衡，采取的演化策略是以员工权益导向为主。具体的：

就企业而言，一是企业要响应员工多元化、多层次利益诉求，客观认识员工人性化管理的需要和社会对企业履行社会责任的关注，因此，企业在追求合理、合法的经济利益前提下，需要增强自身责任意识，主动通过工会了解员工具体需求，并借助工会建立起企业与员工权益需求联结机制，确保员工共享企业发展成果，实现劳资双方共赢；二是企业要认识到员工权益保护和工会参与对企业自身健康发展至关重要，企业通过工会来加强与员工之间的交流和沟通，促进了企业与员工间的合作，有利于企业健康发展。

就工会而言，一是工会借助政府对工会转型和改革要求，为其维护员工权益寻求制度保障。如工会响应落实《中国工会章程》提出的"组织起来、切实维权"工作方针和"以职工为本、主动依法科学维权"工作要求，主动参与劳动关系协调、化解劳动关系矛盾的谈判，在维护员工权益过程中增强自身的谈判能力；二是工会自身赋予的维权职能，为其回归"维护员工权益"提供内在动力。如工会在关注员工文化娱乐休闲、送温暖等需求之外，更需要把精力投入在劳动条件、劳动报酬、职业成长等员工核心权益的维护上；三是工会需要进一步发挥自身能动性，通过改进或创新工作方式来拓展工会在企业中的代表渠道。如通过鼓励员工积极参与劳资恳谈会、工会主席信箱等方式来征集意见，提升工会在企业中的地位和员工认可，为工会维护员工权益创造条件。

综上所述，工会借助内外部环境的支持和自身的"聚力"增强其维权职能，企业则为更好地满足内外部环境的要求而对工会进行一定的"权力让步"，最终实现双方在权力上的相互制衡，推动辅助型耦合关系向共生型耦合关系演变。

8.2.2　纠偏型耦合关系→共生型耦合关系：关系协同导向的演化策略

由于纠偏型耦合关系是演化起点，企业逻辑与工会逻辑的权力平衡较高，但双方的目标关联较低，企业和工会间的"各自为政"和"暗地较量"时常发生，使工作场所的环境呈现出较高的竞争性和不稳定性，这不利于和谐劳资关系的构建。因此，为了推动纠偏型耦合关系向共生型耦合关系演化，亟需企业和工会对彼此发展目标的认同，提升工会与企业间的目标关联，此时的演化策略是以关系协调导向为主。

就企业而言，企业需要正视工会代表员工所提出的合理诉求，积极主动与工会通过集体协商、谈判等方式加强双方的沟通和对话，确保员工合理合法的利益诉求在企业内以制度化的形式得以实现，可以有效及时预防和消除劳动争议，使企业和工会在协调劳动关系的过程中逐渐达成共识。如由于工会具有维护企业生产秩序和协调劳资关系的作用，使企业愿意在员工岗位设计、工作分析、职工招聘管理、薪酬管理及培训发展等事务方面为工会"发声"提供渠道和资源支持，企业甚至主动授权工会就上述事务开展员工诉求征集、受理、解决和磋商，确保员工利益诉求得到落实。

就工会而言，一是工会需要借助政府的力量向企业传导和谐劳动关系的理念，积极主动与企业就彼此分歧问题保持交流和沟通，妥善有效协调劳动争议。如工会借助政府对有关"企业工资集体协商小组"组建的意见和指导，进一步规范企业和工会之间的沟通协商机制和集体协商谈判程序，以更合理有效地平衡企业和员工之间的利益诉求。二是工会要时刻意识到维护企业生产秩序和维护企业稳定的责任，不断调整和优化自身的维权方法，不仅要有底气、有立场地维护员工权益，也要注重在"斗争中求团结"，即在充分考虑员工的利益诉求的过程中也考虑企业发展，将员工利益诉求维持在相对理性水平，并引导员工合法维权。如工会可以有效利用集体协商和集体谈判等制度与企业进行沟通，使企业管理层真正理解和接纳员工的诉求，从而实现双方的合作共赢。

由此可知，企业和工会双方都迫切需要通过沟通、协商和谈判等途径来达成对彼此发展目标的认同，在"和而不同"情境下提升双方的目标关联性，从而推动企业-工会耦合关系向和谐共生的方向演化。

8.2.3 边缘型耦合关系→辅助型耦合关系：企业利益导向的演化策略

企业逻辑在组织运行中占主导地位，工会逻辑处于次要地位。工会缺少与企业相制衡的力量，自主权相对有限。但为了应对内外部环境威胁和维持企业生存和发展，工会和企业暂时搁置分歧，优先考虑企业发展需求，实施"企业利益导向为主的演化策略"。此时，工会的行动准则是以辅助企业实现目标，协助企业开展生产活动，双方在相互扶持与帮助中逐渐在目标关联上达成一致，推动了边缘型耦合关系向辅助型耦合关系演化。在此演化过程中，工会和企业可以采取如下行动。

对工会来说，一是为了企业生存和发展，工会需要暂时调整工作重心，认同企业利益和生产目标，调动员工生产积极性和主动性，为企业生存和发展出谋划策，帮助企业共渡难关并实现稳定发展。如工会通过主动承担维护企业生产秩序，并组织和动员员工参与企业生产建设的任务，协助企业更灵活地配置组织资源和进行工作关系重组。二是工会要积极为企业生产排忧解难，围绕企业发展目标，积极开展技术创新、管理创新等活动为企业创建一支知识型、技术型、创新型员工队伍，协助企业应对环境变化。

对企业来说，为了促进生产活动，企业需要认可工会在工作场所内地位和合法性，重视与工会之间的互动和联合，主动支持工会工作，并与工会信息共享。如企业开展厂务公开，规范厂务公开程序和监督措施，有利于工会和员工能够了解企业经营思路和发展目标，调动工会和员工参与企业管理积极性，促进了企业稳步发展。

8.2.4 边缘型耦合关系→纠偏型耦合关系：工会地位导向的演化策略

由于边缘型耦合关系中工会存在"先天不足"独立性的问题，工会为了提升其在企业中的角色认可和职能履行效果，需要借助国家法律制度、发挥工会自身能动性和调动内外部资源力量来提升在企业中的话语权，有效提高工会与企业间的权力平衡。因此，这一阶段的演化策略采取的是以提升工会地位导向为主的策略。

工会可以采取的策略。一是工会借助政府和社会支持的外部资源，增强自身影响力，提升在工作场所中的话语权。如工会通过与其他群团组织、社区组织的合作和联盟，动员各方所掌握的社会资源，并通过内部民主、文化建设等形式聚力来制约企业，打破工会地位不对等、不均衡的状态。二是工会发挥自身能动性，通过转型改革提升在企业和员工中的影响力。如在企业中建立和完善职工代表大会制度、推进工会民主选举和集体谈判来发挥工会集体代言人作用，使工会在为员工争取合法权益的同时也获得了员工的支持，提升工会与企业相制衡的力量。三是工会在牢固树立员工服务意识的基础上，需要拓展和创新的工会工作方式来响应员工需求，提升工会影响力。如工会在实践中通过推广"网络工会""智慧工会"等方式，灵活运用工会报刊的官网、微博、微信公众号平台以及社区论坛等渠道，凝聚员工力量，提升工会在企业中的话语权。

企业可以采取的策略。为了落实法律法规赋予工会代表员工参与企业管理的规定，企业既需要客观、全面认识到工会在企业管理决策中的地位和作用，在与工会谈判、协商的过程中，要有公平意识、保持工会平等地位，还需要主动借助工会来与员工之间的交流和沟通，调动工会对员工的动员能力以提升企业效益。

总之，随着工会地位和影响力不断提升，有效增强了企业和工会间的权力平衡，使工会有能力与企业进行相互监督与制约，推动了边缘型耦合关系向纠偏型耦合关系演化。

8.2.5 边缘型耦合关系→共生型耦合关系：双向同步提升的演化策略

实际上，企业与工会之间的目标关联和权力平衡是可以通过从低目标关联—低权力平衡的边缘型耦合关系同步演化到高目标关联—高权力平衡的共生型耦合关系的，此时企业和工会采取的演化策略是企业利益和工会地位双向同步提升。具体来说，企业和工会积极响应政府和谐劳动关系创建号召，双方主动就工作场所中事项进行友好协商和沟通，通过"以合作促竞争、以竞争促合作"的方式形成合力，同步提升企业与工会间的权力平衡和目标关联，共同促进员工工作生活质量和企业组织健康的持续发展。如在以企业利益导向为主的演化中，工会优先帮助企业发展生产，为了避免工会在辅助企业的过程中沦为企业的生产工具，工会既要借助国家政策对工会权力的保障、又要时刻关注员工的发展诉求，并调动政府资源解决自身独立性问题，实现在促进企业发展的同时提升对企业的制约和监督能力,使企业和工会的目标关联和权力平衡得以同步提升。再如,在以工会地位导向为主的演化中,工会依托政府的支持、自身能动性和资源调动来提升在企业中话语权,工会有能力代表员工与企业开展的集体谈判和协商,在不断与企业的互动中,增加了工会对企业的更多了解,同时,工会也会意识到维护企业生产发展的重要性,并主动为企业生产活动提供支持,实现在监督企业的同时促进企业发展,使企业和工会的权力平衡和目标关联得以同步提升,推动了原本"相对独立、有限互动"的边缘型耦合关系直接向"既竞争、又合作"的共生型耦合关系演化,实现了企业和工会能够各得其所、有效共存。

但需要注意的是,企业和工会既需要根据特定情境的具体需要来统筹安排企业利益导向策略和工会地位导向策略的优先级,又需要促进两种管理策略在实施过程中的交叉互补和有效共存,最终共同提升边缘型耦合关系转化为共生型耦合关系的演化效率。

8.3 企业-工会耦合关系的价值提升策略

在企业-工会耦合关系的总体发展策略和模式演化策略的基础上,结合企业-工会耦合关系对员工工作生活质量和企业组织健康影响的具体作用机制,需要进一步探究企业-工会耦合关系的价值提升策略,唯有这样,才能形成一套相辅相成的、完整的企业-工会耦合关系的管理策略体系。为此,按照"输入—感知—反应—产出"的逻辑框架,以提高输入、感知、反应、产出各节点的效应价值为牵引,从"输入—感知""感知—反应""反应—产出""产出—再输入"四个阶段来提出相应管理策略,以此持续推动企业-工会耦合关系的价值提升,为劳动关系各方形成互利共赢的长效机制提供政策建议和实践指导。

8.3.1 "输入—感知"阶段:提升资源环境

在该阶段,企业-工会耦合关系作为一种情境输入,不仅能够唤起员工在认知和情感上的感知,还能够促进组织在结构、关系和认知方面的感知。为了推动企业-工会耦合关系的输入更高效地转化为员工和组织的积极感知,企业和工会需要共同从提高输入质量和提供过程保障两方面来改善企业-工会耦合关系的供给环境。

（1）强化源头支持、提高输入质量。企业-工会耦合关系在组织中的覆盖范围和关系质量与员工和组织相应的感知过程是紧密相关的，因此，企业和工会需要共同强化对企业-工会耦合关系的资源支持，以保障企业的各个功能模块和全体员工都能够对企业-工会耦合关系进行感知。具体来说，一是企业和工会需要拓宽企业-工会耦合关系的广度，保证企业-工会耦合关系能够覆盖到企业中的每位员工。如企业和工会要贴近员工，引导员工了解企业-工会耦合关系，通过不断拓宽企业-工会耦合关系的覆盖范围，使企业的各个功能模块和全体员工都能够对企业-工会耦合关系进行感知。二是企业和工会需要不断延展耦合关系的深度，在保持当前企业-工会耦合关系输入的前提下，不断强化企业-工会耦合关系的目标关联基础和权力平衡基础，提升企业-工会耦合关系的输入质量。如企业和工会通过联合制定企业-工会耦合关系在企业中的规章制度和条例，推动企业-工会耦合关系的制度化和规范化，进而使得高质量的企业-工会耦合关系不仅能够缩短员工和组织"输入—感知"的响应时间，促进员工和组织的快速产生感知，还有利于促进员工感知中的情感和认知以及组织感知中的结构、关系和认知等不同方面的全面改善。

（2）提供过程保障、激发员工和组织的有效感知。当企业-工会耦合关系输入后，员工和组织可能受到企业中既有决策机制和管理风格等的影响，而无法对企业-工会耦合关系产生充分的感知或者实际感知水平与预期水平出现偏差，因此，企业和工会不仅需要完善企业沟通渠道，还要建立相应的感知评价机制，使员工和组织感知不偏离预期轨道。具体表现为，在企业-工会耦合关系促进员工感知保障方面，企业和工会应当建立多样化的沟通渠道，形成定期沟通和实时反馈机制，提高员工对企业-工会耦合关系中的双方共同目标认同，强化企业-工会耦合关系对双组织承诺等认知的改善；同时，企业和工会还要共同构建企业-工会耦合关系影响员工感知的评价机制，如让员工评价企业和工会提供的心理和情感关怀是否符合实际需要，并根据评价结果及时对自身组织活动和提供的服务进行及时调整，确保企业-工会耦合关系能够真正促进员工的情绪能量、类亲情交换关系等情感提升。在企业-工会耦合关系促进组织感知保障方面，企业既需要主动打破传统的集权管理观念，在企业决策机制方面进行权力下放，提高管理透明度，推动构建具有灵活性和自适应性的组织结构，为企业-工会耦合关系对有机式组织结构和组织惯例更新奠定良好的基础；还需要借助工会手段向员工传递企业管理政策、管理规则的调整和变革等信号，打消组织成员、团队对于企业-工会耦合关系的疑虑或排斥，确保组织成员形成对耦合关系的共同认识和正面理解，避免组织成员对企业和工会耦合产生错误的归因，确保企业-工会耦合关系对组织惯例更新、组织信任和共享心智模式等感知的转化效率。

8.3.2 "感知—反应"阶段：驱动功能优化

企业-工会耦合关系所唤起的员工和组织感知后，还能够激发出员工和组织的反应。实际上，员工和组织的反应是企业-工会耦合关系得以创造价值的重要环节。在VUCA时代，如果员工和组织的反应速度慢或者反应质量未能达到理想状态，不仅会削弱企业-工会耦合关系向员工工作生活质量和组织健康的价值传递过程，而且会损害企业和工会维持耦合关系的积极性，进而影响企业-工会耦合关系的持续输入，使企业-工会耦合关系的价值创造链陷入恶性循环。因此，为了促使企业-工会耦合关系能够唤起员工和组织的积极反应，企业和工会需要通过本着相互信任和支持的原则，通过完善员工激励机制和组织响应机制来驱动组织柔性、韧性与员工主动性、适应性不断优化。

（1）为员工主动性、适应性提供制度保障。企业-工会耦合关系所带来的员工情感和认知能否顺利转化为员工主动性和适应性行为，这与企业和工会提供给员工的制度保障是紧密关联的。一方面，企业和工会为员工主动性的迸发创造发展条件，加快企业-工会耦合关系向员工主动性的转化进程。如企业和工会共同开展企业的文化知识、科学技术和思想教育等活动，鼓励员工参与企业培训，提升员工发现和解决问题的能力，确保员工能够获得足够的能力和资源来采取工作重塑等主动性行为。另一方面，企业和工会共同构筑员工分类管理，根据员工工作生活状态和需求提供适应性的支持策略。如企业和工会共同建立员工动态数据资料库，记录不同员工个性特点和家庭情况等信息。对于"双职工家庭"，企业和工会需要重视员工工作和家庭之间的时间分配，保证其有更多的时间和精力陪伴家人，有效平衡员工工作和生活需要，这不仅提升了员工工作—家庭弹性能力,也实现了员工在工作和家庭两个领域的增益,提高了员工心理韧性,增强了企业-工会耦合关系对员工适应性影响。

(2) 为组织柔性、韧性的快速响应提供平台支持。企业-工会耦合关系所带来的积极感知能否成功激活、培育和积累组织柔性和韧性,一定程度上取决于组织的平台建设,而企业和工会对此能够有所作为的。一方面,企业和工会通过共同创建多元学习和创新平台,不断探索新思路、新方法、新内容,增强企业管理思想和管理方法的适用性。如企业和工会在生产管理过程中引入人工智能、物联网和大数据等技术,不断提升企业灵活用工和创新员工工作方式,为企业-工会耦合关系向组织柔性的精准转化创造前提条件。另一方面,工会需要联合企业力量共同搭建规范化的沟通与交流平台,为企业-工会耦合关系下的组织迅速进行功能响应提供信息支持。如企业和工会共同构建以"情感"为纽带和以"家本位"观念为基础的企业文化,或双方定期组织对员工成长和企业发展问题进行商讨、推行人力资源管理部门和工会的岗位轮换制度、加强人力资源管理部门和工会工作内容的交叉等,以此提升组织成员应对环境变化能力,为企业-工会耦合关系向组织韧性转化提供动力。

8.3.3 "反应—产出"阶段:提升成果转化

员工工作生活质量和企业组织健康是企业-工会耦合关系价值创造的最直接和最集中的体现。然而,在充满不确定和不可预见的动态环境中,尽管高质量的企业-工会耦合关系能够顺利完成"输入—感知—反应"等价值传递环节,但仍然未必能够促进员工工作生活质量和组织健康的提升。因此,企业和工会需要进一步关注和重视满足员工的多样化需求和企业健康发展的需要,采取措施推进企业-工会耦合关系向员工工作生活质量和组织健康转化,最终实现劳动关系各主体的互利共赢。

(1) 关注员工需求和变化,帮助员工实现体面劳动。企业-工会耦合关系对于员工工作生活质量的改善在经济、安全、家庭、社会、自我实现和自尊等多种需求的满足。具体来说,一是企业和工会需要共同促进员工体面劳动,促使员工愿意将耦合关系情境下所积累的主动性和适应性能力应用于企业生产和工作任务。如企业不仅需要借助工会改善其生产管理方式,支持工会组织和发动员工参加排查隐患、安全监管、亲情帮教等活动,为员工塑造健康安全的工作环境,还需要发挥工会参与企业管理的作用,注重完善"以人为中心"的管理模式,使员工在实现自身价值的同时获得对组织的归属感和自豪感,推动其主动性和适应性能力转化为员工工作生活质量。二是企业和工会需要保持敏锐的洞察力,掌握经济发展和技术变革发展的新动向,及时调整企业-工会耦合关系运行的着力点,为员工提供工作保障,避免企业-工会耦合关系未能转化为员工真正需要的工作生活质量。如人工智能、物联网和大数据等技术提高了用工的灵活性,但也带来了劳动关系的不稳定性,这不仅不利于企业的成长,同时也极易引发劳动争议事件,在此过程中,企业和工会迫切需要关注员工的工作保障问题,重视员工工作需求的满足。

(2)灵活整合内外部资源,明确企业组织健康发展方向。企业和工会需要采取措施确保企业-工会耦合关系在各个环节的创造价值与组织健康的诉求相匹配,真正实现企业组织健康发展,为此,企业和工会既需要灵活调动外部的资源和机会,拓展自身的网络结构,提升跨界信息搜寻和处理的能力,还要依托政府、社会的支持,保持对外部环境变化的敏锐度,识别组织健康新变化和新要求。如近年来劳资冲突、劳资矛盾时有发生,政府出台了一系列政策以应对和谐劳动关系的构建,在此情况下,企业和工会应该重视社会和谐这一健康指标,并着重推动企业-工会耦合关系对社会和谐的提升作用,使企业在资源配置和适应危机等方面的能力真正运用在能够促进企业可持续发展目标上。此外,为了实现"输入—感知—反应—产出"各个模块衔接和支撑,企业和工会应该协同合作,共同为各个模块运行制定相应的保障措施,避免任何一个环节出现纰漏。如企业和工会可以共同参与组织产出评估,采取专家咨询、内部调查和数据库分析等方式明确耦合关系对于企业的发展效益和目标的转化程度,迅速识别耦合关系中存在的问题或缺陷,并有针对性地进行"查缺补漏"。

8.3.4 "产出—再输入"阶段:促进价值增益

在企业-工会耦合关系下,员工工作生活质量可以通过身份机制和行动机制"自下而上"地促进组织健康的提升,在此基础上,组织健康通过资源路径和信息路径对企业-工会耦合关系进行能动反馈,使企业-工会耦合关系不断演化和提升。可见，企业-工会耦合关系价值提升不是单次的、短暂的，而是一个持续的、螺旋上升的过程。因此，为了建立企业-工会耦合关系运行的长效机制，企业和工会可以基于不同的转化机制实施相应的管理策略，以实现企业-工会耦耦合关系的价值增益螺旋。

(1) 激发员工的集体能动性，形成示范和传染效应。一方面，企业和工会需要通过组织多样化的集体行动方式，促使员工能动地参与组织健康发展。如企业应当关注为员工打造更丰富的"共同活动方式"和"创新活动方式"，提升工作生活质量在员工群体中的聚合并扩大覆盖范围，使"高工作生活质量"形成具有集体性质的身份标签，鼓励员工在相互学习、传染和示范等过程中提升了企业组织健康水平。另一方面，企业和工会需要引导员工将员工自身需求满足与企业发展联系在一起，从而汇聚为员工工作生活质量向企业组织健康的转化动力。如企业和工会可以通过共同宣传组织健康重要性，引导员工在满足自身健康、安全需求的同时不断拓展和积累对组织健康的认识，激发员工自下而上地主动采取行动来谋求组织的持续、稳定、和谐发展，推动企业组织健康水平不断提升。

(2) 强化信息反馈机制，促进资源不断循环更新。首先，企业和工会应当重视双方对于企业-工会耦合关系产出的评估体系构建，既要不断拓展组织内多样化的沟通和信息收集渠道、避免企业-工会耦合关系在反馈过程中出现信息滞后和阻断的情况，又要共同搭建信息反馈中的危机预警系统，以保持"居安思危"的合作理念，确保企业-工会耦合关系的价值能够得以持续积累和螺旋上升。其次，企业可以与工会协作配合，共同整合耦合关系发展过程中的各种能力、经验等资源，共同构建企业-工会耦合关系的资源库，并运用大数据和云计算方法对劳动关系展开诊断分析，及时调整企业组织健康发展的新需要和新目标，不断更新企业和工会进入新阶段耦合关系的资源库，为企业-工会耦合关系实现由"量变"到"质变"的跃迁创造条件。

◎ 第二部分

专题研究

专题研究 1
企业-工会耦合关系研究的结构探索与量表开发

1 引言

随着中国劳动关系形态的多样化和劳动关系主体诉求的日益多元化，劳动关系矛盾进入凸显期和多发期，为了解决这一基本矛盾问题，中共中央、国务院出台的《关于构建和谐劳动关系的意见》等政策文件明确要求，应充分发挥企业和工会共同参与解决劳动关系问题的重要作用。具体到工作场所，企业和工会已在劳资关系协商、利益冲突和企业生产秩序管理等方面形成了相互配合、彼此协作的耦合关系（胡恩华、章燕、单红梅等，2018）[11]，这种耦合关系不仅有利于企业实现全面、协调、可持续的高质量发展，还能够为员工参与企业管理、共享企业发展成果提供保障（杨成湘，2020）[232]。因此，如何构建恰当的企业-工会关系已成为推动新时代中国特色劳动关系建设重要着力点，也吸引了越来越多研究者的关注（胡恩华、胡京京、单红梅等，2020）[233]。

已有的企业-工会关系研究都是基于国外的劳动关系研究情境，虽然取得了丰硕研究成果（Cook、MacKenzie、Forde，2017）[9]，但由于中国工会承担着社会治理、员工服务与企业管理的多重角色（张毛龙、胡恩华、张龙，2018）[43]，使中国企业-工会关系在结构、功能、形态等方面与国外存在很大差异，因此，国外有关企业-工会关系的研究结论无法有效指导中国情境下的企业-工会关系研究。而国内现有研究大多只是对企业-工会间的合作或对抗等现象进行初步探究（吴进红、胡恩华、王凌云等，2016；靳卫东、崔亚东，2019）[234,8]，也有研究者试图用"耦合关系"来描述中国企业-工会间的复杂关系（胡恩华、章燕、单红梅等，2018）[11]，但这些研究仍未对企业-工会间复杂关系现象背后的本质和形成成因进行探究，难以从根本上揭示中国情境下企业与工会之间独特的共事原则和互动方式，亟需研究者将企业-工会耦合关系（Enterprise-Union Coupling Relationship，EUCR）理论化，深度发掘 EUCR 的理论内涵、维度、效用价值和模式类型。

基于此，本研究遵循 Lewis、Templeton、Byrd（2005）[19]的"阐释现象的重要性→探索概念的理论内涵→开发概念的测量量表"程序对EUCR的结构和量表进行探究，为此，首先运用新构念领域说明的方法，逐步探究EUCR的现象重要性、概念定义和维度内涵；在此基础上，从访谈资料、新闻报道等多种来源的原始数据中提炼EUCR关键事件、构建EUCR初始量表；运用探索性和验证性因子分析方法检验EUCR的信度和效度，并检验了EUCR的预测效度；进一步地，运用聚类分析方法探索EUCR的模式类型，以证明所开发量表的可靠性。这不仅为中国企业和工会之间关系的研究贡献新的知识，还为未来EUCR的实证研究提供结构清晰、科学有效的测量工具，对于指导中国企业-工会关系建设和推动新时代和谐劳动关系构建具有重要意义。

2 EUCR 的结构探索

在发展新的理论构念时，要先阐释构念开发的重要性和价值，然后要从理论层面推导构念的维度内涵，进而基于构念的维度进行量表开发（Lewis、Templeton、Byrd，2005）[19]。因此，本研究将EUCR构念的开发过程解构为"EUCR的现象重要性→EUCR的理论内涵→EUCR的测量量表"的逻辑链条，以深入、全面地探索EUCR中的企业与工会之间的复杂互动关系本质。

2.1 EUCR 的现象重要性

在劳动关系三方协调机制中，政府作为劳动关系的政策制定者和调控者，主导着劳资双方的平等协商，而企业与工会则本着"相互理解、相互信任、相互支持"和"兼顾国家、企业、职工利益"的原则，对涉及劳动关系方面的重大问题进行沟通和协商，以实现"在最广泛的范围内达成一致意见"①。为此，政府在劳动关系的顶层设计中对企业和工会的做事方式做出了明确要求，确保两者能够实现充分沟通和协商，最终

---

① 《人力资源社会保障部对十三届全国人大二次会议第2738号建议的答复》（人社建字〔2019〕198号）。

实现和谐共赢之目标。一方面《中华人民共和国工会法》《中国工会章程》和《中华人民共和国劳动法》等明确规定，工会不仅要"组织员工参与企业的民主决策、民主管理和民主监督""维护企业员工劳动权益"，还要"动员和组织员工积极参加经济建设，努力完成生产任务和工作任务"；另一方面《中华人民共和国劳动合同法》《企业工会工作条例》等要求"用人单位在制定、修改或者决定有关劳动报酬、工作时间、休息休假、劳动安全卫生、保险福利、职工培训、劳动纪律以及劳动定额管理等直接涉及劳动者切身利益的规章制度或者重大事项时，应当经职工代表大会或者全体职工讨论，提出方案和意见，与工会或者职工代表平等协商确定"，同时"企业应依法支持工会履行职责，为工会开展工作创造必要的条件"。由此可见，政府从法律法规层面为 EUCR 建立奠定了制度基础。

为了响应国家对工会工作的要求，中华全国总工会积极推动基层工会建设，通过企业工会直选、企业民主管理、集体协商等改革举措，使企业工会在协调员工权益和企业发展方面的作用日渐凸显，并与企业形成了密切和复杂的互动关系，在实践中涌现出诸多工会与企业既相互促进又彼此制衡的关系案例。如 2010 年的南海本田公司员工因对工资和福利不满，发起了大规模罢工。公司工会通过与企业开展长达一年多的协商谈判，纠正了公司在员工工资涨幅问题上的不合理规定，最终就工资涨幅额度集体协商达成一致，不仅使公司回归正常生产秩序，还有效降低了公司的员工离职率[①]；2015 年，南瑞集团公司由工会牵头、企业相关部门协同配合，利用大数据技术搭建起"十件实事"工程，旨在每年为员工处理十件关乎其切身利益的实事。截至 2020 年，"十件实事"内容从最初的工资福利和职业健康等基础型劳动权益，已扩展到在职学历提升等发展型劳动权益，让员工真切受益的同时，也增强了企业的凝聚力[②]；2018 年，电装（中国）上海分公司工会围绕企业与员工双赢的目标，与企业管理层建立了三项定期会议制度：与总经理建立月度定期会

---

① 资料来源：《广东省创先争优党工共建暨南海本田工资集体协商现场会材料汇编》，代表的力量——南海本田工资集体协商点评，2011 年 6 月。

② 资料来源：中工网，南瑞集团工会用大数据为职工办实事，2019 年 11 月 21 日，https://www.51ldb.com/shsldb/hq/content/0091828d3c11c00178a56c92bf95ed90.html。

议制度、与人事部建立双月定期会议制度、与总务部建立季度定期会议制度。通过定期会议沟通，共同讨论和完善事关员工利益的人事制度和工作环境改善等重要问题，实现了企业和员工效益共创和利益共享的目标①；2019 年，江铃汽车集团与工会共同举办庆祝新中国成立 70 周年职工合唱比赛，在丰富员工精神文化生活同时，也推动了员工以更加积极的姿态应对工作②。由此可见，企业与工会间的互动关系在现实中不仅是广泛存在的，更为重要的是其对实现企业和员工双方和谐共赢方面的独特作用也得到了研究者的初步证实。如工会通过与企业的党群部门协同，能够增加企业长期雇佣占比、减少短期雇佣和临时雇佣占比，这既提高了员工工作的稳定性，也改善了企业的雇佣期限结构（魏下海、董志强、金钊，2015）[71]；再如工会通过安全生产宣传教育、健全劳动保护制度和改善劳动卫生条件等方式提高了企业生产部门的安全绩效，在保障了员工职业健康安全权益的同时，也降低了企业的工伤事故，减少了企业的损失（于桂兰、陈明、于楠，2013）[235]；又如工会通过参与企业民主化管理、收集合理化建议等形式，与企业人力资源管理部门进行交流沟通、协商谈判等，协同解决涉及员工切身利益的问题，有利于提高员工的忠诚度，并改善企业劳动关系质量（王永丽、郑婉玉，2012）[6]。

综上所述，企业与工会之间的紧密互动和融合关系已广泛存在于企业管理实践中，形成了中国情境下一种独特的现象，有学者试图用"耦合关系"来描述中国情境下企业和工会之间相互促进、相互制约而紧密相连的关系状态（胡恩华、章燕、单红梅等，2018）[11]。耦合是指两个（或以上）主体通过各种相互作用而彼此影响以致联合起来的现象（Glassman，1973）[159]，由前文对企业-工会耦合现象的描述可以看出，企业与工会间之所以能够共同发挥有效价值，是因为两者间不但存在相互连结下的促进作用，还存在彼此制衡下的制约作用，因此，用耦合关系概念能够客观揭示工作场所中中国的企业与工会间的复杂、多样的关

---

① 资料来源：闵行工会，园区企业电装工会荣获"全国双爱双评先进企业工会"称号，2018 年 11 月 28 日，https：//www.sohu.com/a/285152352_700609。

② 资料来源：南昌市总工会网站，江铃汽车集团有限公司工会举办庆祝新中国成立 70 周年"我和我的祖国"江铃第二十一届职工大合唱比赛，2019 年 9 月 30 日，http：//www.ncszgh.gov.cn/plugin/gh/ghzx/pc_detail.php? yiid =32&erid =34&id =8997。

系。为此,本研究将 EUCR 定义为:企业与工会之间相互促进、彼此制衡而联合起来的一种关系状态。

2.2 EUCR 的理论内涵

基于上文分析,不难发现企业和工会之所以会以不同方式进行互动乃至表现出不同的关系形态,关键原因是企业和工会所遵循的做事原则、规范和方法是不同的,即企业和工会有其各自的"制度逻辑"(Thornton、Ocasio、Lounsbury,2012)[13]。具体来说,工会维护员工权益、促进企业发展和构建和谐劳动关系的做事方式,是与工会的员工服务逻辑、企业管理逻辑和社会治理逻辑相对应的(Chan、Snape、Luo 等,2017)[7],工会的多重制度逻辑驱使其随着制度环境的变化而采取相应策略来平衡劳动关系各主体的利益诉求;企业追求经济效益和承担着员工的雇主责任的做事方式,分别对应着企业的商业利润逻辑和社会责任逻辑(刘德鹏、贾良定、刘畅唱等,2017)[154],反映了企业在发展变革过程中需要兼顾组织效率和个人发展,并权衡自身的经济实体和社会公民的双重身份。EUCR 的本质就是企业逻辑与工会逻辑间的相互关联与彼此平衡,多重制度逻辑视角的分析框架为揭示 EUCR 内涵提供了理论基础。

Besharov、Smith(2014)[152]指出,逻辑兼容性和逻辑向心性是揭示组织中多重制度逻辑间关系的两个重要维度。逻辑兼容性是指多重制度逻辑指向组织共同目标的一致性程度。逻辑兼容性高意味着多重制度逻辑指向组织目标相对一致,能够为共同目标采取一致行动;逻辑兼容性低意味着多重制度逻辑指向组织目标不尽一致,逻辑在互动过程中存在冲突。逻辑向心性是指组织行使与核心职能密切相关的制度逻辑的数量。逻辑向心性高意味着多重制度逻辑都对组织运行发挥重要的影响,使组织内主导逻辑模糊;而逻辑向心性低意味着多重制度逻辑之间存在着明确的主导逻辑。具体到 EUCR,企业逻辑和工会逻辑间的逻辑兼容性和逻辑向心性则分别表现为目标关联和权力平衡。目标关联是指企业逻辑和工会逻辑之间的兼容性,体现的是 EUCR 中双方之间的相互连结和利益上的一致性;权力平衡反映了企业逻辑和工会逻辑间的权力向心性,体现的是 EUCR 中双方之间的相互制约和彼此制衡的关系。

从 EUCR 的目标关联来看,随着社会经济的高质量发展,劳动者的利益诉求越来越多元化,逐渐从获得劳动报酬延伸至获得人文关怀和体面劳动上来(吴江,2019)[236]。在此背景下,企业不应单纯追求经济利益最大化,还应该为利益相关者创造价值,承担对员工的社会责任,积极追求社会和经济的综合价值最大化,做有温度和有高度的企业(肖红军、阳镇,2019)[142]。由此可见,在商业利润逻辑之外,企业开始更广泛地考虑社会利益与公共价值创造,其社会责任逻辑不断凸显,逐步与工会的员工服务逻辑和社会治理逻辑形成了相互关联。与此同时,工会身处复杂的劳动关系网络之中,政府、企业、员工等利益相关者向工会赋予了不同的责任期望和利益诉求(Liu,Li,2014;朱斌、王修晓,2015)[30,237]。为了获取不同利益相关者对其合法性的认可,工会肩负着多元化的职能并采取不同的应对策略来协调各方诉求和利益平衡(胡恩华、张毛龙、单红梅,2016)[28]。工会在维护员工的合法权益之外,还需要在企业和员工之间扮演好"利益协调者"的角色,稳定企业生产秩序、组织并动员员工参与企业生产建设(陈维政、任晗、朱玖华等,2016;靳卫东、崔亚东,2019)[5,8]。由此可见,工会是员工的利益代表者,却也担负着保障企业生产的任务,使其具有了企业管理逻辑,这与企业的商业利润逻辑形成紧密关联。总之,虽然企业和工会在代表劳资双方利益方面各有侧重,但企业的社会责任逻辑和工会的员工服务逻辑和社会治理逻辑、企业的商业利润逻辑和工会的企业管理逻辑在行动目标上是相互关联的,这为双方之间的互动奠定了基础。因此,目标关联是 EUCR 的一个重要理论维度。

从 EUCR 的权力平衡来看,企业逻辑和工会逻辑在组织场域内同等重要,两者有平等对话的基础。一方面,工会的员工服务逻辑和社会治理逻辑能够督促企业更好地履行雇主责任,关注员工的多元化利益诉求。胡恩华、韩明燕、胡彩红等(2019)[94]研究发现,工会通过嵌入企业内部的员工提案、合理化建议、座谈会等建言渠道,为员工利益表达和劳资矛盾化解创造条件,提升了企业民主管理水平。纪雯雯、赖德胜(2019)[103]进一步指出,工会通过开展劳动法律监督检查活动,督促企业建立起员工参与的工资决定机制、工资正常增长机制来保障员工权益。另一方面,企业的商业利润逻辑也使工会在为员工争取权益时,必须兼顾企业发展,而非采取过于激进或对抗式的维权手段。吴进红、胡恩华、王凌云等（2017）[10]指出，工会在维护员工权益的过程中可能会忽视员工在知识结构和个性特质等方面的差异，容易造成"知足常乐"型员工、"投机取巧"型员工"端铁饭碗"和"吃大锅饭"等"搭便车"行为的出现，此时企业通过开展监督工作，并采用绩效考核手段可以有效判断员工是否存在"搭便车"行为，保障企业有序发展。总之，企业和工会通过构建正式的集体协商规则、非正式的契约程序等方式对双方决策分歧、利益冲突的领域进行沟通和协调，在不断平衡自身和对方逻辑结构的同时，也对彼此的权力空间进行合理挑战和有益制衡，推动EUCR的发展和优化。可见，权力平衡是EUCR的另一重要理论维度。

由上分析可知，EUCR是一个包含目标关联和权力平衡的组合型多维构念，它既不是目标关联和权力平衡各维度的共同因子，又不是目标关联和权力平衡各维度的线性函数。EUCR作为一个整体构念，是目标关联和权力平衡的每个维度所代表的特征组合，这是因为在EUCR中，企业逻辑和工会逻辑间的目标关联和权力平衡的互动关系实质上是反映出企业逻辑和工会逻辑间的相互关联并趋近平衡的过程，目标关联和权力平衡都是展现了EUCR构念的不同侧面，只有考虑目标关联和权力平衡的维度间相互作用产生的整体效应，才能用结构更清晰、内容更整合的测量工具来描述和辨识形态迥异的EUCR模式类型，进而有效揭示EUCR复杂现象背后的本质和特征。因此，本研究在开发EUCR量表之后，将采用聚类分析方法进一步对EUCR的组合型多维构念的结构进行剖析。

3　EUCR的量表开发

在对EUCR的目标关联和权力平衡的理论分析基础上，本研究基于原始数据资料进行归纳与提炼，以构建EUCR的测量量表。

3.1　研究方法

关键事件法是一种对重要事件进行描述的方法，关注事件的"如何处理""过程如何"和"结果怎样"等问题（Flanagan，1954；Chell、Pittaway，1998）[238,239]。作为管理学研究领域中的一种重要的定性研究方法，关键事件法既能够通过寻找相关主体参与现实事件的具体过程而获得研究问题所需要的原始信息,又能够通过对现实事件进行全面、系统和深入的描述和归纳而发展出新的概念和理论。因此,对于现有理论性探讨不足的概念,又要对其进行探索性研究时,关键事件法是一种非常有效的研究方法(Bitner、Booms、Tetreault,1990;费显政、游艳芬、杨辉等,2011)[240,241]。在 EUCR 中,EUCR 是一个新概念,不但需要对 EUCR 的典型特征属性进行探索研究,而且需要对 EUCR 的相互促进、彼此制衡的互动形式进行深入分析,而这必然与工作场所中的某些具体关键事件紧密联系,通过对工作场所中企业与工会实际互动的一些关键事件的分析,能够最大限度地从现实的角度深度剖析两者之间的关系。因此,本研究基于关键事件法,一方面是到企业现场通过深度访谈方式获取 EUCR 的关键事件,另一方面以中工网、中华全国总工会网站等权威网站,《工人日报》《人民日报》等权威报刊及其微博、微信官方自媒体平台发布的典型事例作为 EUCR 的关键事件,获得两种相互补充和验证的材料,避免了偏见而造成的误差,进而提炼出 EUCR 的初试量表。

3.2 数据收集

为了获取关键事件,本研究团队深入企业现场进行实地调研和半结构化访谈,让受访者尽可能详细地回忆他/她所参与过的企业-工会耦合的现实事件。在具体问题设计上,基于 EUCR 访谈的主题、内容和目的,将访谈提纲分为 EUCR 的导入部分、主体部分和细节追问这三个层次,并基于访谈互动情境进行灵活调整和追加问题,以提高访谈效率,如专题研究表 1-1 所示。在征得被访者同意的情况下,对每位受访者进行约 60~80 分钟全程访谈录音,并将 33 位访谈录音整理成文档,访谈文字约 392694 字。在访谈对象构成上,男性 21 名,女性 12 名;35 岁以下 10 人,36~45 岁 14 人,46~55 岁 9 人;总经理 4 人,工会主席 5 人,人力资源管理人员 5 人,生产部门管理人员 5 人,后勤部管理人员 3 人,法务部管理人员 3 人,工会工作人员 3 人,普通员工 5 人;访谈涵盖了制造业 19 人,电力行业 5 人,医药业 2 人,建筑业 2 人,零售业 3 人,金融业 2 人。访谈企业有国有、民营、外资企业、私营等不同企业类型,访谈对象受教育程度普遍较高(本科以上学历占比 63.64%,硕士及以上学历占比 39.39%),能够清楚地表达对研究主题的理解和看法。

专题研究 1　企业-工会耦合关系研究的结构探索与量表开发

专题研究表 1-1　　　　　　　　　访谈提纲

访谈主题	具体内容	设置说明/目的
导入部分	了解企业和工会之间的互动关系，解释 EUCR 的含义，为企业构建和谐劳动关系提供理论和方法指导	介绍访谈目的和背景
	受访者的基本信息：年龄、教育程度、职位、工龄等	了解被访者的信息
主体部分	您所在企业的工会与哪些部门存在工作上有联系？这些联系体现在哪些方面？ 根据您所在企业的实际情况，您认为企业管理部门和工会部门处于一种什么样的关系状态？这种关系状态的具体表现在哪些方面？ 企业在管理决策或实践中是否受到过工会的影响？是否有积极影响？这种积极影响表现在哪些方面？是否有消极影响？其具体表现在哪些方面？ ……	获取企业管理层对 EUCR 的认知
	您所在的部门与工会存在哪些工作上的联系？请具体举例说明。 您所在的部门和工会在工作内容和范围上是否存在相互交叉或相互重叠的地方？具体体现在哪些方面？ 您所在部门与工会在做事原则和方法上是否存在异同？若有，体现在哪些方面？您在实际工作中通常如何处理和应对这种异同关系？ ……	获取人力资源部、生产安全、后勤保障、法务等管理部门相应代表对 EUCR 的认知
	根据您的理解，工会和企业各部门之间是否存在相互认同的情况？双方在工作目标上是否有共同一致的地方？若有，具体体现在哪些方面？ 您认为工会在开展工作过程中是否受到过企业的影响？是否有积极影响？这种积极影响表现在哪些方面？是否有消极影响？其具体表现在哪些方面？ 您认为在与企业各部门互动过程中，工会是否发挥关键作用？工会对企业当前或长远发展会产生哪些方面的潜在影响？ ……	获取工会工作人员对 EUCR 的认知
	根据您对所在企业实际情况的理解，您所在的企业与工会存在联系吗？这些联系体现在哪些方面？ 您认为企业和工会分别处于什么样的地位和承担着哪些角色？对您的工作体验、工作成效会产生哪些具体影响？ 您所在企业和工会在管理实践中是否认可和尊重对方的工作？您认为两者在工作目标上是否有共同一致的地方？若存在，具体在哪些目标？若不存在，那各自目标分别又是什么？ 您所在企业和工会在组织中的地位是否一样？相互之间的力量对比是否对等？您能否通过工会参与工资协商谈判、工作场所环境改善等活动？ ……	获取普通员工对 EUCR 的认知
细节追问	请围绕自己的实际工作经历，举出 2~3 个在工作场所中感受到的 EUCR 的典型事例，描述具体细节（该问题穿插于主体部分的访谈）。	获取访谈对象实际经历的 EUCR 事件

资料来源：本研究整理。

与此同时，本研究选取以 2010—2020 年为检索时间段，以"企业/公司/集团""工会"为检索关键词，在中华全国总工会网站、中工网、《工人日报》、《中国工人》、《人民日报》等权威平台检索企业和工会互动的典型案例，获得 8762 篇新闻报道，剔除其中主要报道地区工会、行业工会和中华全国总工会为主参与的案例，保留述及"员工/职工""工会（副）主席/干事""厂长/董事长/主管/高层/总经理"等企业人员参与 EUCR 互动事件的新闻报道 211 篇，获得相关原始资料共 104033 字。以上两类资料涉及的企业超过 200 家，主要分布在长江三角洲、珠江三角洲、京津冀、东北部、中西部等地区的 27 个省（直辖市），涵盖了不同所有制类型、不同规模和不同行业的企业，具有较好的代表性和典型性。

3.3 EUCR 的关键事件提取及归类

通过对搜索的总字数为 496727 字的原始文本资料进行内容分析，共计获得 298 个 EUCR 的关键事件，在此基础上，对关键事件进行系统的编码、内容提炼和归类，以获得 EUCR 情境和事件的主要类属。举例来说，关键事件 1 中受访者描述道："工会作为员工的'娘家人'，能够通过组织职工代表座谈会征求员工意见，汇总员工在疫情补贴、岗位晋升标准以及衣食住行等各个方面的建议，为企业评估或制定相关管理办法提供了有效参考"；与之类似地，关键事件 2 和关键事件 3 中受访者回忆了企业和工会共同召开联席会议、收集员工的合理化提案等活动，极大提升了员工建言献策的积极性……相似的关键事件有 11 条，共同体现了企业和工会在鼓励员工表达合理化诉求方面的共事方式，由此归纳为"员工建言"这一主要类属。再如，关键事件 197 中，受访者描述道："在企业出台设计员工薪酬福利、现场生产管理等规章制度时，工会都要召开职工代表大会进行审议，只有经审议通过的规章制度才能被执行……"；此外，关键事件 198、关键事件 199 详细描述了工会参与企业在员工休息休假和调岗降薪方面的决策过程，有受访者描述道："公司原本的以半天为单位的休息休假制度严重影响了员工工作方式的灵活性，引起了员工不满，工会在征集员工意见后向人力资源部门提出建议，双方经过协商，最终将员工休假制度从半天为单位修改为以小时为单位"。

专题研究 1　企业-工会耦合关系研究的结构探索与量表开发

还有受访者提到："企业曾因为当年经营业绩不佳而对员工进行调岗降薪，侵犯了员工的切身利益，在工会的及时介入并与企业展开协商谈判下，最终该建议没有在职工代表大会上通过"。这些描述分别反映了工会在程序上参与企业决策的审议审查、在过程上收集和反馈员工对企业决策的意见，在内容上纠正企业决策中违背员工利益的管理方式，基于这样7条相关的关键事件描述，将其归纳为"工会参与企业决策"这一主要类属。本研究按照上述研究思路，最终得到 EUCR 目标关联事件的 23 个主要类属、权力平衡事件的 13 个主要类属。限于篇幅，本研究仅以举例的形式来表示目标关联和权力平衡的部分关键事件及其形成的主要类属，如专题研究表 1-2 所示。

专题研究表 1-2　　EUCR 的关键事件归类

编号	目标关联关键事件举例	主要类属	编号	权力平衡关键事件举例	主要类属
1	企业和工会组织员工座谈会征集员工意见	员工建言	197	工会定期召开职工代表大会审议企业重要决策	工会参与企业管理决策
2	企业与工会召开联席会议商讨员工权益维护和企业发展等方面的工作		198	对于企业规章制度和管理办法的制定与调整，工会主动征求员工意见，并与企业协商落实	
3	企业和工会定期对员工提案进行反馈		199	对于企业采取的违背员工基本权益和利益诉求的决策，工会进行监督和纠正	
……			……		
12	企业和工会成立员工关爱中心对员工情绪进行疏导	情绪疏导	204	企业监督工会经费是否合理使用	企业监督和制约工会工作的开展
13	企业和工会开通心理咨询热线为员工及其家属提供咨询服务		205	企业监督工会活动是否干扰了企业正常生产秩序	
14	企业和工会联合举办心理健康等知识讲座		206	企业监督工会活动是否有悖于企业管理理念	
……			……		

续表

编号	目标关联关键事件举例	主要类属	编号	权力平衡关键事件举例	主要类属
195	工会努力化解企业和员工之间的冲突与纠纷	员工关系协调	296	企业和工会对员工工资福利进行协商	平等协商和集体谈判
			297	企业和工会对员工安全生产、职业病防治等职业安全健康问题开展谈判	
196	工会通过员工访谈了解员工需求并反馈给企业，协助企业稳定员工队伍		298	企业和工会共同商讨员工养老、医疗、生育等社会保险工作的安排	

3.4 EUCR 的高频词汇提取

在初步锚定 298 个 EUCR 关键事件的基础上，本研究对关键事件进行词频统计分析，以进一步获取 EUCR 的典型特征。具体步骤如下：①对所有文本资料进行分类整理；②运用词频分析软件 ROST Word Parser 对关键事件文本进行内容分析；③对自动生成的分词结果进行修正，过滤"组织""工厂"等与 EUCR 这一研究主题无关的词汇，形成初步的词汇频率统计表；④对一些含义相同的词汇进行合并，例如将"沟通协商""交流""协调""调解""集体协商"合并（合并后词频为109），将"员工权益""员工权利""员工利益"合并（合并后词频为94），将"合理化建议""建言献策""建议权""员工提案"合并（合并后词频为27）等，得到最终的词汇频率统计表。本研究最终选取了与 EUCR 的目标关联和权力平衡相关的频率超过 5 次的所有 44 个高频词汇（如专题研究表 1-3 所示）作为分析依据。

专题研究表 1-3　　　　词汇频率统计表

排序	高频词	频率	排序	高频词	频率
1	帮助困难职工/困难救助/困难帮扶	125	23	技能比武/技能比赛/劳动竞赛/岗位练兵/技能培训	33
2	员工慰问/员工关爱/员工关怀	119	24	员工情绪疏导/心理咨询/咨询热线	32
3	沟通协商/交流/协调/调解/集体协商	109	25	伙食/住宿/专属交通线路/食宿环境/生活环境/环境卫生	30

专题研究1 企业-工会耦合关系研究的结构探索与量表开发

续表

排序	高频词	频率	排序	高频词	频率
4	薪酬调整/薪酬分配	98	26	工作积极性/工作主动性/主人翁/工匠精神	28
5	员工权益/员工权利/员工利益	94	27	合理化建议/建言献策/建议权/员工提案	27
6	监督/制约/制衡	88	28	生产安全/劳动安全/职业病/慢性病/安全事故	26
7	法律/法规/制度/规章/准则/章程/条例	78	29	社会责任/社会职责/利益相关者	23
8	职工代表大会/职工大会	73	30	企业文化/公司文化/集团文化	22
9	员工离职/员工流失率/员工辞职	67	31	协助/辅助/帮助	20
10	身心健康/体检/健康管理	66	32	劳资关系/劳动关系/员工关系/雇佣关系/劳务关系	19
11	控制成本/降低成本/节约资源/减少浪费	64	33	工作时间/休息休假/加班	18
12	员工家属/员工家庭/员工子女/员工配偶/员工父母	55	34	桥梁纽带/联系/枢纽	14
13	劳模/优秀员工/先进工作者/积极分子	55	35	交叉/重叠/交织	14
14	工会经费/经费列支	51	36	调解劳动争议/调解劳动纠纷/解决劳动争端/化解劳动冲突	14
15	稳定员工/稳定生产/安抚员工	48	37	目标一致性/共同目标/目标认同	13
16	民主管理/参与管理/参与决策	48	38	共同发展/共赢/协同发展/携手共进/共同成长/同舟共济/共生	12
17	社会保险/社会保障/补充保险/社保	47	39	联席会议/共同会议	12
18	合作/互助/协作	44	40	审议/审查讨论/审核	9
19	工会独立性/平行/自主	44	41	企业形象/公司形象/集团形象/形象维护	8
20	文体活动/文化娱乐/娱乐休闲/联谊活动/联欢会/运动会	42	42	相辅相成/互相配合/互相补充/相互依赖	7
21	座谈会/沙龙/讲座	35	43	互相尊重/平等相待	7
22	信息公开/公示栏/公告/公示	35	44	中立方/第三方/调停者	7

3.5 EUCR 初始题项产生

在 EUCR 的 298 关键事件中，依据 23 个 EUCR 目标关联维度的关键事件类属、13 个 EUCR 权力平衡维度的关键事件类属和 44 个高频词，进一步归纳和提炼出测量 EUCR 的 56 个初始题项，其中，目标关联维度测量题项 36 个，权力平衡维度测量题项 20 个。具体举例来说，在 EUCR 的目标关联方面，如"企业和工会共同组织对有害噪音、粉尘等检测""工会协助企业改造餐厅、宿舍条件"等关键事件概念，以及"职业病""专属交通线路""食宿环境""生活环境""环境卫生"等高频词汇，反映了企业对员工的社会责任逻辑与工会的员工服务逻辑之间的兼容性，即两者都旨在改善员工的工作生活环境以保证员工可以安心投入工作，由此凝练出初始题项"企业和工会共同营造健康的工作和生活环境"；此外，"企业和工会组织技能比武活动""工会协助企业生产部门对员工岗位进行调配"等关键事件概念，以及"劳动竞赛""岗位练兵""培训""工作积极性""工匠精神"等高频词汇，则反映了工会的企业管理逻辑与企业的商业利润逻辑之间的兼容性，亦即两者在提升员工素质、能力的同时有效推动了企业高质量发展，由此凝练出初始题项"企业和工会共同提升员工能力"。在 EUCR 的权力平衡方面，如"工会监督企业是否存在超时用工""工会监督企业在工作上是否存在年龄和性别歧视"等关键事件概念，以及"员工权益/员工权利/员工利益""工作时间""休息休假""超时用工"等高频词汇，反映了工会为员工维权的员工服务逻辑对企业商业利润逻辑的制约，也就是说工会要求企业在追求经济效益的同时要兼顾员工利益，由此凝练出典型题项"工会督促企业纠正不合理的管理方式"；此外，"企业监督工会经费是否合理使用""企业监督工会活动是否干扰了企业正常生产秩序"等关键事件概念，以及"控制成本""工会经费""经费列支""稳定生产"等高频词汇，则反映了企业商业利润逻辑对工会员工服务逻辑的制约，亦即企业要求工会在维护员工权益、开展员工活动的同时也要保障企业发展，在企业和员工的发展诉求上进行平衡，由此凝练出题项"企业监督和制约工会工作的开展（如监督工会经费不合理开支、监督工会不合理的活动安排等）"。基于上述思路，共计获得了关于 EUCR 的 56 个初始题项，其中代表性题项如专题研究表 1-4 所示。

专题研究表 1-4　　　　　　　EUCR 题项的形成

维度	代表性题项	典型构成要素
目标关联	企业和工会共同营造健康的工作和生活环境	伙食/住宿/专属交通线路、职业病
	企业和工会共同提升员工能力（如员工教育和培训、劳动竞赛等）	员工培训、素质提升课程
	企业和工会共同维护员工队伍稳定	员工离职/流失率、稳定员工/稳定生产
	企业和工会共同协调员工关系（如调解劳动纠纷和争议、化解员工抱怨等）	劳资关系/员工关系、调解劳动争议/劳动纠纷
	……	……
权力平衡	工会督促企业纠正不合理的管理方式	员工权益/员工权利/员工利益、工作时间/休息休假、超时用工
	企业监督和制约工会工作的开展（如监督工会经费不合理支出、监督工会不合理的活动安排等）	监督/制约、工会经费/经费列支
	企业和工会通过平等协商、集体谈判方式来解决员工权益问题（如员工工资福利、劳动安全卫生、社会保险等）	沟通协商/交流/协调、员工权益/权利、社会保险
	……	……

在此基础上，邀请 3 位管理领域专家、6 位管理学专业博士研究生对"测量题项与主题的相关度""测量题项表述的清晰度""测量题项的重复性"等提出建议，目的是提高量表的适当性、系统性、准确性和可读性，进而保证内容效度。经过多次讨论，删除"工会在维护员工权益时也考虑企业的利益""企业管理部门与工会之间存在工作联系或工作任务交叉"等 24 个目标关联维度测量题项；"工会借助政策支持、社会媒体等外部力量监督企业""企业和工会在组织生产活动和工会活动之间存在资源竞争"等 12 个权力平衡维度题项，这些题项均存在指向不明确或与其他题项明显重复等问题。最后，对保留的 20 个题项进行反复确认，最终形成了 EUCR 的初始量表，其中目标关联维度的 12 个题项和权力平衡维度的 8 个题项。

4 EUCR量表检验

4.1 样本收集

采用问卷调查的方法收集数据，通过本研究团队的社会关系和滚雪球等方式联系符合研究目的的企业，确定江苏、上海、北京、福建、广东、辽宁、安徽、山东、新疆、内蒙古、广西、陕西等地工会建设情况良好的企业进行实地调研。调研时间自2020年12月开始，至2021年1月结束。在调研过程中，根据企业要求，选择现场发放并回收纸质问卷、邮寄纸质问卷或发送链接填写电子问卷等不同方式收集数据，共计进行了三次调研问卷。问卷的发放和回收情况如下：第一次调研施测的问卷是EUCR初始量表，旨在进行探索性因子分析和验证性因子分析，共回收问卷435份，剔除填写不完整和自始至终只选择一个答案的无效问卷73份，实际有效问卷362份，有效率为83.22%；第二次调研施测的是EUCR的正式量表和组织健康、员工工作生活质量的量表，企业和员工回收问卷分别为356份和977份，成功配对的有效问卷分别为180份和442份，有效率分别为50.56%和45.24%，共回收问卷517份，有效问卷442份，有效率为85.49%；第三次调研施测的问卷是EUCR正式量表，旨在对EUCR进行聚类分析，共回收问卷294份，剔除无效问卷后剩余248份，有效率为84.35%。需要说明的是，EUCR和组织健康的问卷由企业管理者和工会工作人员填写，员工工作生活质量问卷由员工填写，并对企业和所在企业员工的问卷进行关联配对。

此次调研的样本覆盖了不同性质、不同规模、不同行业的企业，样本代表性较好，同时，本研究的初始量表包含20个题项，有效样本数据为362份，样本数已超过总题项数的3~5倍原则（吴明隆、涂金堂，2012）[242]，符合量表检验的样本数据要求。在此基础上，将第一次调研获得的362份有效样本数据随机分为两部分，其中181份数据用于探索性因子分析，另外181份数据用于验证性因子分析，样本具体的基本情况如专题研究表1-5所示。需要说明的是：在362份有效样本中，国有、私营、集体所有制、外资及其他性质企业分别占比为34.53%、32.60%、20.72%、8.82%和3.33%；企业人员规模为300人及以下占比 38.40%，501～1000 人占比为 9.67%，1001 人及以上占比为 51.38%；在个体样本特征方面，男性占比为 65.75%，女性占比为 34.25%；大专及以下学历占比为 7.73%，本科学历占比为 60.77%，研究生学历占比为 31.49%。

专题研究表 1-5　　　　EFA 与 CFA 的样本特征

企业特征 (N=362)		数量(个)	占比(%)	个体特征 (N=362)		数量(人)	占比(%)
企业性质	国有企业	125	34.530	性别	男	238	65.750
	私营企业	118	32.600		女	124	34.250
	集体所有制企业	75	20.720	年龄	25 岁及以下	3	0.829
	外资企业	32	8.820		26～35 岁	130	35.912
	其他/不确定	12	3.330		36～45 岁	177	48.895
人员规模	500 人及以下	139	38.400		46～55 岁	44	12.155
	501～1000 人	35	9.670		56 岁及以上	8	2.209
	1001 人及以上	186	51.380	教育程度	高中、中专及以下	1	0.276
	其他/不确定	2	0.550		大专	27	7.459
所属行业	制造行业	156	43.094		本科	220	60.773
	电力行业	20	5.525		研究生	114	31.492
	建筑行业	12	3.315	政治面貌	中共党员	177	48.895
	金融行业	48	13.260		共青团员	18	4.972
	交通运输业	20	5.525		民主党派	25	6.906
	信息技术服务业	47	12.983		普通群众	142	39.227
	其他/不确定	59	16.298	平均工作时间：18.102 年（SD=9.023）			

4.2　探索性因子分析

在进行探索性因子分析之前，对随机抽取的 181 份样本通过信度分析和单项-总体相关系数（CITC）净化 EUCR 测量题项。根据 Nunnally（1978）[243] 给出的 Cronbach's α 系数 >0.6 且校正项的总体相关性（CITC）≥0.5 的标准，EUCR 的 20 个初始题项均符合这些要求，说明单个题项与 EUCR 总体具有较高的相关性，初始量表信度良好。通过对 20 个题项进行 KMO 和 Bartlett 球形检验，KMO 值为 0.944，Bartlett 球形检验卡方值为 2770.339 （p<0.001），说明适合做探索性因子分析。按照特征值大于 1 的要求，采用主成分分析法和方差极大正交旋转提取因子，共得到 2 个特征值大于 1 的因子。按照因子载荷大于 0.55 且交叉载荷小于 0.4 的标准对题项进行筛选（吴明隆、涂金堂，2012）[242]，逐次删除不符合要求的 EUCR 题项。在这一过程中，"企业和工会共同塑造企业的社会形象""企业和工会共同维护员工队伍稳定""企业和工会共同协调员工关系""工会为企业开展工作发挥桥梁和纽带作用"4 个题项的交叉载荷均大于 0.4，说明这 4 个题项在目标关联和权力平衡两个维度存在一定程度的交叉。以"企业和工会共同塑造企业的社会形象"为例，从目标关联来看，企业和工会都希望塑造良好的企业社会形象，这是两者的一致目标，而从权力平衡来看，企业社会形象的塑造也离不开企业和工会之间的相互监督和制约，两者通过彼此纠偏，改善各自不合理的工作方式和内容，有利于实现整体优化，进而带来企业社会形象的提升。为了保证每个题项在各自维度下的代表性，故将存在跨因子载荷的 4 个题项删除，最终得到目标关联和权力平衡维度各包含 8 个题项，每个题项的因子载荷均在 0.7 以上，累积解释总方差的 73.343%，量表的整体信度为 0.959，EUCR 题项结构较为理想（详见专题研究表 1-6）。

专题研究表 1-6　　　　　探索性因子分析结果

序号	具体测量题项	因子1	因子2
1	企业和工会彼此认可和尊重对方的做事方式、方法	0.708	
2	企业和工会共同疏导员工情绪	0.809	
3	企业和工会共同营造健康的工作环境	0.845	
4	企业和工会共同促进员工能力提升	0.831	
5	企业和工会共同关怀员工	0.849	
6	企业和工会合作开展文娱体育活动	0.784	
7	企业和工会共同激励员工建言献策	0.757	
8	企业为工会办公和开展活动提供相应支持	0.794	
9	工会参与企业的管理决策过程		0.746
10	工会监督企业的信息公开		0.808
11	工会监督企业遵守国家法律法规和企业规章制度		0.804
12	工会督促企业纠正不合理的管理方式		0.850
13	企业监督和制约工会工作的开展		0.719

续表

序号	具体测量题项	因子1	因子2
14	企业纠正工会不合理的工作方式		0.703
15	工会能够独立自主工作并对企业施加影响		0.836
16	企业和工会通过平等协商、集体谈判方式解决员工权益问题		0.787

4.3 验证性因子分析

为了进一步验证 EUCR 量表结构的稳定性，本研究采用另外 181 份数据对探索性因子分析得到的 EUCR 量表结构进行检验。为此，验证性因子分析设计了 3 个备择模型：模型 a 为观测变量相互独立的虚无模型，即 16 个题项不存在任何公因子；模型 b 将目标关联和权力平衡合并为一个因子，为单因素模型；模型 c 是根据探索性因子分析结果，将相应题项负荷在目标关联和权力平衡两个独立的因子上，为二因素模型。使用 Mplus 8.0 软件分析对这 3 个备择模型进行整体拟合度的对比，验证性因子分析的结果如专题研究表 1-7 所示，其中虚无模型和单因素模型的拟合指数均不符合可以接受的标准范围，说明 EUCR 各观测变量分属于目标关联和权力平衡两个不同的因子且样本的同源方差问题并不严重。单就二因子模型来看，拟合优度指数 $\chi^2/\mathrm{df} = 2.1113$（<3），绝对拟合指数 RMSEA = 0.078（<0.08）、SRMR = 0.045（<0.08），比较拟合指数 TLI = 0.945（>0.9）、CFI = 0.961（>0.9），各拟合优度指标都在可接受的范围内，说明 EUCR 具有目标关联和权力平衡两个独立因子的结构是合理的。

专题研究表 1-7　　验证性因子分析结果

模型	χ^2	df	χ^2/df	RMSEA	SRMR	CFI	TLI
模型 a	2533.138	120	21.1095	0.333	0.513	—	—
模型 b	539.023	104	5.1829	0.152	0.071	0.820	0.792
模型 c	179.461	85	2.1113	0.078	0.045	0.961	0.945

4.4 信度检验

为确保所有题项在所属构面中均具有较好的一致性，本研究对 EUCR 量表进行信度分析。根据 Nuannally（1978）[243]的建议：Cronbach's α

值高于 0.7 表明潜变量之间存在较为理想的内部一致性；量表不包含删除后使得内部一致性系数增加的题项，则表明量表题项的可靠性好。结果显示，EUCR 总体量表的 Cronbach's α 系数为 0.959，目标关联维度的 Cronbach's α 系数为 0.951，权力平衡维度的 Cronbach's α 系数为 0.943，均达到了"非常理想"的标准；并且，未发现有删除后可增加量表信度的题项。据此认为，EUCR 量表通过了信度检验。

4.5 结构效度检验

本研究从内容效度和构建效度两个方面对 EUCR 量表进行结构效度检验。本研究主要从四个方面保证 EUCR 量表的内容效度。第一，在对 EUCR 现象重要性分析的基础上，本研究基于企业和工会之间"相互促进、彼此制约"的互动特征，凝练出清晰的 EUCR 概念，为 EUCR 量表内容的界定提供了有效指导；第二，在 EUCR 理论内涵和维度推导过程中，本研究以多重制度逻辑视角的分析框架分析框架为依据，通过文献的系统梳理，识别出 EUCR 的目标关联和权力平衡两个维度及内涵，使量表开发建立在充分的文献和理论基础上；第三，在 EUCR 初始题项产生的过程中，本研究结合深度访谈记录以及相关新闻报道、期刊文献等多方文本资料，根据关键事件逐步分析提炼量表题项，保证了量表内容的完备性和具体性；第四，邀请多位领域专家和博士研究生对 EUCR 测量题项进行甄别和完善，经过反复推敲和研讨以及题项整合、精减、修订、删除等多个步骤，最终确定 EUCR 初始量表，保证了量表内容的适当性、系统性、准确性和可读性。综上，本研究所编制的 EUCR 量表具有较好的内容效度。

构建效度检验主要考察量表的聚合效度和区分效度。根据 Hair（2009）[244]观点，当潜变量的平均方差抽取量 AVE 及其与观察变量的标准化载荷均高于 0.5 时，表明量表具有较好的聚合效度。EUCR 的目标关联维度的 AVE 值为 0.637，权力平衡维度的 AVE 值为 0.614，均大于 0.5，表明 EUCR 量表的聚合效度得到满足。此外，若 AVE 的平方根大于潜变量间的相关系数，则表明量表具有良好的区分效度（Fornell、Larcker，1981）[245]。如专题研究表 1-8 所示，目标关联与权力平衡维度的 AVE 平方根均大于目标关联与权力平衡维度间的相关系数，说明目标关联和权力平衡两个维度是相对独立的，EUCR量表具有较好的区分效度。各维度的描述统计、相关系数和AVE平方根详见专题研究表1-8。

专题研究表1-8 各维度的描述性统计、相关系数和AVE平方根

维度	均值	标准差	AVE平方根	维度间相关系数
目标关联	3.9579	0.8039	0.7981	0.703**
权力平衡	3.5967	0.8236	0.7836	

注：*** 表示 $p<0.001$，** 表示 $p<0.01$，* 表示 $p<0.05$。下同。

由上分析可知，EUCR二维结构与预期理论构念相一致，EUCR测量量表由目标关联和权力平衡两个维度构成，其中目标关联和权力平衡各包含8个题项，EUCR测量量表具有较好的内容效度、聚合效度、区分效度和一致性信度。

4.6 预测效度检验

鉴于EUCR的对于实现员工福祉和企业效益的共同提升具有重要意义，因此，本研究从互利共赢的视角选取组织健康和员工工作生活质量作为检验EUCR的校标关联效度的指标。一方面，随着中国经济由高速增长向高质量发展转变，企业健康发展成为重要议题（张军扩、侯永志、刘培林等，2019）[2]，但现实中企业容易存在忽视社会责任履行和员工权益保护的问题，不利于企业的健康、稳定和可持续发展。组织健康作为企业、员工、社会等多个利益相关者诉求的综合体现，既反映了企业在目标、效率和结构等方面的成功，还兼顾了员工对企业的满意度甚至社会对企业的认同（杨震宁、李德辉，2014）[202]，因此从组织健康的角度探讨EUCR的应用价值具有重要现实意义。另一方面，党的十九大报告提出，中国社会主要矛盾已转化为人民日益增长的美好生活需要和不平衡不充分的发展之间的矛盾。在组织管理领域，这种对美好生活的向往集中体现为员工对工作生活质量的追求，他们在追求生存与安全等基本需求的满足之外，亦开始关注工作—家庭平衡、个人学习和成长以及获得人文关怀等更高层次需求的满足（Wang、Jia、Hou等，2019）[176]。实际上，工作生活质量不仅事关员工个人利益，在高水平的工作生活质量下，员工还能够主动地、积极地参与企业成果的创造，这有利于保障企业长期健康发展（淦未宇、徐细雄，2019）[246]。

本研究基于第二次调研的样本,分别检验 EUCR 的目标关联和权力平衡维度对组织健康的影响以及对员工工作生活质量的跨层影响。在样本特征方面,国有、私营、集体所有制、外资及其他性质企业分别占比 42.78%、25.56%、17.22%、7.22% 和 7.22%;男性占比 56.34%,女性占比 43.67%;25 岁及以下占比 8.37%,26~35 岁占比 58.82%,36~45 岁占比 27.61%,46 岁以上占比 5.20%,详见专题研究表 1-9。

专题研究表 1-9　　预测效度检验的样本特征

企业特征 (N=180)		数量(个)	占比(%)	个体特征 (N=442)		数量(人)	占比(%)
企业性质	国有企业	77	42.780	性别	男	249	56.340
	私营企业	46	25.560		女	193	43.670
	集体所有制企业	31	17.220	年龄	25 岁及以下	37	8.370
	外资企业	13	7.220		26~35 岁	260	58.820
	其他/不确定	13	7.220		36~45 岁	122	27.610
人员规模	500 人及以下	68	37.778		46~55 岁	23	5.200
	501~1000 人	24	13.333		56 岁及以上	0	0.00
	1001 人及以上	82	45.556	教育程度	高中、中专及以下	22	4.977
	其他/不确定	6	3.333		大专	96	21.719
所属行业	制造行业	78	43.333		本科	241	54.525
	电力行业	7	3.889		研究生	83	18.778
	建筑行业	10	5.555	政治面貌	中共党员	161	36.425
	金融行业	27	15.000		共青团员	76	17.195
	交通运输行业	8	4.444		民主党派	1	0.226
	信息技术服务行业	167	8.889		普通群众	204	46.154
	其他/不确定	34	18.8898	平均工作时间: 18.102 年 (SD=8.243)			

预测效度检验的结果如专题研究表 1-10 所示,其中,目标关联对组织健康有显著的正向影响 ($\beta=0.765$),95% 置信区间为 [0.604, 0.913],不包含 0;权力平衡对组织健康有显著的正向影响 ($\beta=0.785$),95% 置信区间为 [0.706, 0.867],不包含 0。目标关联对员工工作生活质量有显著的跨层次的正向影响 ($\beta=0.526$),95% 置信区间为 [0.430, 0.622],不包含 0;权力平衡对员工工作生活质量有显著的跨层次的正向影响 ($\beta=0.432$),95% 置信区间为 [0.349, 0.516],不包含 0。总体而言,EUCR 量表具有较好的预测效度。

专题研究 1　企业-工会耦合关系研究的结构探索与量表开发

专题研究表 1-10　　　　　预测效度检验结果

假设	影响系数	95%置信区间	
		Boot LLCI	Boot ULCI
目标关联→组织健康	0.765***	0.604	0.913
权力平衡→组织健康	0.785***	0.706	0.867
目标关联→工作生活质量	0.526***	0.430	0.622
权力平衡→工作生活质量	0.432***	0.349	0.516

5　EUCR 类型的聚类分析

为进一步探究目标关联和权力平衡维度组合形成的 EUCR 类型，本研究以第三次调研获得的 248 家企业的有效问卷数据进行聚类分析，有效样本的特征如专题研究表 1-11 所示。

专题研究表 1-11　　　　　聚类分析的样本特征

企业特征 (N=248)		数量（个）	占比（%）	个体特征 (N=248)		数量（人）	占比（%）
企业性质	国有企业	70	28.226	性别	男	139	56.048
	私营企业	84	33.871		女	109	43.952
	外资企业	37	17.339	年龄	25 岁及以下	3	1.210
	集体所有制企业	43	5.242		26~35 岁	90	36.290
	其他/不确定	14	5.645		36~45 岁	110	44.355
人员规模	500 人及以下	118	47.581		46~55 岁	38	15.323
	501~1000 人	32	12.903		56 岁及以上	7	2.823
	1001 人及以上	97	39.113	教育程度	高中、中专及以下	1	0.403
	其他/不确定	1	0.403		大专	18	7.258
所属行业	制造行业	93	37.500		本科	150	60.484
	电力行业	19	7.661		研究生	79	31.855
	建筑行业	9	3.629	政治面貌	中共党员	119	47.984
	金融行业	31	12.500		共青团员	10	4.032
	交通运输行业	13	5.242		民主党派	26	10.484
	信息技术服务行业	36	14.516		普通群众	93	37.500
	其他/不确定	47	14.952	平均工作时间：18.290 年（SD=9.493）			

依据 Tsui、Pearce、Porter 等（1997）[247] 提出的对组合型多维构念进行聚类的"虚拟编码法"（dummy coding approach），按照 EUCR 的目标关联和权力平衡维度的中值作为划分各个维度处于高低水平的标准。当 EUCR 类型的最终聚心值高于目标关联或权力平衡这两个维度的中值时，则认为该 EUCR 类型在这一维度处于高水平，每个 EUCR 类型入选的最终聚心值见专题研究表 10 中的加粗数字，聚类分析的结果如专题研究表 1-12 所示。进一步地，运用方差分析方法检验目标关联和权力平衡 2 个维度在 4 种 EUCR 类型之间的差异显著性，由专题研究表 10 中的 F 值可知 4 种类型之间存在显著差异。再以逐对 t 检验分析两个维度在每两个 EUCR 类型之间的差异显著性。研究结果发现：目标关联维度在第 2 类和第 4 类耦合关系中的表现显著高于第 1 类和第 3 类耦合关系，权力平衡维度在第 3 类和第 4 类耦合关系中的表现显著高于第 1 类和第 2 类耦合关系，这一统计结果支持了本研究关于 EUCR 的多维组合型构念的理论界定。

专题研究表 1-12　　聚类分析结果

维度	聚类				F 值
	1	2	3	4	
目标关联	2.858	**4.082**	1.389	**4.728**	357.398***
权力平衡	2.431	3.283	**4.597**	**4.541**	411.661***
样本数	65	101	9	73	
EUCR 类型	目标关联低 权力平衡低	目标关联高 权力平衡低	目标关联低 权力平衡高	目标关联高 权力平衡高	—

结合中国情境下的企业与工会之间互动的现实情况，本研究将"低目标关联—低权力平衡"的 EUCR 命名为边缘型 EUCR。由于中国工会逻辑在组织场域内占据主导地位的情况鲜少存在，在权力平衡较低的情况下，一般是企业权力表现更强（Friedman、Kuruvilla，2015）[158]，因此在边缘型 EUCR 中企业逻辑占主导地位，企业和工会仅在工作场所中进行有限互动，工会只能在有限的自主范围内履行服务员工权益职能，上文的江铃汽车集团和本研究这次调研的 FSK 集团等公司与工会共同组织形式多样的职工文体活动，如职工运动赛、大合唱比赛等方式以丰富员工精神文化生活，虽然这些文娱休闲活动常被冠以"流于形式"的刻板

印象，但在一定程度也能够缓解员工的心理疲劳（胡恩华、韩明燕、胡彩红等，2019）[94]。本研究将"高目标关联—低权力平衡"的 EUCR 命名为辅助型 EUCR。在辅助型 EUCR 中，企业具有较高的自主权，确定双方共同行动的目标和方向；而工会的自主权相对有限，其主要的行动准则是辅助企业实现目标，企业通过工会调解劳资纠纷、传达员工诉求等方式激励员工工作积极性，与企业结成"生产力联盟"（Chan、Snape、Luo 等，2017）[7]。在现实中，企业和工会结成"生产力联盟"的案例屡见不鲜，如上文南瑞集团工会协助企业了解员工诉求、增强企业凝聚力就是典型的辅助型 EUCR 案例。此外，本研究调研中 LM 公司、CJ 集团等工会与企业生产部、安检质量部也开展了类似的工作。本研究将"低目标关联—高权力平衡"的 EUCR 命名为纠偏型 EUCR。在该类型中企业逻辑和工会逻辑的行动目标的一致性较低，两者在权力平衡上势均力敌，各自具有较高的自主权，彼此能够挑战对方的行动规则，形成了在各自目标下开展既相互监督又相互制约的行动。如上文南海本田公司工会通过与管理方谈判，纠正公司在员工工资涨幅问题上的不合理规定；再如本研究调研的 JB 公司工会代表员工成功制止了公司的调岗降薪计划，有效维护了员工权益。与此同时，本研究将"高目标关联-高权力平衡"EUCR 其命名为共生型 EUCR。在共生型 EUCR 中，企业和工会能够立足整体利益导向，共同分担风险和分享发展成果，为改善员工工作生活质量和提升组织健康而协同努力，典型案例就是电装（中国）上海分公司为了实现"员工爱企业、企业爱员工"的双赢局面，工会与企业的总经理、人事部、总务部分别建立了定期会议制度，共同讨论和完善事关职工利益的年金制度、带薪年假以及工作环境等重要问题，从而让员工能够共享企业发展成果，在维护了员工权益的同时，又使企业在和谐的劳资关系下更好地发展。

综上所述，聚类分析的结果验证了目标关联和权力平衡作为 EUCR 这一组合型多维构念的科学性，进一步证实了 EUCR 量表的可靠性。

6 结论与讨论

本研究遵循"阐释现象的重要性→探索构念的理论内涵→开发构念

的测量量表"的逻辑链条，发展出中国情境下的 EUCR 构念，提炼出 EUCR 的目标关联和权力平衡两个关键维度，应用归纳和演绎相结合的方法开发出 EUCR 测量量表；在此基础上，通过实证探究了 EUCR 在组织和员工层次的价值实现问题，回归分析结果证实了 EUCR 对组织健康、员工工作生活质量存在显著正向影响，这说明 EUCR 是实现企业高质量发展和员工共享企业发展成果的重要途径；运用聚类分析方法，识别出 EUCR 的四种类型，并扎根于中国企业-工会关系的本土管理实践特征，对四种类型 EUCR 进行描述和刻画。本研究理论贡献和实践启示详述如下。

6.1 理论贡献

本研究界定了 EUCR 的概念，并基于多重制度逻辑的分析框架，揭示了 EUCR 的目标关联和权力平衡内涵，为中国情境下企业与工会的关系研究贡献新的知识。当前，中国社会经济正处于深度转型的关键时期，使劳资冲突、劳资纠纷进入了凸显期和多发期。面对劳动关系各主体日益增长的诉求变化，构建恰当的企业-工会关系、联结企业和工会力量，实现企业和员工协调发展已成为理论界关注的重要问题（胡恩华、章燕、单红梅等，2018）[11]。尽管国外的企业-工会关系研究已经取得了丰硕成果，但都是基于国外的劳动关系研究情境，其研究结论无法有效指导中国情境下的企业-工会关系研究。而国内学者大多只是从企业和工会间的合作或对抗等现象进行初步探究（吴进红、胡恩华、王凌云等，2017）[10]，未能回答"中国情境下企业-工会关系的本质究竟是什么"这一核心问题。本研究从耦合现象出发，将实践中涌现出的以相互促进、彼此制衡而联合起来的企业-工会关系界定为 EUCR。在此基础上，基于多重制度逻辑视角的分析框架，识别并验证了 EUCR 的目标关联和权力平衡两个维度，其中，目标关联侧重强调企业逻辑与工会逻辑间行动目标的一致性程度，体现的是企业和工会在构建效益共创、利益共享目标上能够达成共识并为之采取一致行动的努力程度，反映的是中国企业与工会之间的互动具有利益联结与融合的特征（Chung，2016）[27]。权力平衡侧重强调企业逻辑和工会逻辑间力量的对比程度，体现的是企业和工会在平等对话的基础上能够实现相互制衡，反映出随着工会改革举措的不断推进，工会正逐渐从"企业利益的协同者"转变为"平等对话的合作者"，工会与企业之间力量不对等、不平衡的关系状态正在被打破（靳卫东、崔亚东，2019）[8]。事实上，目标关联可以看作是企业和工会相互配合、彼此协作的基础，只有在利益联结与融合的前提下，企业和工会才能够立足整体利益导向，共同分担风险，整合资源为改善员工福祉和推动企业发展而协同努力；而权力平衡则是企业和工会实现持续、良性互动的保障，只有不断平衡自身和对方的逻辑结构，对彼此的权力空间进行合理挑战，才成促进共生演化，形成整体优势。因此，在 EUCR 中，不仅需要企业和工会在目标关联下实现相互促进，还需要两者在权力平衡下进行有益制约，通过"以合作促竞争、以竞争促合作"的方式形成合力，促进企业和员工互利共赢。

本研究开发了 EUCR 的测量量表，为后续定量分析 EUCR 的影响因素以及 EUCR 的作用效果提供了工具基础。本研究遵循严格的量表开发流程，通过探索性因子分析验证了 EUCR 量表的二维结构，并通过信度检验对 EUCR 量表进行了修正和完善，最终形成了包含 16 道题项的 EUCR 测量量表，其中目标关联和权力平衡维度各 8 道题项。在 EUCR 量表的基础上，可以对 EUCR 展开广泛的实证研究，突破以往关于 EUCR 的研究通常集中在经验和理论层面探讨的局限。在本研究中，本研究选取组织健康和员工工作生活质量作为结果变量，检验了 EUCR 量表的预测效度。结果表明，EUCR 的目标关联维度和权力平衡维度均能够显著提升组织健康，并且增进员工工作生活质量。这不仅表明本研究所开发的 EUCR 量表具有较好的效标关联效度，也丰富了组织健康和员工工作生活质量的影响因素研究。

识别出边缘型 EUCR、辅助型 EUCR、纠偏型 EUCR 和共生型 EUCR 的四种模式类型，并对其特征进行描述和刻画。本研究采用聚类分析方法对 EUCR 的结构进行探究，识别出 EUCR 的四种模式类型，且 EUCR 四种模式类型的分布数量存在差异，其中，辅助型 EUCR 数量最多，边缘型 EUCR 和共生型 EUCR 的数量基本持平，纠偏型 EUCR 的数量最少，这与中国情境下的企业与工会之间互动的现实情况，中国企业与工会之间互动的现实情况是吻合的。其原因有两个。一是自新中国成立起，工会的任务就被设定为协助企业"组织劳动、发展生产"，与企业之间较少出现难以调和的矛盾或冲突（游正林，2014）[45]。这意味着企业和工会之间存在相互信任和共同合作的坚实历史基础，两者能够达成较为一致的发展目标。因此，与低目标关联的边缘型 EUCR 和纠偏型 EUCR 相比，高目标关联的辅助型 EUCR 和共生型 EUCR 的数量偏多。二是中国政府一直强调构建和谐劳动关系，当工会与企业涉及员工权益出现意见分歧时，工会在维护社会治理的职责下通常会采取"温和"的集体协商与集体谈判方式解决纠纷（张毛龙、胡恩华、张龙，2018）[43]，企业与工会之间也较少出现激烈的对抗关系，因此，"低目标关联—高权力平衡"的纠偏型 EUCR 最少，而"高目标关联—低权力平衡"的辅助型 EUCR 数量最多。需要强调的是，近年来，随着工会维护职能不断被强调以及工会改革转型的推进，工会代表员工与企业谈判的能力不断提升；同时，企业追求高质量发展以及员工要求共享企业发展成果的需要都愈发突出，在此背景下，"高目标关联—高权力平衡"的共生型 EUCR 在数量分布上占比越来越可观，并将成为未来 EUCR 的主导类型。

6.2 实践启示

为构建新时代和谐劳动关系提供战略思维和现实指导。劳动关系的和谐稳定是构建社会主义和谐社会的内在要求，本研究从制度逻辑角度考察企业逻辑和工会逻辑在共同协商企业和员工事务方面的目标关联机制以及统筹权衡企业效率和员工福祉方面的权力平衡机制，从根源处去理解中国的企业-工会耦合关系规律，有助于指导劳动关系主体采用"治本"的方式来建设和改善劳动关系，对和谐劳资关系建设具有重要的指导价值。一方面，通过识别 EUCR 的内涵、维度及其模式类型，有利于重塑社会对工会地位的认知，增强企业对工会地位、作用的认可，改善工作场所层面企业和工会的互动方式，为和谐劳动关系构建积累经验；另一方面，通过证实 EUCR 在企业层面和员工层面的应用价值，有利于推动企业和员工的共同发展，这为劳资双方形成互利共赢的长效机制提供现实指导。

为促进企业健康发展和提升员工工作生活质量提供策略和方法指导。EUCR 的应用价值集中体现在促进员工福祉和企业效益的共同提升，本研究以此为出发点，揭示了其对组织健康和员工工作生活质量的积极影响，有利于为企业和工会共同构建平等协商和利益共享的合作机制提供实现路径，为企业高质量发展和员工共享企业发展成果提供整体解决方案。一方面，企业和工会可以通过共同疏导员工情绪、提升员工能力、鼓励员工建言以及改善工作场所环境等方式为员工塑造更为"人性化"的工作，并满足其日益多元化的利益诉求，从而引导和激发员工自身的能动性，实现企业和员工共享发展成果；另一方面，企业和工会可以通过平等协商、集体谈判、企业民主管理以及对双方不合理的工作方式进行纠偏等方式，不断吸收对方优点，克服自身缺点，双方在各自的运行逻辑之间寻求平衡并达成整体优化，从而保障企业的长期健康发展。

为推进EUCR高质量发展提供管理策略和实践指导。有效推进EUCR高质量发展、提升EUCR的管理效果，是企业和工会共同面临的重要挑战。本研究结合EUCR的目标关联和权力平衡两个关键维度，识别出边缘型EUCR、辅助型EUCR、纠偏型EUCR和共生型EUCR四种不同类型，并分析在不同的EUCR类型中企业和工会的共事原则和互动特征，这为企业和工会有效管理EUCR、推进EUCR的持续优化和提升提供切入点。例如，在以企业为主导的EUCR类型中，工会需要依托政府对工会转型和改革的支持，并发挥自身能动性，通过改进或创新工作方式来拓展在企业中的代表渠道，提升工会的话语权；同时企业则需要在追求合理、合法的经济利益前提下，增强自身责任意识，主动通过工会了解员工具体需求，并借助工会建立起企业与员工权益需求联结机制，实现劳资双方共赢，从而向"既竞争、又合作"的共生型耦合关系转变，实现企业和工会能够各得其所、有效共存。

6.3 研究局限性与未来展望

尽管本研究严格遵循了量表开发的程序和标准，但仍然存在需要进一步解决的问题有：一是本研究从企业管理者、工会工作人员以及员工多种来源渠道收集数据，在一定程度上减少了同源偏差给数据质量带来的不利影响，但EUCR与组织健康和员工工作生活质量的数据在同一时点收集，未来研究仍可以进一步采用纵向调查设计的方法，更加准确有效地检验变量之间的因果关系。二是鉴于EUCR对实现员工权益保护和企业发展均具有重要意义，但本研究仅检验了EUCR对组织层面的组织健康以及对个体层面的员工工作生活质量的影响，未来研究可以在本研究所开发的测量工具的基础上，进一步探究 EUCR 对个体层面的员工态度、行为以及企业层面的组织结构、组织关系等方面的影响效应，同时 EUCR 对组织健康和员工工作生活质量的作用机制也需要进一步探究。三是尽管本研究通过聚类分析方法发现了边缘型、辅助型、纠偏型和共生型四种 EUCR 类型，但并未进一步分析不同的 EUCR 类型的核心特征及其差异化的影响效应，未来可通过多案例研究方法深入探究不同的 EUCR 类型的核心特征，以及在更大的地域和规模的样本基础上探索不同 EUCR 类型的差异化影响效应。

专题研究 2
企业-工会耦合关系对员工管家行为影响研究

1 引言

员工为了组织长期利益而自愿牺牲自己短期利益的行为被界定为员工管家行为（Hernandez，2012）[248]。在组织竞争日益激烈的背景下，员工管家行为能够提升组织凝聚力和企业绩效，对于企业的生存和长期发展具有重要意义（Malingumu、Stouten、Euwema 等，2016）[249]。如何有效激发并提升员工的管家行为成为学术界和实践界共同关注的焦点（Domínguez-Escrig、Mallén-Broch、Lapiedra-Alcamí 等，2019；颜爱民、陈世格、林兰，2020）[250,251]。

现有研究从人力资源视角探究集体主义文化、支持型领导、有机式组织结构等因素对员工管家行为的影响（Annuar、Ismail，2014；康勇军、王霄、彭坚，2018）[252,253]。但现实的情况是员工管家行为并不明显。究其原因，管家行为具有"自愿牺牲"的特点，需要较高的内在动机来推动。而企业的人力资源管理通常会被员工视为企业提升组织绩效的"手段"（Van De Voorde、Beijer，2015）[254]，为了组织利润甚至可能损害员工的利益，使员工形成"被迫牺牲"的认知，不利于激发利他动机。因此，企业的人力资源管理实践对员工管家行为的促进作用不仅需要组织提供资源、机会等情境支持，更需要激发员工主动实施管家行为的内在动机（Hernandez，2012）[248]。而在中国组织情境中，提升员工动机的途径并非只有企业一种，工会作为企业中代表员工利益的重要组织，通过思政教育和技能培训等方式培养员工责任意识、激发为组织服务的信念，是对企业的人力资源管理实践的有效补充（张毛龙、胡恩华、张龙，2018）[43]。胡恩华、韩明燕、周潇等（2021）[12]进一步提出企业与工会耦合这一概念，并认为企业与工会耦合能够平衡劳动关系中各主体的利益诉求，推动员工自愿服务组织目标，实现共赢。然而，现有企业-工会耦合关系对员工管家行为的影响研究仍处于探索阶段，限制了对企业-工会耦合关系影响员工管家行为过程的清晰认识。

企业-工会耦合关系作为一种重要的情境因素，反映了两者因共同目标而相互关联、彼此影响的关系状态，会激发个体对此产生反应并形成相应的认知和情绪状态，进而影响员工的行为（Liao、Toya、Lepak等，2009）[255]。因此，激活个体的认知和情感单元是影响员工实施管家行为的关键，认知情感系统理论为解释企业-工会耦合关系与员工管家行为之间的关系提供了合适的分析框架。认知情感系统理论认为个体所处的情境会激发其认知单元和情感单元，进而决定其具体行为；同时认知单元也可以通过激发对应的情感单元最终对个体的态度或行为产生影响。基于此，本研究构建了一个企业-工会耦合关系通过认知和情感两条路径影响员工管家行为的模型。其中，心理授权作为认知变量，反映了员工对组织授权赋能行为的认知（Spreitzer，1995）[256]，有益于员工与组织间信任的产生，能够促进管家行为（康勇军、王霄、彭坚，2016）[257]。在企业-工会耦合关系作用下，企业与工会之间相互制衡，使企业结构呈现分权和平衡的特征，有利于形成资源丰富、关系透明的工作环境。这既能够提升员工对工作价值和工作自主性的认知，又能够增强员工完成工作的信念和对工作的掌控感，提升了心理授权（李永占，2018）[183]，促进员工的管家行为。而情感承诺指员工与组织在情感上紧密联系的程度（Meyer、Allen，1991）[258]，能够代表情感路径。企业-工会耦合关系能够调和员工与组织的关系，在组织中营造"家庭感"，满足员工的情感诉求（单红梅、胡恩华、黄凰，2014）[82]。此时，员工会将自身与组织视为一体，增强对组织的情感承诺，产生回报组织的动机，并乐于给予和付出，表现出更多的管家行为（Barsade、Gibson，2007）[193]。综上，本研究基于认知情感系统理论，探讨心理授权和情感承诺在企业-工会耦合关系与员工管家行为间分别发挥的中介作用，并进一步构建企业-工会耦合关系影响员工的心理授权（认知），进而影响其对组织的情感承诺（情感），最终作用于员工管家行为的链式中介模型,不仅丰富了员工管家行为的理论研究,还为企业与工会展开合作提供了实践指导。

2 理论基础与研究假设

2.1 企业-工会耦合关系与员工管家行为的关系

企业-工会耦合关系是指企业与工会因共同信念聚集在一起,通过相互作用和相互影响,进而实现自身结构优化的过程,具体包括关联、互动和发展三个维度。关联是指企业和工会旨在提升企业绩效和改善员工福祉。互动是指企业和工会进行物质、能量和信息的交换。发展是指企业和工会通过相互学习不断调整自身结构,进而加强自身优势、弥补自身不足(韩明燕、胡恩华、单红梅,2021)[12]。根据 CAPS 理论,情境特征能够激活个体的认知—情感单元,进而形成某种行为(Mischel、Shoda,1995)[180]。企业-工会耦合关系作为一种情境输入,能够传递出企业、工会间兼容、平衡的互动特征,这有利于员工对组织整体形象的解读,形成组织是和谐、包容的认知,并将组织纳入自我概念(Dutton、Dukerich、Harquail,1994)[259],进而影响员工为组织服务的管家行为。

具体来看,本研究认为企业-工会耦合关系对员工管家行为的影响主要体现在三个维度上。首先,在关联维度下,企业和工会通过兼顾企业和员工发展,能够营造出灵活宽松、合作信任的工作环境(Brown、Getz,2016)[260]。这能够向员工传递出平等、尊重的信号,促使员工认同组织,产生回报组织并做出管家行为的意愿(康勇军、王霄、彭坚,2018)[253]。其次,在互动维度下,企业和工会强调人力资源管理部门和工会部门相互配合、彼此制衡,这能够激发员工实施管家行为的动机。一方面,企业和工会的彼此制衡,减少企业中的"加班文化",保证员工正常的工作时间,提升员工在组织中工作的意义感(Newman、Cooper、Holland 等,2019)[24]。当员工感知到自身的工作意义时,他们会表现出更多的主动行为(许勤、席猛、赵曙明,2015)[261]。另一方面,企业和工会在员工沟通方面相互合作,加强与员工沟通,主动了解员工的工作动态,并根据员工的工作感受和利益诉求合理安排工作内容，保证员工在工作中具有更高的自主性，做到"人尽其用"，进而激发员工积极进取的内在动力，使其跨越自身岗位边界实施更多对组织有益的管家行为（吴士健、孙专专、刘新民等，2020）[262]。最后，在发展维度下，企业和工会的优势互补，在为员工提供资源支持和促进员工身心健康方面相互补充，为员工实施管家行为提供资源保障。企业-工会耦合关系能够为员工带来更为丰富的资源支持，既包括工作方面的"工具性资源"补给、也包含身心方面的"情感性资源"支持。这使员工在心理上有了更大的满足，即使需要自我牺牲来维护组织利益，也有充足的资源作为支撑，进一步促使了员工管家行为的发生（王艳子、赵秀秀，2020）[263]。因此，企业-工会耦合关系改善了员工的工作环境、提高了员工的工作自主性并为员工提供多种资源支持，极大地促进了员工的管家行为。基于此，本研究提出假设：

H1：企业-工会耦合关系对员工管家行为有正向影响。

2.2 心理授权的中介作用

个体在工作场所中感知到被赋予权力的心理状态被定义为心理授权，包括影响力、工作意义、胜任力和工作自主性四个方面。员工的心理授权水平是预测员工管家行为的重要变量（Bhatnagar、Sandhu，2005）[264]。研究表明，来自组织的情境因素和个体对于工作职务的解读，都会影响员工的心理授权水平（江新会、钟昌标、张强等，2016）[265]。根据 CAPS 理论，企业-工会耦合关系作为组织情境因素可以激活心理授权的四个维度来影响员工的管家行为。首先，在影响力方面，企业-工会耦合关系通过拓宽员工建言、参与管理的渠道，了解员工的切实需求，提升员工参与组织建设管理的广度和深度，不断发挥员工的影响力。其次，在工作意义方面，员工在参与管理、决策的过程中，能够体会到自身的价值，提升自身的责任感与使命感，并且感受到工作的意义（Leventhal，1980）[266]。再次，在胜任力方面，企业-工会耦合关系可以为员工提供更多的包括培训机会在内的成长性资源，员工能够从企业和工会两方面吸收多样化的知识，不断提高职业技能（张毛龙、胡恩华、张龙，2018）[43]。自身能力的提升也会增强员工对工作胜任力的感知，有信心完成自身的工作。最后，在工作自主性方面，企业-工会耦合关系会提升员工对外部环境控制力的感知，感觉到自己在工作中有一定的控制权和自主性（Baird、Su、Munir，2018；Dust、Resick、Margolis等，2018）[267,268]。因此，企业-工会耦合关系能够满足员工在影响力、工作意义、胜任力和工作意义方面的多元需求，进而增强员工的心理授权。

心理授权水平提高会给员工带来不断增长的内在动机，促使员工对管家行为产生更为积极的知觉和体验（Seibert、Wang、Courtright，2011）[269]。已有研究表明，当心理授权较高时，会促使其形成组织重视自己的认识，进而乐于实施更多的管家行为来实现自身的价值增值（王国猛、赵曙明、郑全全等，2011）[270]。而在企业-工会耦合关系作用下，员工的心理授权水平得到提高，这能够激发员工的"主人翁"意识，将自身利益与集体利益视为一体，并在工作中产生要出色完成工作的义务感，愿意从事更多的管家行为。此外，高心理授权的员工能够从企业-工会耦合关系获得更多参与组织管理的资源，这会使员工感受到组织对他的重视和赏识，促使员工形成回报组织的动机（Singh、Singh，2019）[271]。在义务感和回报动机的驱使下，员工会为了组织的发展奉献自己的时间和精力从而愿意主动做出有利于组织长远发展的管家行为。综合上述分析，企业-工会耦合关系会提高员工的心理授权，并进一步影响员工的管家行为。因此，本研究提出假设：

H2：心理授权在企业-工会耦合关系和员工管家行为之间起中介作用。

2.3 情感承诺的中介所用

情感承诺是指员工认同组织的价值并愿意在情感上与组织紧密相连的程度，会对员工行为产生很重要的影响（Meyer、Allen，1991）[258]。对组织有情感承诺的员工会感到自己属于组织，愿意参与组织中的活动，希望能够留在组织中并为实现组织目标而付出行动（刘远、周祖城，2015）[272]。Akar（2018）[273]在研究中指出，教师的情感承诺可以通过为其提供良好的工作环境、关心其利益和福祉等管理实践来实现。因此，本研究认为企业-工会耦合关系通过改善工作环境和关心员工利益与福祉这两方面的支持性实践来增加员工对组织的情感承诺。

在改善工作环境方面,企业-工会耦合关系能够调和员工与组织的关系,在组织中营造"家庭感",满足员工的情感诉求,这与中国社会文化中的"泛家族主义"思想是十分契合的(胡国栋,2014)[274]。此时,组织通过提供社会支持、减轻工作场所歧视等方式为员工提供劳动保障,有利于员工情感状态的改善,激发员工对企业发展出一种超越经济交换和社会交换的类亲情交换关系,帮助员工在企业中获得自我概念,使员工在情感上更倾向于企业(朱苏丽、龙立荣、贺伟等,2015)[91]。此外,企业-工会耦合关系能够丰富组织的精神文化生活,形成和谐团结的工作环境。通过组织文娱休闲活动中,帮助员工有效缓解工作压力、疲惫感等消极体验,使他们感受到组织的人性化关怀;通过部门的团建活动,使员工更好地融入组织,从而影响员工对企业的心理印象和认可程度(胡恩华、韩明燕、胡彩红等,2019)[94],提升情感承诺水平。而在关心员工利益与福祉方面,在企业-工会耦合关系作用下,组织充分听取员工意见,完善员工福利政策,将员工利益与福祉落到实处,更加注重员工的综合成长,提升了员工对组织的归属感;而对企业管理理念和企业文化的宣传,则能够从价值层面鼓舞员工,强化对企业建设的责任感(胡恩华、张毛龙、单红梅,2016)[28]。可见,企业-工会耦合关系通过支持并帮助员工实现持续成长来显示组织对员工的利益和福祉的关心与重视,这有助于在员工与组织之间形成良性互动并增强员工对组织的情感承诺。

当员工的情感承诺发生变化后,会对员工管家行为产生进一步的影响。已有研究表明,情感承诺的确能够对员工管家行为产生显著的正向影响(康勇军、王霄、彭坚,2018)[253]。企业-工会耦合关系在提升员工对组织的情感承诺的同时,增强了工作幸福感、满意度等积极的体验,有助于改善员工的身心健康和工作体验,促使员工具有较高水平的自信感、力量感、活力感和主动采取行动的倾向(Collins,2014)[191],员工更愿意参与社会关系互动,并乐于给予和付出,表现出更多的管家行为(Hernandez,2012;王艳子、赵秀秀,2020)[248,263]。此外,在企业-工会耦合关系影响下,员工与组织间形成的情感承诺将增强员工反哺组织的情感动机（Hernandez，2012）[248]，即使在自身福祉方面遇到损失，也不会影响员工在工作中的投入程度，这进一步促进他们做出自我牺牲来维护组织长期利益的管家行为（孙健敏、陆欣欣、孙嘉卿，2015）[275]。综合上述分析，企业-工会耦合关系会提升员工的情感承诺水平，进而促进员工的管家行为。由此，提出以下假设：

H3：情感承诺在企业-工会耦合关系和员工管家行为之间起中介作用。

2.4 心理授权与情感承诺的链式中介作用

认知情感系统理论认为，情境特征通过激活"认知—情感"单元进而影响个体行为，其中情感单元还受到认知单元的影响（Mischel、Shoda，1995）[180]。这表明，企业-工会耦合关系的情境"输入"会通过员工的"认知"和"情感"反应，作用于员工的行为，是一个循序渐进的动态过程。具体而言，在企业-工会耦合关系的情境刺激下，员工将被唤起相应的感知，使其心理授权水平得到提升，认为自己对组织是重要的，继续留在组织中是值得的并将自己归类到组织这个群体（李宪印、杨博旭、姜丽萍等，2018）[276]。这种身份上的认知将进一步激发员工与组织的情感联结，提升对组织的认同感和忠诚度（Oyinlade，2018）[277]，从而促使员工在日常工作中愿意为组织奉献，表现出更多的管家行为。因此，本研究提出假设：

H4：心理授权和情感承诺在企业-工会耦合关系和员工管家行为之间起到链式中介作用。

本研究的理论研究模型如专题研究图2-1所示。

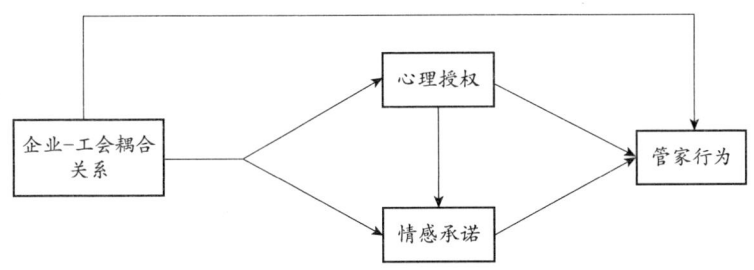

专题研究图2-1　企业-工会耦合关系对员工管家行为影响的理论模型

3 研究方法

3.1 样本与数据收集

本研究通过问卷调查方法对数据资料进行收集，以验证本研究所提出的理论模型。本研究跨区域选取了不同行业的企业展开调研，所选企业的人力资源管理体系较为完善，且企业内部均成立了工会。在测量内容方面，研究采取打乱题项顺序、设计反向问题并要求调查对象匿名填写问卷的方式，以减少调查对象主观因素带来的影响。具体而言，问卷调查从 2020 年 4 月开始，到 2020 年 9 月结束，调查对象选择了来自江苏、浙江、上海、安徽、广东等不同地区的企业，涵盖互联网、制造、地产、餐饮和金融等不同行业。首先，本书组通过社会关系、采用滚雪球的方式联系到符合要求的企业管理人员，向其说明此次调研的目的、意义和方式，征得企业同意。其次，早期受到新冠肺炎疫情影响，本书组将问卷调研内容、开展本研究的目的以及问卷填写过程中的注意事项在问卷中进行说明，由这些校友帮忙发放问卷。调查对象填写完毕并提交后，本书组可在后台获取相应的数据。后期在暑假期间，本书组走访了几家南京当地的企业，对企业展开调研并回收了问卷。在企业工作人员的协助下，本书组到现场对调研目的、内容以及填写注意事项进行说明后发放问卷，在问卷填写过程中，对涉及专业术语的题项加以辅导，最终由负责人回收问卷。最后，有来自长三角以及广东、山东等地的 11 家设立工会的企业参与调研，填写问卷的员工均为工会成员。其中，3 家国有企业，6 家民营企业，1 家外资企业，1 家合资企业。

本次电子问卷和纸质问卷共计发放 300 份，回收问卷 278 份，剔除漏填和其他无效问卷后，最终得到 228 份有效问卷，有效回收率为 76.00%。

3.2 变量测量

本研究为保证测量工具的信度和效度，对相关变量的测量均使用国内外权威期刊相关文献的成熟量表。其中，一部分是中国学者开发和修订的本土化量表,并得到了实证检验,而其他英文量表则是在专家学者和企业管理者的帮助下,按照标准的翻译—回译程序来保证问卷翻译的准确性,最大限度地保障量表的信度和效度。

企业-工会耦合关系:采用胡恩华、韩明燕、周潇等(2021)[12]开发的量表,共16个题项,Cronbach's α 系数为0.971,表明量表信度良好。

管家行为:采用 Davis、Allen、Hayes(2010)[278]开发的量表,共3个题项,包括"该同事有服务组织利益优先于服务自己利益的意愿"等,量表 Cronbach's α 系数为0.846,表明量表信度良好。

心理授权:采用 Spretizer(1995)[256]开发的量表,共12个题项,包括"我的工作对我来说非常重要"等,量表 Cronbach's α 系数为0.935,表明量表信度良好。

情感承诺:采用 Meyer、Alien(1991)[258]开发的量表,共6个题项,包括"对于现在的公司,我有很强的归属感"等,量表 Cronbach's α 系数为0.920,表明量表信度良好。

控制变量:根据以往研究结果,本研究选取员工的性别、年龄、学历等人口变量以及工作年限、企业性质、企业职务等变量作为控制变量,在分析时加以控制。除控制变量外,本研究的测量题项均采用 Likert 5级计分法,1~5分别表示"非常不同意、不同意、不确定、同意、非常同意"。

4 数据分析与结果分析

本研究使用 SPSS26.0 和 Mplus7.4 对问卷调查所获数据进行分析。首先,通过验证性因子分析各变量间的区分效度和同源方差;其次对变量进行相关性分析;最后,根据方杰、温忠麟(2018)[279]提出的观点,运用 SPSS26.0 并结合 Bootstrap 法对假设进行检验。

4.1 验证性因子分析和同源方差检验

本研究通过验证性因子分析的方法检验了概念模型中四个研究变量(企业-工会耦合关系、心理授权、情感承诺和员工管家行为)测量之间的区分度。结果如专题研究表 2-1 所示,四因子模型的拟合程度最好(χ^2/df = 2.395,CFI = 0.863,TLI = 0.855,RMSEA = 0.078,SRMR = 0.074),且明显优于其他三个比较模型,说明四个研究变量之间彼此独立,具有良好的区分效度。

专题研究表 2-1　　　　　验证性因子分析结果

模型	χ^2/df	CFI	TLI	RMSEA	SRMR
四因子模型	2.395	0.863	0.855	0.078	0.074
三因子模型	2.578	0.845	0.836	0.083	0.080
二因子模型	4.253	0.679	0.662	0.120	0.114
单因子模型	4.456	0.659	0.641	0.123	0.113

注:N=228;四因子模型(企业-工会耦合关系;心理授权;情感承诺;管家行为);三因子模型(企业-工会耦合关系;心理授权+情感承诺;管家行为);二因子模型(企业-工会耦合关系+心理授权+情感承诺;管家行为);单因子模型(企业-工会耦合关系+心理授权+情感承诺+管家行为)

由于本研究数据均由员工自行填写,有可能存在同源方差问题,需要进行共同方法偏差检验。本研究利用 Harman 单因子检验方法(CFA 法),将所有测量题项列入一个公共因子进行模型拟合,结果表明单因子模型拟合情况最差,说明问卷数据的共同方法偏差问题不严重。

4.2　描述性统计分析

专题研究表 2-2 列出了各变量的均值、标准差和相关系数。从专题研究表 2-2 可以看出,企业-工会耦合关系与员工管家行为(β = 0.543,$p < 0.01$)显著正相关,初步验证了假设 H1;企业-工会耦合关系与心理授权(β = 0.587,$p < 0.01$)、心理授权与员工管家行为(β = 0.586,$p < 0.01$)均显著正相关,这说明企业-工会耦合关系可以解释心理授权,心理授权可以解释员工管家行为,初步验证了假设 H2;企业-工会耦合关系与情感承诺(β = 0.580,$p < 0.01$)、情感承诺与员工管家行为(β = 0.585,$p < 0.01$)均显著正相关。这说明企业-工会耦合关系可以解释情感承诺,而情感承诺也可以解释员工管家行为,初步验证了假设 H3;心理授权与情感承诺(β = 0.662,$p < 0.01$)显著正相关,说明心理授权与情感承诺之间存在相关性,初步验证了假设 H4。

专题研究 2　企业-工会耦合关系对员工管家行为影响研究

专题研究表 2-2　各变量的相关系数

	1	2	3	4	5	6	7	8	9	10
1. 性别	1									
2. 年龄	0.051	1								
3. 学历	-0.108	-0.476**	1							
4. 工作年限	0.020	0.772**	-0.282**	1						
5. 职务	-0.055	0.626**	-0.119	0.708**	1					
6. 企业类型	0.105	0.126	-0.047	0.140*	0.038	1				
7. 企业-工会耦合关系	-0.010	0.013	-0.036	-0.038	-0.079	0.024	1			
8. 心理授权	-0.031	0.048	0.042	-0.008	-0.009	0.018	0.587**	1		
9. 情感承诺	-0.129	-0.064	0.034	-0.104	-0.068	0.009	0.580**	0.662**	1	
10. 管家行为	-0.031	-0.043	-0.026	-0.112	-0.126	0.027	0.543**	0.586**	0.585**	1

注：N=228；* 表示 $p<0.05$，** 表示 $p<0.01$。

4.3 假设检验

主效应检验。本研究采用 SPSS26.0 的 Process 宏程序以及 Bootstrap 的方法来验证各变量的关系,对假设进行检验。由专题研究表 2-3 可知,企业-工会耦合关系能够显著促进员工的管家行为($\gamma = 0.533$,$p < 0.001$),假设 H1 得到验证。

专题研究表 2-3　　　　　　　主效应检验结果

变量		因变量:员工管家行为	
		Estimate	S.E.
控制变量	性别	-0.034	0.093
	年龄	0.048	0.142
	学历	-0.022	0.069
	工作年限	-0.108	0.096
	企业职务	-0.423	0.153
	企业性质	0.274	0.056
自变量	企业-工会耦合关系	0.533**	0.582

注:$N = 228$;* 表示 $p < 0.05$,** 表示 $p < 0.01$。

中介效应检验。本研究通过结构方程模型的方法构建完全中介模型(模型 A)、部分中介模型(模型 B)和链式中介模型(模型 C)进行区分。在模型 A 中,企业-工会耦合关系到员工管家行为之间不存在直接效应;模型 B 在完全中介模型的基础上增加企业-工会耦合关系到员工管家行为的直接路径;模型 C 则是全模型,即根据本研究的假设提出的模型。具体如专题研究表 2-4 所示。

专题研究表 2-4　　　　　　　结构方程模型对比检验

模型	χ^2/df	CFI	TLI	RMSEA	SRMR
模型 A:完全中介模型	4.553	0.846	0.537	0.290	0.080
模型 B:部分中介模型	2.578	0.959	0.877	0.149	0.037
模型 C:链式中介模型	1.764	0.991	0.960	0.085	0.020

首先将模型 A、模型 B 和模型 C 的拟合指标进行比较,根据结果可知模型 A($\chi^2/df = 4.553$,CFI = 0.846,TLI = 0.537,RMSEA = 0.290,

SRMR = 0.080）和模型 B（χ^2/df = 2.578，CFI = 0.959，TLI = 0.877，RMSEA = 0.149，SRMR = 0.037）的拟合程度并不理想，而模型 C（χ^2/df = 1.764，CFI = 0.991，TLI = 0.960，RMSEA = 0.085，SRMR = 0.020）的拟合程度最好。因此，在本研究中模型 C（即链式中介模型）为最优模型。

接着，本研究采用 SPSS26.0 软件宏程序 Process 中的模型 6 以及 Bootstrap 方法对中介效应进行检验。专题研究图 2 - 2 展示了概念模型的标准化系数，专题研究表 2 - 5 展示了中介效应的标准化结果。

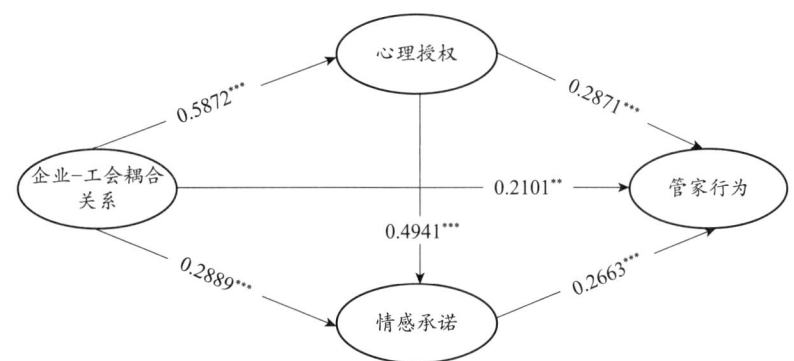

专题研究图 2 - 2　假设模型的标准化路径分析结果

专题研究表 2 - 5　　　　　　中介效应标准化结果

路径	效应值		95%置信区间		相对中介效应
	Estimate	S. E.	下限	上限	
总中介效应	0.3227	0.0539	0.2222	0.4333	59.91%
Ind1：CR→PE→SB	0.1686	0.0463	0.0771	0.2608	31.30%
Ind2：CR→EC→SB	0.0769	0.0267	0.0307	0.1347	14.28%
Ind3：CR→PE→EC→SB	0.0773	0.0304	0.0314	0.1478	14.35%
Ind1 VS Ind2	0.0916	0.0569	-0.0234	0.2041	—
Ind1 VS Ind3	0.0913	0.0636	-0.0508	0.2017	—
Ind2 VS Ind3	0.0003	0.0342	-0.0779	0.0574	—

注：Bootstrap 抽样数 = 5000；Ind1 表示企业-工会耦合关系→心理授权→管家行为；Ind2 表示企业-工会耦合关系→情感承诺→管家行为；Ind3 表示企业-工会耦合关系→心理授权→情感承诺→管家行为；Ind1 VS Ind2 表示心理授权的中介效应减去情感承诺的中介效应；Ind1 VS Ind3 表示心理授权的中介效应减去心理授权和情感承诺的链式中介效应；Ind2 VS Ind3 表示情感承诺的中介效应减去心理授权和情感承诺的中介效应。

(1) 心理授权中介作用的验证。假设 H2 认为企业-工会耦合关系通过心理授权影响员工管家行为。从专题研究图 2-2 可以看出,企业-工会耦合关系能够促进心理授权($\gamma=0.5872$,$p<0.001$),心理授权正向预测员工管家行为($\gamma=0.2871$,$p<0.001$)。这说明心理授权在企业-工会耦合关系与员工管家行为的关系中扮演者中介变量的角色。根据专题研究表 2-5 的结果可知,企业-工会耦合关系通过心理授权影响员工管家行为的间接效应值为 0.1686,相对中介效应占比为 31.30%,95% 置信区间是 [0.771,0.2608],不包含 0,假设 H2 得到验证。

(2) 情感承诺中介作用的验证。假设 H3 认为企业-工会耦合关系通过情感承诺影响员工管家行为。从专题研究图 2-2 可以看出,企业-工会耦合关系能够促进情感承诺($\gamma=0.2889$,$p<0.001$),说明企业-工会耦合关系水平越高,员工的情感承诺越高;进一步地,情感承诺正向预测员工管家行为($\gamma=0.2663$,$p<0.001$)。根据专题研究表 2-5 的结果可知,企业-工会耦合关系通过情感承诺影响员工管家行为的间接效应值为 0.0769,相对中介效应占比为 14.28%,95% 置信区间是 [0.0307,0.1347],不包含 0,假设 H3 得到验证。

(3) 心理授权和情感承诺的链式中介作用的验证。假设 H4 认为企业-工会耦合关系通过影响员工心理授权,进而提高员工的情感承诺,最后促进员工管家行为的发生。从专题研究图 2-2 可以看出,心理授权能够促进情感承诺($\gamma=0.4941$,$p<0.001$),说明心理授权水平越高,员工的情感承诺越高。根据专题研究表 2-5 的结果可知,企业-工会耦合关系通过心理授权和情感承诺的链式中介机制影响员工管家行为的间接效应值为 0.0773,相对中介效应占比为 14.35%,95% 置信区间是 [0.0314,0.1478],不包含 0,假设 H4 得到验证。

综合上述分析结果,心理授权和情感承诺在企业-工会耦合关系对员工管家行为的影响过程中发挥重要的传导作用。根据认知情感系统理论,企业-工会耦合关系可以通过影响员工的心理授权和情感承诺来影响其行为。此外,本研究还构建了链式中介模型,即企业-工会耦合关系会通过影响员工认知单元(心理授权),进而对其情感单元(情感承诺)产生影响,最终引发员工行为(员工管家行为)。具体来说,在企业-工会耦合关系影响下,人力资源管理部门更加重视员工参与、采取多样化的教育和培训方式帮助员工成长，制定弹性的工作时间方便员工自由安排工作；与此同时，工会更加关注员工的技能成长和职业发展，通过鼓励员工参与企业管理和民主决策、拓宽员工建言的渠道等方式，发挥员工在企业中的价值。这些都有利于提升员工对自身工作意义、工作自主性、自我效能以及工作影响力的感知，有效增强员工的心理授权水平。此外，企业-工会耦合关系更加注重员工心理和情感的需要，关怀员工身心健康、开展企业文化建设，在员工与企业之间建立类亲情交换的联系，增强了情感承诺。最后，当员工在组织中有较高的心理授权时，会形成自己对于组织的归属感需要，员工会发自心底觉得自己与组织的联系是紧密的，进而在情感上认同、依恋组织（范雪灵、王琦琦、刘军，2018）[280]。由此，心理授权将影响员工的情感承诺水平。因此，当员工的心理授权和情感承诺得到满足后，他会对管家行为产生更积极的态度、更强烈的回报组织的责任感。进一步地，员工会更倾向于实施管家行为。

此外，方杰、温忠麟、张敏强（2017）[281]提出可以通过比较中介效应差值的显著性，来对模型中的中介效应进行分析。由专题研究表2-5可知，心理授权和情感承诺的中介效应之差不显著，95%置信区间为[-0.0234,0.2041]，包含0，表明心理授权和情感承诺的中介效应相当；心理授权与链式中介的中介效应之差不显著，95%置信区间为[-0.0508,0.2017]，包含0，表明心理授权与链式中介的中介效应相当；情感承诺与链式中介的中介效应之差不显著，95%置信区间为[-0.0779,0.0574]，包含0，表明情感承诺与链式中介的中介效应相当。因此，企业-工会耦合关系影响员工管家行为的三条中介路径相当，这进一步验证了认知情感系统理论中"情境因素是通过刺激个体的认知情感单元来影响其行为的，其中情感单元还容易受到认知单元的影响"在解释企业-工会耦合关系促进员工管家行为中的有效性。而且心理授权的相对中介效应占比大于情感承诺，也验证了心理授权是更接近员工管家行为的心理构念。

5 研究结论与讨论

5.1 研究结论

本研究以认知情感系统理论为基础，将228份员工样本作为研究对象,采用回归分析方法探讨了企业-工会耦合关系对员工管家行为的影响,并检验了心理授权和情感承诺的链式中介作用。主要研究结论如下。

第一,企业-工会耦合关系能够显著促进员工管家行为。企业-工会耦合关系有效弥补了单一人力资源管理实践系统或工会实践系统中的局限性,这为员工实施管家行为提供了组织支持情境。具体来说,在企业-工会耦合关系影响下,组织在为员工提供高参与、个人申诉的渠道等制度支持的同时,也会注重对员工的情感关怀,共同营造公平、开放、信任、创新的氛围,推动并完善企业的民主权利制度建设,让员工在没有后顾之忧。这既能够为员工带来充足的"工具性资源"来增强敬业度,也有利于唤醒员工的"主人翁"意识,自发形成管家行为。事实上,已有研究为企业-工会耦合关系促进员工管家行为提供了支持。康勇军、王霄、彭坚(2018)[253]研究指出,在强调高参与、沟通自由、注重授权与合作、关心员工福祉的组织中,员工愿意做出对集体有益的管家行为。

第二,企业-工会耦合关系通过增强员工的心理授权和情感承诺影响员工的管家行为,这表明企业-工会耦合关系不仅可以通过激发员工心理授权等认知因素、还可以通过激发个体的情感承诺等情感因素,进而促进个体做出对组织有益的管家行为。具体来说,企业-工会耦合关系通过强调员工高度参与决策,提高员工工作自主性,提供宽松、自主的工作环境以及帮助员工职业发展的多样化培训等管理实践,这些管理实践活动体现出组织重视和关心员工的成长和福祉的核心目标,进而让员工认识到"尽可能从事对企业长期发展有益的管家行为是符合组织期望的",进而提升员工对组织目标的集体责任感,促使员工在日常工作中做出更多关注集体福祉的管家行为。同时,在企业-工会耦合关系作用下,组织通过听取并满足员工的真实意见和情感诉求等一系列支持性活动来增强员工对组织的情感承诺,出于积极的互惠义务和回报意识,员工愿意采取自身行动为组织发展做出贡献,并实施管家行为。因此,企业-工会耦合关系通过增强员工的心理授权和情感承诺这两条中介机制有效增加了员工实施管家行为的可能。这一结论也证实了管家行为的产生是认知和情感路径共同作用的结果,与 Hernandez(2012)[248]、康勇军、王霄、彭坚(2018)[253]人的发现相一致。此外,这些研究将认知因素和情感因素有机整合到认知情感系统理论框架中,为理解员工管家行为的产生机制提供了新的思路。

第三，心理授权和情感承诺在影响员工管家行为的过程中发挥了链式中介作用。企业-工会耦合关系影响员工管家行为的两条路径不是独立的，即企业-工会耦合关系可以通过影响员工的心理授权改变员工对于个体与组织的关系认知，从而激发并提高员工实施管家行为的意愿，实现了从认知上"可以做"到情感上"主动做"的进一步推动作用，最终促进员工管家行为的发生。

5.2 理论贡献

本研究的理论贡献有以下三点。

第一，丰富了员工管家行为的前因变量研究。管家行为是员工从组织的长远利益考虑，奉献自己额外的时间和精力的主动行为，对于组织的生存和发展具有重要意义。尽管学者们对管家行为的前因变量展开了一定的研究，但现有的人力资源管理实践主要以提高组织效能为导向，对员工动机的提升不明显，不能完全促进员工的管家行为的发生，因此有必要重新考虑并探索新的影响因素，以有效改进人力资源实践。基于此，本研究将工会实践引入人力资源管理实践的过程中，从企业和工会的双主体视角探究企业-工会耦合关系对员工行为的促进作用。研究结果丰富了员工管家行为影响因素研究，进一步证实了企业-工会耦合关系对促进员工行为的理论价值，拓展了人力资源管理理论研究领域，为跨领域研究人力资源管理提供了理论指导。

第二，从认知和情感这两条路径来研究管家行为的产生机制，有助于理解企业-工会耦合关系与员工管家行为之间的"黑箱"机制，推动了对影响员工行为的不同心理机制作用效果的认知。本研究一方面基于认知视角，检验了心理授权作为个体认知因素，在企业-工会耦合关系与管家行为之间发挥的中介作用；另一方面，基于情感视角出发，检验了情感承诺在企业-工会耦合关系与管家行为之间的中介作用。同时，通过对比认知和情感两条路径的中介效应发现，在中国组织管理情境中，企业-工会耦合关系通过心理授权这一认知路径对管家行为的影响效应更强（心理授权的中介效应为 0.1686，中介效应占比 31.30%，情感承诺的中介效应为 0.769，中介效应占比 14.28%）。这可能与当前新生代员工的个人需要有关,根据樊耘、马贵梅、颜静(2014)[282]的观点,由于新生代的员工偏好自主、灵活的权利,在强调构建授权和自主工作等支持性工作环境的企业-工会耦合关系作用下,更加容易促进员工管家行为的产生。

第三,基于认知情感系统理论,从认知和情感双重视角解释了企业-工会耦合关系如何影响员工管家行为,并构建了企业-工会耦合关系影响管家行为的链式中介模型,将认知与情感路径整合在统一的分析框架中。Hernandez(2012)[248]在研究中提出了员工管家行为的两条产生机制——认知和情感,但缺乏明确的理论框架,无法整合和对比两条中介路径的作用程度。因此,本研究基于认知情感系统理论,探究企业-工会耦合关系如何通过心理授权和情感承诺这两条中介路径对员工管家行为产生影响。一方面,本研究的结论验证了认知情感系统理论在企业-工会耦合关系对员工管家行为影响中的适用性,并为该理论的在中国组织管理情境中的拓展、应用提供了丰富的证据。另一方面,本研究的结论在对比认知与情感作用强度的同时,将两条路径串联起来,从而为员工的管家行为的产生机制提供了新的思路。

5.3 实践启示

本研究为企业管理实践提供了如下管理启示。

第一,为提升员工管家行为提供了新的路径。研究表明,企业-工会耦合关系可以显著促进员工管家行为。这证实了员工管家行为既是一种主动性行为,更是一种可以通过组织情境支持、培养涌现的行为。因此,在企业的管理实践中,可以注重组织情境构造,工作设计以员工的自主性、多元化需求为导向,并在工作场所内营造开放、合作的支持性环境,更多地赋予员工参与组织管理决策的机会,将人力资源管理实践与工会实践有机结合起来,有效提升员工的管家行为。

第二,揭示了心理授权和情感承诺对促进员工管家行为的积极作用,表明员工实施管家行为既需要员工具有较高的被授权的认知能力、通过在日常工作中感知到被授权来激发他们建设组织的责任感,也需要与组织形成较高水平的情感互动来唤醒他们回报组织的使命感。因此,组织应该重视员工心理授权和情感承诺的提升,充分发挥出人力资源管理实践和工会实践的优势。在提升心理授权方面，人力资源部门与工会一方面应积极开展合作，共同拓展员工参与决策管理的渠道，鼓励员工建言，为员工营造宽松、自主的工作环境，提升对于工作的控制感，激发员工的责任意识；另一方面应彼此监督制约，做好制度保障，在保障员工劳动权益的同时鼓励员工参与企业民主管理决策、及时征集员工诉求和意见，增强员工的心理资源，让员工敢说、敢做。在提升情感承诺方面，人力资源部门与工会应该在员工的利益与福祉、文娱活动、企业文化等软实力方面展开合作，关注员工身心健康并积极开展文娱活动，注重员工的综合成长，让员工感受到组织对其的关心和帮助，提升员工对组织的归属感。

第三，我国企业在组织管理实践中应该重视工会的价值，发挥工会是"员工与企业间桥梁与纽带"的作用，弥补人力资源管理实践在提升组织效能过程中的不足。中国工会长期饱受缺乏存在感、"独立性"不足的质疑（张毛龙、胡恩华、张龙，2018）[43]。而随着社会经济转型的不断深入，工会正通过自己独特的方式，在保障员工权益、协助企业发展和维护社会稳定方面发挥着积极的作用（陈维政、任晗、朱玖华等，2016）[5]。因此，工会应找准自己工作的重心，合理利用自身的资源和优势，通过积极协调员工与企业之间的矛盾、搭建起员工参与企业管理的桥梁、提升员工的行为等方式来协助协助、配合和支持企业的人力资源管理实践，这为解决目前中国企业人力资源管理实践中面临的困难提供新的解决思路和方案，有助于指导中国企业人力资源管理实践在发展变革中寻找新的突破口。

5.4 理论局限与未来展望

尽管本研究力求严谨，但仍存在一些不足。

第一，本研究的数据是在同一时间收集的，均为截面数据，在未来的研究中可以考虑分阶段收集数据的形式来得到更加可靠、稳健的结果，如先收集企业-工会耦合关系的问卷，隔一段时间收集心理授权和管家行为等问卷。

第二，企业-工会耦合关系是组织层面的研究构念，但在本研究的数据处理过程中，将员工感知到的企业-工会耦合关系作为员工管家行为的前因变量，没有将企业-工会耦合关系进行组织层面的聚合处理，员工感知到的企业-工会耦合关系无法完全反映组织中的企业-工会耦合关系。

第三，在企业-工会耦合关系影响员工管家行为的理论模型中，未考虑某些调节变量的边界作用，需要进一步拓展员工管家行为在不同层次的形成机制。因此，未来的研究可以考虑从个体特征出发，结合组织内外部情境因素，分析个体的心理特征，如权利感知、个体传统性、道德意识等与情境因素的交互作用对员工管家行为产生的影响。

专题研究 3
基于工会实践调节效应的高绩效工作系统对员工幸福感的双刃剑效应研究

1 引言

员工幸福感是指员工在工作场所一切经历与体验的质量（Grant、Christianson、Price，2007）[283]，高水平的员工幸福感不仅能降低离职倾向、增加工作绩效，同时对员工的创造力也有着重要的影响（Page、Vella-Brodrick，2009；Robertson、Jansen、Cooper，2012；Miao、Cao，2019）[284-286]。因此，提升员工在工作场所的幸福感不仅是企业获取竞争优势的重要手段，也是企业必须承担的社会责任（陈建安、陈明艳、金晶，2018）[287]。

作为组织中重要的情境因素，企业人力资源管理实践与员工幸福感之间存在密切联系，其中作为"最佳人力资源管理实践"的高绩效工作系统更是受到了大量研究者的关注（Ho，2018）[288]。早期的研究认为，高绩效工作系统作为一种系统化的人力资源管理实践组合，在提高工作效率的同时，能够通过必要的培训、授权以及合理的晋升通道等方式，为员工提供在企业内完成工作及实现职业发展所必需的资源，从而增加员工幸福感（Zhang、Zhu、Dowling 等，2013）[289]。但近年来随着研究的深入，高绩效工作系统的负面效应也开始逐渐被关注。一些学者指出，高绩效工作系统是企业为提升自身效率而采取的一系列管理实践，在提供资源的同时，会不可避免地给员工施加更高的工作要求（Van De Voorde、Beijer，2015；Ogbonnaya、Daniels、Connolly 等，2017；Liu、Chow、Zhu 等，2020）[254,290,291]。根据工作要求-资源（job demand-resources model，JD-R 模型）模型的观点，有效的资源供给能够改善员工对企业的印象，增加员工在工作场所的积极体验，从而提高员工的幸福感，而工作要求则是会导致资源的损失，或是带来资源损失的威胁，降低员工的幸福感,因此高绩效工作系统可能对员工幸福感存在双刃剑效应(Bakker、Demerouti,2007;李爱梅、王笑天、熊冠星等,2015)[292,293]。根据以往的研究,高绩效工作系统为员工提供的包括全面的培训、员工参与、公平的奖惩以及晋升机会等资源能够帮助员工提升技能水平,为员工的职业发展积累资本,这都能够显著提升员工的组织支持感(陈建安、程爽、陈明艳,2017)[294]。因此,本研究挑选组织支持感代表高绩效工作系统影响员工幸福感的"资源路径"。而根据Demerouti、Bakker、Nachreiner等(2001)[295]的观点,工作要求会引起资源消耗或是使员工感知到资源损失威胁从而导致员工工作压力的增加。因此,本研究挑选工作压力作为高绩效负向影响员工幸福感的"要求路径"。

此外,尽管高绩效工作系统的负面效应被一些学者所诟病,但对于企业通过增加工作要求来保证员工的工作效率依然是不可缺少的管理方式之一。针对这一情况,Guest(2017)[296]认为,企业在构建合理有效的管理策略体系时,应将企业内的其他利益主体考虑在内,以削弱高绩效工作系统的负面效应。而在企业中,工会的实践活动能够对人力资源管理实践起到辅助提升作用(Boselie、Brewster、Paauwe,2009)[297]。以往的研究表明,有效的工会实践不仅能够促进企业人力资源管理的效果,也能够削弱人力资源管理的对员工幸福感的潜在负面影响。如Chen、Kim、Liu等(2018)[128]发现,工会实践能够在企业中营造和谐的劳资氛围,从而增强高绩效工作系统对员工情感承诺的正向影响,增加员工在企业内的积极体验。而Bryson、Barth、Dale-Olsen(2013)[298]则发现,工会提供的社会支持能够削弱企业变革性人力资源管理实践与员工的焦虑之间的关系,从而降低人力资源管理实践对员工幸福感的负面影响。

鉴于此,本研究在已有研究的基础上,结合JD-R模型,引入组织支持感和工作压力作为高绩效工作系统与员工幸福感之间的中介变量,探究高绩效工作系统对员工幸福感影响的内在机制,同时引入工会实践作为调节变量,探究工会实践对高绩效工作系统和员工幸福感之间关系的影响,以期为高绩效工作系统对员工幸福感的影响提供了新的解释路径,且发现了工会的实践活动能够在一定程度上削弱高绩效工作系统的负面效应,为提高企业内员工幸福感提供了新的思考方向。

专题研究 3　基于工会实践调节效应的高绩效工作系统对员工幸福感的双刃剑效应研究

2　理论基础与假设

2.1　JD-R 模型的应用

JD-R 模型由 Demerouti、Bakker、Nachreiner 等（2001）[295]首先提出，经过近二十年的检验，已经成为解释员工心理和行为的经典组织行为学理论之一。在本研究中，工作要求—资源模型为高绩效工作系统与员工幸福感之间的关系提供了有力的解释框架。JD-R 模型认为，所有的工作特征都可以划分为工作资源和工作要求，工作资源具有增益和激励的特征，能够引发积极的组织结果，而工作要求则是会增加员工的资源损耗，引发工作倦怠、情绪耗竭等消极后果。在 JD-R 模型中，工作资源指一切能够帮助员工实现目标的事物，包括工作自主性、绩效反馈、社会支持以及上级指导等（Bakker、Leiter，2010）[299]。对于员工，高绩效系统包含的培训、工作自主性、薪酬公平以及晋升渠道等都可以让员工通过自身的努力达到自身升职、加薪以及实现自身价值的目的。因此，在这一系列管理实践下，员工会感知组织为自身提供了充足的工作资源，而这种资源的提供往往会使员工感知到组织对自身的关心与支持（陈建安、程爽、陈明艳，2017）[294]，因此，在本研究中组织支持感代表了高绩效工作系统影响员工幸福感的"资源路径"。针对工作要求，在 JD-R 模型中，工作要求是指一切消耗资源或是可能带来资源损失的存在（Bakker、Leiter，2010）[299]。对于企业，为员工提供资源的目的在于让员工利用工作资源实现更高的价值产出，因此在高绩效工作系统中的资源提供往往带有附加条件，如晋升或薪酬与绩效挂钩（Dai、Dietvorst、Tuckfield 等，2018）[300]。为了保护自身在组织中的资源持有量，员工投资自身的时间、精力等个人资源以防止薪酬、晋升机会等资源的损失，而自身资源的有限会导致员工感知到资源需求和资源持有量的差异，从而增加员工的工作压力（Hobfoll、Halbesleben、Neveu 等，2018）[301]。因此，在本研究中工作压力代表了高绩效工作系统影响员工幸福感的"要求路径"。

此外，工作要求—资源模型也指出，员工在工作场所中对工作要求和资源的感知由多种环境因素共同决定（Bakker、Demerouti，2007）[292]。首先，资源具有情境性，员工对资源以及资源价值的感知总是与所处的环境存在密不可分的联系（Bakker、Demerouti，2018）[302]。近年来，随着工会改革的进行，我国工会开始在企业内承担越来越重要的角色，逐渐参与企业管理，并为企业氛围的营造做出了不可忽视的贡献（詹婧、赵越，2017）[303]。在企业中，工会不仅需要维护员工权益，也承担着提高员工素质，丰富员工精神生活的职责。因此工会不仅能够在组织内创造公平的氛围，也通过技能竞赛、知识竞猜等活动对员工进行额外的知识补充和经验交流（张毛龙、胡恩华、张龙，2018）[43]，这都能够使员工可以更好地利用高绩效工作系统所提供的工作参与、工作自主性、培训等资源实现自身的目标，从而增加员工对此类资源价值的感知。其次，员工对于要求的感知主要取决于员工对工作要求所带来资源损失的判断（Bakker、Demerouti，2018）[302]。作为员工权益的天然保护者，工会通过集体协议、集体发声等实践活动，帮助员工传递合理的诉求信息，维护员工的基本权益（孙中伟、贺霞旭）[47]，这能够减少员工对资源损失的判定。因此，本研究认为工会实践能够调节高绩效工作系统与组织支持感以及工作压力之间的关系。

2.2 组织支持感的中介作用

组织支持感是指员工对企业关心自身福利和贡献程度的主观评价（Eisenberger、Huntington、Hutchison 等，1986）[304]。作为一种员工能够获取的重要资源，组织支持感不仅能够满足员工的心理需求，也能够调整员工对企业的认知。首先，当组织支持感较高时，员工会认为自身与企业之间的资源互换是一种良好的社会关系，即员工会认为自己通过努力工作和对企业的贡献获得了企业对自身的重视和肯定，这种关系能够满足员工在企业中的情感需要。其次，拥有较高组织支持感的员工会认为，当他们需要帮助时，他们能够从组织中获取足够的资源来帮助自己完成工作或解决工作中遇到的困难，从而减少员工的紧张、焦虑等不良体验（Eisenberger、Stinglhamber，2011）[305]。此外，资源能够在一定程度上改变员工对企业的印象，当员工组织支持感较高时，员工会认为企业的实践活动是出于对员工福祉和利益的考虑，而不是从企业自身利益出发，这会增加员工的在企业中的积极感受，从而增加员工的幸福感（Gillet、Fouquereau、Forest 等，2012）[306]。总的来说，较高的组织支持感能够促使员工产生更多的积极体验,并减少员工在工作场所中遭遇的焦虑、情绪耗竭等消极体验,即提高员工幸福感。

在企业中,组织支持感的产生往往与企业的人力资源管理实践之间存在密切的正向联系,合理的晋升、全面的培训以及工作丰富性等都能够对员工的组织支持感产生正向影响(Eisenberger、Huntington、Hutchison 等,1986)[304]。而高绩效工作系统指的是一系列以提高企业绩效为目标的管理实践集合,主要包括招聘与选拔、绩效薪酬、培训、员工参与、信息分享等具体实践(张正堂、李瑞,2015)[307]。有效的高绩效工作系统不仅能够为员工提供日常工作所需的资源,也能够通过资源向员工传递特定的信号,这都能够使员工感受到企业对自身的重视与肯定。首先,高绩效工作系统为员工提供的全面培训不仅能够提升员工工作技能,也为员工职业发展积累资本(Wayne、Shore、Liden,1997)[308];而高绩效工作系统中的员工参与、培训以及内部晋升等实践能够帮助员工更好地识别和利用企业中资源,使员工能够更好地结合自身和企业的资源实现自身的目标(Kuvaas,2008)[309],这都能使员工认为自己得到了企业的重视与支持。其次,高绩效工作系统中所包含的员工参与、工作自主性等实践传递了企业将员工作为伙伴的观念,使员工感知到在工作中可以从企业获取更多资源以完成工作。Vo、Bartram(2012)[310]也指出,高绩效工作系统为员工所提供的资源能够体现企业对员工的长期投资,使员工感知到企业不只是重视自身的利益,也重视员工的发展与贡献。综上,高绩效工作系统能够提高员工对组织关心自身福利和贡献的评价,即提高员工的组织支持感。因此,本研究提出以下假设:

H1:组织支持感能够中介高绩效工作系统对员工幸福感产生正向影响。

2.3 工作压力的中介作用

工作压力指的是个体对所拥有资源与要求的匹配差异,以及可能承担消极后果的主观认知(舒晓兵,2007)[311]。在企业中,高绩效工作系统所提供的的资源往往附带有较高的工作要求(Jensen、Patel、Messersmith,2013)[312],这可能会导致员工压力的增加。第一,相较于传统的人力资源管理实践,高绩效工作系统强调在工作中给予员工更多的参与权和自主权,这在授权的同时也附带了自主决策需要承担的责任,从而使员工感知到更高的工作要求(Ramsay、Scholarios、Harley,2000)[313]。第二,高绩效工作系统将员工的薪酬和晋升等与绩效联系在一起,这不仅要求员工在客观上提高自身的工作效率和工作时间,更需要在主观上向工作中投入更多的精力,以保证在企业中的竞争力,提高了员工感知到的评判标准(孙健敏、李秀凤、林丛丛,2016)[314]。此外,尽管高绩效工作系统提高了对员工的绩效评价标准,但却不强调定量工作或制定明确的目标,员工必须投入尽可能多的精力以保证获得较高的绩效评价,这进一步增加了员工感知到的工作要求(Chaudhuri,2009)[315]。当工作要求过高,员工会感知到现有的资源(如工作时间、工作能力等)不足以应对高工作要求,并预见到薪资降低、晋升受阻等资源损失,从而产生较高的工作压力(Jamal,1999)[316]。

在面临较高的工作压力时,员工会向工作中投资更多的资源,如工作时间、精力等,以保证能够完成工作要求,防止因绩效评价降低引起薪资、晋升机会等资源的损失,这会迅速消耗个体的情绪、体力等资源,从而导致焦虑、疲劳等情况,降低员工在工作场所的体验质量(Holroyd、Lazarus,1982)[317]。此外,长期的工作压力会使员工认为企业没有提供给自己相应的支持以完成工作,降低员工对工作环境的积极评价,这会引发失望、沮丧等不良体验(Hakanen、Schaufeli,2008)[318]。实证研究结果也表明,工作压力会减少员工在工作场所的积极体验,增加员工的消极体验,即对员工幸福感产生负向影响。Siu(2002)[319]发现,当员工面对较高的工作压力时,员工在组织中的积极情感体验会减少,从而降低员工的幸福感。刘璞、谢家琳、井润田(2005)[320]发现工作压力会显著减少员工在企业中的工作满意度等积极体验。而Golparvar、Vaseshi、Javadian(2012)[321]则是发现,当员工面临较大的工作压力时,员工的心理资源会迅速消耗,从而引发焦虑、情绪耗竭等消极体验。因此,本研究提出以下假设:

H2:工作压力能够中介高绩效工作系统对员工幸福感的负向影响。

2.4 工会实践的调节作用

Halbesleben、Neveu、Paustian-Underdahl等(2014)[322]指出,员工对

专题研究3 基于工会实践调节效应的高绩效工作系统对员工幸福感的双刃剑效应研究

资源以及资源价值的感知会受到环境因素的影响。在不同的环境下，员工对资源具有不同的敏感性和价值判断。在企业中，除企业自身的管理实践外，工会为履行自身职能而开展的一切实践活动，即工会实践，也是企业环境的重要构成因素（张毛龙、胡恩华、张龙，2018）[43]。我国工会在企业中通常以企业部门的形式出现，通过召开职工代表大会，建立职工委员会等方式，保障了员工对企业事务的参与（詹婧、赵越，2017）[303]，同时，当员工遭遇工作场所的不公平对待时，工会能够代表员工向企业提出合理诉求，这些实践活动都能够在企业中营造公平的氛围（单红梅、胡恩华、邱文怡等，2016）[323]。当员工处于较为公平的氛围中时，员工感知到自己可以有效利用企业提供的晋升、信息分享、培训等资源实现自身目标，此时员工对此类资源更为敏感，从而产生较高的组织支持感（苗仁涛、周文霞、刘丽等，2015）[324]。其次，资源之间存在匹配效应，当个体所处环境所提供的资源能够使个体更好利用现有资源时，个体对现有资源的价值判断和敏感性会显著提高（Hobfoll、Halbesleben、Neveu等，2018）[301]。在企业中，举办技能竞赛和培训讲座是工会提升员工文化素养和技能的重要手段，在此过程中员工能够更加熟练掌握各类技能，并交流工作经验（张毛龙、胡恩华、张龙，2018）[43]。这可能会提高员工对于高绩效工作系统提供的培训、工作自主性以及工作参与等资源使用程度和或优化对此类资源的利用方式，增加员工对此类资源的价值感知和敏感性，从而提高员工对组织重视自身贡献以及关心自身福利的评价（即产生更高的组织支持感）。因此，本研究提出以下假设：

H3：工会实践能够正向调节高绩效工作系统与组织支持感之间的正向关系，即当工会实践较好时，高绩效工作系统与组织支持感之间的正向关系较强，而当工会实践较差时，高绩效工作系统与组织支持感之间的正向关系较弱。

员工的工作压力主要来源于工作要求所带来的资源损失或资源损失威胁，因此当员工能够获取相应的资源以应对工作要求，或是对资源损失的评估降低时，其工作压力能够得到有效缓解（Hobfoll，1989）[325]。作为员工权益的维护者，工会能够代表员工向企业提出合理建议或是通过召开职工代表大会为员工和企业建立直接对话的平台，帮助员工传递合理诉求（孙中伟、贺霞旭，2012）[47]。这使员工感知到可以使用工会提供的资源（如建言通道、代表大会等），减少自身资源的损失，即通过工会向企业提出诉求，降低工作要求，从而减少在工作中投入的额外时间、精力等。此外，工会代表员工与企业之间签订集体劳动合同，保障了员工的雇佣期限、工作时间以及工资水平（魏下海、董志强、金钊，2015）[71]。这为员工在企业中提供了工资报酬和工作时间的保障，降低员工对不能完成高要求时资源损失的评价。因此，在工会实践水平较高的时候，由于存在降低资源损失的额外途径以及对资源损失的评价较低，高绩效工作系统带来的高工作要求不会引起较高的工作压力。而当工会实践不足时，员工在感知到高绩效工作系统带来的高要求时，会因为感知到自身的资源损失或资源损失威胁（如加班、薪资降低、晋升受阻等）较大而产生较高的工作压力。由此，本研究提出以下假设：

H4：工会实践能够负向调节高绩效工作系统与工作压力之间的关系，即当工会实践较好时，高绩效工作系统与工作压力之间的正向关系较弱，而当工会实践较差时，高绩效工作系统与工作压力之间的正向关系较强。

根据假设 H1 和假设 H3，以及假设 H2 和假设 H4 所揭示的关系，本研究进一步提出两个被调节的中介假设。具体来说，组织支持感中介了高绩效工作系统对员工幸福感的正向影响，但是该中介作用的大小会受到工会实践的影响。当工会实践较高时，高绩效工作系统对组织支持感的影响较大，因此组织支持感更多传导了高绩效工作系统对员工幸福感的正向影响；而当工会实践较低时，高绩效工作系统对组织支持感的影响较小，此时组织支持感传导高绩效工作系统对员工幸福感的正向影响较小。工作压力中介了高绩效工作系统对员工幸福感的负向影响，该中介作用的大小同样受到工会实践的影响。当工会实践较高时，高绩效工作系统对工作压力的影响较小，因此工作压力更少传导了高绩效工作系统对员工幸福感的正向影响；而当工会实践较低时，高绩效工作系统对工作压力的影响较大，此时工作压力更多地传导了高绩效工作系统对员工幸福感的负向影响。因此本研究提出以下假设：

H5：工会实践调节了组织支持感在高绩效工作系统与员工幸福感之间的中介作用，即工会实践越高，组织支持感的中介作用越强。

H6：工会实践调节了工作压力在高绩效工作系统与员工幸福感之间的中介作用，即工会实践越高，工作压力的中介作用越弱。

基于以上假设，本研究模型如专题研究图3-1所示。

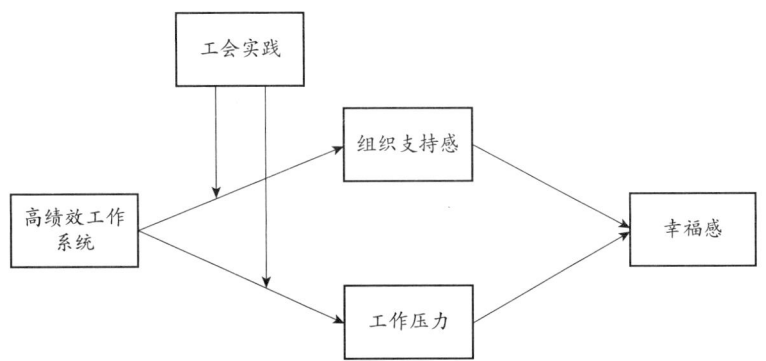

专题研究图3-1 高绩效工作系统对员工幸福感影响的理论模型

3 研究方法

3.1 数据收集

本研究的数据来源于江苏、浙江、上海以及广西等地16家建有工会的企业。在发放问卷时，从企业中随机抽取员工并向其发放问卷。为保证问卷填写的客观性与准确性，调研人员在问卷填写前先向被测者说明了本调研的目的，并向被测者简单介绍了本次问卷的内容，同时向被测者承诺本次问卷仅用于学术研究，不会泄露被测者的个人信息。共发放问卷300份，回收问卷282份，剔除无效问卷后剩余问卷243份，问卷有效回收率为86.2%。有效样本中，男性占47.3%，女性占52.7%。年龄在20~25岁的员工占14.4%；从年龄分布来看，在25~35岁占39.1%，35~45岁22.2%，45岁以上24.3%；从政治身份来看，党员占22.2%，非党员占77.8%；从企业性质来看，私营企业占45.3%，央企或国企占17.3%，外资企业占13.6%，其他企业占23.9%；从公司规模来看，100人以下占43.2%，100~300人占18.5%，100~300人占11.5%，1000人以上占26.7%；从职务来看，企业高层占6.6%，中层领导占16.5%，企业基层领导占17.7%，基层员工占59.3%。总体看来，样本具有较好的代表性。

3.2 变量测量

研究中,对相关变量的测量均使用国内外成熟量表。其中,一部分是中国学者开发和修订的本土化量表并得到了实证检验,而其他英文量表则是通过国内相关领域的专家以及企业管理者,参照已有研究的翻译和回译过程进行翻译,最大限度地保障量了表的信度和效度,所有变量均采用 Likert 5 分量表进行测量。

(1) 高绩效工作系统。高绩效工作系统的量表采用张军伟、龙立荣、王桃林(2017)[326]开发的量表,包括全面的招聘、严格的甄选、广泛的培训、发展导向的绩效管理、绩效薪酬、弹性工作制、参与决策与信息分享等维度,共 18 个题项,如"在培训上,公司对我投入了大量的时间和资金"。在本研究中,该量表的信度为 0.93。

(2) 组织支持感。组织支持感采用刘智强、邓传军、廖建桥等(2015)[327]在 Eisenberger、Huntington、Hutchison 等(1986)[304]量表基础上改编而成的量表,包括 6 个题项,主要样题包括"公司尊重我的目标和价值观""公司顾及了我的利益"等。在本研究中,该量表的信度为 0.94。

(3) 工作压力。工作压力采用王红丽、张筌钧(2016)[328]的量表,共 3 个题项,包括"我的工作极具压力""工作中很少没有压力的事情"和"对于我的职业,感到压力巨大"。在本研究中,该量表的信度为 0.77。

(4) 员工幸福感。员工幸福感根据 Koopman、Lanaj、Scott(2016)[329]的建议,使用工作满意度、情感承诺以及情绪耗竭(反向计分)形成组合量表进行测量。工作满意度是一个被普遍用来测量幸福感的指标,反映了员工对于工作或是工作中一切体验质量的主观评价(Ilies、Schwind、Heller,2007)[330]。情感承诺是一种员工与企业之间积极的情感联系,能够反映员工在企业中的情感体验(Meyer、Stanley、Herscovitch 等,2002)[331]。而情绪耗竭则是侧重于反映员工在企业中面对压力时所产生的认知以及生理上的体验(Fritz、Sonnentag,2006)[332]。这些指标不仅能够从主观评价和情感体验的角度反映员工的幸福感,也从生理体验的角度反映了员工的幸福感。在具体测量时,工作满意度采用舒睿、梁建(2015)[333]使用的量表,情感承诺使用姚唐、黄文波、范秀成(2008)[334]的量表,而情绪耗竭则使用李超平、时勘(2003)[335]使用的量表，其中的题项包括"我很高兴能在这家企业中工作"。在本研究中，幸福感量表的信度为 0.84。

（5）工会实践。工会实践的量表采用张毛龙、胡恩华、张龙（2018）[43]开发的量表，包含协调劳资关系、关怀员工生活以及开展文娱活动三个维度，共 13 个题项，如"推动企业公开、公示必要的管理事项"。在本研究中，该量表的信度为 0.94。

4 数据分析与假设检验

4.1 共同方法偏差检验

由于基于同一时点使用问卷的方式收集数据，因此本研究使用 Harman 单因子检验方法，对样本数据进行同质性检验，即将高绩效工作系统、工会实践、组织支持感、工作压力、员工幸福感的所有题项放在一起进行未旋转的主成分因素分析。结果发现，得到的 5 个因子中，第一个因子解释了总方差的 35.46%（总方差为 72.120%），小于 40%，且小于整体解释方差的 50%，这说明本研究数据不存在严重的共同方法偏差（Podsakoff、Organ，1986）[336]。

4.2 区分效度检验

本研究采用 Mplus 软件对所测量变量进行验证性因子分析，以证明所测量的变量均为不同的变量，而不是相同的变量。由专题研究表 3-1 可知，五因子模型拟合效度明显优于其他模型，因此本研究所测量的变量之间具有良好的区分效度。

专题研究表 3-1　　区分效度检验

模型	χ^2	df	χ^2/df	CFI	TLI	RMSEA	SRMR
五因子模型	2844.22	1168	2.435	0.83	0.80	0.08	0.07
四因子模型	3436.74	1172	2.932	0.77	0.73	0.09	0.08
三因子模型	3567.93	1175	3.036	0.75	0.72	0.10	0.08
二因子模型	3660.40	1177	3.109	0.74	0.71	0.10	0.08
单因子模型	4199.73	1178	3.565	0.69	0.65	0.10	0.09

注：二因子模型为工会实践+HPWS，组织支持感+工作压力+员工幸福感；三因子模型为工会实践+HPWS，组织支持感+工作压力+员工幸福感；四因子模型为工会实践+HPWS，组织支持感+工作压力+员工幸福感。

4.3 相关性分析

本研究中各变量的相关矩阵见专题研究表 3-2 所示。由专题研究表 3-2 可知,高绩效工作系统与组织支持感呈正相关（$r = 0.66$, $p < 0.01$）,组织支持感与幸福感呈正相关（$r = 0.64$, $p < 0.01$）,这初步反映了假设 H1 的逻辑；高绩效工作系统与工作压力呈显著正相关（$r = 0.17$, $p < 0.01$）,工作压力与幸福感呈显著负相关（$r = -0.23$, $p < 0.01$）,这初步反映了假设 H2 的逻辑。

专题研究表 3-2　　变量均值、标准差及相关系数表

	$M \pm SD$	1	2	3	4
1. 高绩效工作系统	3.88 ± 0.72				
2. 工会实践	3.94 ± 0.88	0.68**			
3. 组织支持感	3.76 ± 0.87	0.66**	0.48**		
4. 工作压力	3.38 ± 0.85	0.17**	0.10	0.14*	
5. 员工幸福感	3.59 ± 0.66	0.59**	0.47**	0.64**	-0.23**

注：M 表示平均数, SD 表示标准差, $N = 243$, *** 表示 $p < 0.001$, ** 表示 $p < 0.01$, * 表示 $p < 0.05$, 下同。

4.4 假设检验

在进行假设检验之前,本研究首先对高绩效工作系统对幸福感的影响进行了检验,结果显示,在本次研究所使用的样本中,高绩效工作系统对员工幸福感存在显著正向影响（$\beta = 0.510$, $p < 0.05$）。

随后对上文所提出的假设进行验证,先使用 SPSS 宏程序 PROCESS 的模型 4 及 Bootstrap 方法对中介效应进行检验。专题研究表 3-3 显示了组织支持感和工作压力在高绩效工作系统与员工幸福感之间的中介作用。

专题研究表 3-3　　组织支持感与工作压力的中介效应检验

中介变量路径	中介效应值		置信区间 (95%)	
	Estimate	SE	BootLLCI	BootULCI
HPWS→POS→WB	0.410	0.062	0.284	0.529
HPWS→WS→WB	-0.092	0.036	-0.165	-0.024
HPWS ⟶ POS ⟶ WB	0.419	0.064	0.293	0.543
HPWS ⟶ WS ⟶ WB	-0.094	0.038	-0.173	-0.027

注：HPWS 指高绩效工作系统；POS 代表组织支持感；WS 代表工作压力；WB 代表幸福感。

专题研究 3　基于工会实践调节效应的高绩效工作系统对员工幸福感的双刃剑效应研究

由专题研究表 3-3 可知，组织支持感在高绩效工作系统和员工幸福感之间的中介效应值为 0.419，Bootstrap = 5000 的 95% 置信区间为 (0.293，0.543)，区间不包含 0，表明该中介效应显著，假设 H1 得到支持。工作压力在高绩效工作系统和员工幸福感之间的中介效应值为 -0.094，Bootstrap = 5000 的 95% 置信区间为 (-0.173，-0.027)，区间不包含 0，表明该中介效应显著，假设 H2 得到支持。

本研究对工会实践调节作用的检验参考陈晓萍、沈伟 (2018)[16] 提出的检验方法。首先验证工会实践对高绩效工作系统与组织支持感之间关系的调节作用，以组织支持感为结果变量，将高绩效工作系统、工会实践以及高绩效工作系统与工会实践的交互项放入模型，验证工会实践在高绩效工作系统与组织支持感之间调节作用。在检验工会实践对高绩效工作系统与工作压力之间的调节作用时，也采用同样的方法。由专题研究表 3-4 中的模型 M2 可知，交互项对组织支持感没有显著影响 ($\beta = -0.054$，$p > 0.05$)，即工会实践对高绩效工作系统与组织支持感之间关系的调节作用不显著，因此假设 H3 与假设 H5 不成立；由模型 M4 可知，工会实践能够显著调节高绩效工作系统与工作压力之间的关系 ($\beta = -0.281$，$p < 0.01$)，假设 H4 成立。

专题研究表 3-4　　　　　工会实践的调节作用检验

变量	组织支持感		工作压力	
	M1	M2	M3	M4
控制变量				
性别	-0.14	-0.15	-0.10	-0.09
年龄	-0.01	-0.01	-0.10	-0.11
学历	-0.12	-0.07	0.01	0.02
政治面貌	-0.11	0.05	0.02	0.08
公司性质	0.11	0.08	0.04	0.04
公司规模	0.05	0.02	0.04	0.04
公司职务	-0.10	-0.04	-0.10	-0.08
工会职务	-0.09	-0.08	-0.04	-0.05
高绩效工作系统		0.74***		0.19

续表

变量	组织支持感		工作压力	
	M1	M2	M3	M4
工会实践		0.06		-0.02
高绩效工作系统 * 工会实践		-0.05		-0.21**
R^2	0.09	0.47	0.03	0.10
ΔR^2	0.09**	0.38***	0.03	0.07**

为了更直观地表示工会实践在高绩效工作系统与工作压力之间的调节作用，本研究参考 Aiken、West (1991)[337] 的方法，按调节变量所分的不同组中，检验自变量对结果变量回归的斜率。由专题研究图 3-2 可知，在工会实践程度不同的组中，高绩效工作系统对工作压力的斜率不同。具体来说，在工会实践较高的企业中，高绩效工作系统与员工幸福感之间的正向关系较强；而在工会实践较差的企业中，高绩效工作系统与工作压力之间的关系较弱。

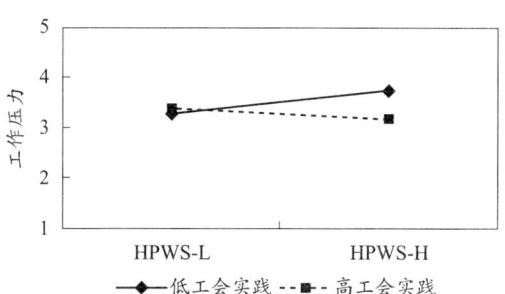

专题研究图 3-2　工会实践对高绩效工作系统与工作压力的调节作用

由上述结果可知，工会实践对高绩效工作系统对工作压力之间关系的调节作用显著，对高绩效工作系统与组织支持感之间关系的调节作用不显著。因此，本研究利用 SPSS 中 PROCESS 宏程序的模型 7 进一步验证工会实践对工作压力在高绩效工作系统绩效与员工幸福感之间中介作用的调节情况。结果如专题研究表 3-5 所示，在不同工会实践的组别中，间接效应差值 95% 的置信区间不包括 0 ($\beta = 0.133$, SE = 0.055,

BootLCI = [0.032, 0.251]），表明间接效应的差值显著，假设 H6 得到支持，即工会实践能够显著调节高绩效工作系统通过工作压力对员工幸福感的影响。

专题研究表 3-5　　　　　被调节的中介检验

中介变量路径	指标	中介效应值	BootSE	Boot95% CI	
				Low	High
HPWS→WS→WB	Eff1 （M-1SD）	-0.111	0.036	-0.193	-0.054
	Eff2 （M）	-0.044	0.029	-0.106	0.010
	Eff3 （M+1SD）	0.022	0.022	-0.062	0.109
效应值比较	Eff2 - Eff1	0.066	0.028	0.161	0.126
	Eff3 - Eff1	0.133	0.055	0.032	0.251
	Eff3 - Eff2	0.066	0.028	0.161	0.126

5 研究结果与讨论

5.1 研究结果

本研究通过整合人力资源与劳动关系领域的相关研究，探讨高绩效工作系统通过组织支持感和工作压力对员工幸福感影响的双刃剑效应，同时引入工会实践作为调节变量，探究工会实践在高绩效工作系统与员工幸福感之间的调节作用，研究结果发现如下所述。

（1）高绩效工作系统对员工幸福感存在着双刃剑效应，具体来说，高绩效工作系统一方面通过增加组织支持感对员工的幸福感产生正向影响；另一方面通过增加工作压力对员工幸福感产生负向影响。这说明，在实施高绩效工作系统的企业中，由于员工能够享受全面的培训、工作参与以及工作自主性等资源，员工会感觉到企业对自身贡献的重视以及对自身福利的感知，即产生较高的组织支持感。高水平的组织支持感不仅使员工感知到自己的努力得到了组织的回报、满足员工在企业中的情感需要，也能够通过增加对企业活动的积极归因或是减少员工的焦虑、耗竭等不良体验，从而增加员工幸福感。同时，高绩效工作系统的最终目的仍然是帮助企业增加绩效，因此在给予员工资源的同时配备了较为严苛的评价体系，员工只有完成工作要求才能获得工作资源。这提高了员工感知到的工作要求，使员工的时间、精力等资源迅速消耗，使员工面临着丧失工作资源的威胁（如薪资降低、晋升受阻等），引起员工工作压力的升高，从而对员工幸福感产生负向影响。由此可知，高绩效工作系统提供的资源总是伴随着较高的工作要求，这导致了员工在享受资源的也在不断地遭受资源损耗和资源损失的威胁，因此高绩效工作系统会同时增加员工的组织支持感和工作压力，并通过组织支持感和工作压力两条路径对员工幸福感产生双刃剑效应。

（2）工会实践能够显著削弱高绩效工作系统对工作压力的正向影响，并进一步减少高绩效工作系统通过工作压力对员工幸福感的负向影响，但在高绩效工作系统与组织支持感之间的调节作用不显著。根据Hobfoll、Halbeslehen、Neveu（2018）[301]的观点，生物系统中，即使是微小的资源损失，也可能会引起失败。因此，从个体心理角度来说，资源损失的危害程度远大于资源获取的有益程度，而为个体提供额外的资源或是其他手段降低其资源损失能够更加有效地对个体的态度或是行为产生影响。如上文所述，在实行高绩效工作系统的企业中，个体一方面享受着高绩效工作系统为其提供的工作资源，另一方面要完成高绩效工作系统对其提出的高工作要求，防止出现降薪、晋升受阻等资源损失或是保证能够持续获得工作自主性、工作参与等工作资源。此时个体在享受资源的同时，也在遭受着资源损失（工作时间、精力的额外投入）或资源损失的威胁（薪资、晋升机会和工作自主性等资源的损失）。在这种情况下，虽然工会实践同时存在两方面的作用，即帮助个体更好利用工作资源和帮助个体减少资源损失，但员工个人会更加关注工会是否能够帮助自己减少资源损失，或是帮助自己减少未完成工作要求时所需要付出的代价。当工会实践较好时，员工会明显感知到自己需要投入的额外工作时间、工作精力等显著减少，同时不能完成过高工作要求所承担的代价也显著降低，员工会感知到较低的工作压力，因此工会实践能够显著调节高绩效工作系统与工作压力之间的关系。同时，由于员工的关注点侧重于工会帮助自身减少资源损失的功能上，员工可能较少关注是否可以利用工会实践所营造的氛围和所提供的资源能够帮助自己更好利用高绩效工作系统所提供的资源，因此工会实践对高绩效工作系统和组织支持感之间的关系的调节作用不显著。

5.2 理论意义

首先，本研究对高绩效工作系统与员工幸福感之间关系的研究具有一定的补充作用。以往的研究对高绩效工作系统与员工幸福感之间的关系一直存在争议，其中主要包括乐观论与悲观论两种观点，乐观论认为高绩效工作系统通过增加员工的工作自主性、工作参与等方式增加了员工的幸福感，而悲观论则认为高绩效工作系统通过策略性的授权增加员工所要承担的工作责任，带给员工的更多的工作强度和压力，降低了员工的幸福感（Guest，2017）[296]。已有研究在此基础上对高绩效工作系统的双刃剑以及其内在机制进行了初步的讨论（Han、Sun、Wang，2019）[338]，但利用实证数据对高绩效工作系统的双刃剑效应进行验证的研究仍较少。本研究基于JD-R模型，选取了组织支持感和工作压力作为中介变量，验证了组织支持感和工作压力在高绩效工作系统与员工幸福感之间的中介作用，证明了高绩效工作系统对员工幸福感的双刃剑效应，对目前关于高绩效工作系统对员工幸福感影响的相关研究进行了补充，能够在一定程度上完善高绩效工作系统对员工幸福感影响的理论框架。

其次，本研究为后续研究探索工会在企业中的角色以及其对员工行为的影响机制具有一定启发作用。随着中国工会改革的进行，工会在工作场所开始逐渐发挥自身独特的作用，理论界不仅开始探究工会对员工行为和态度的影响（胡恩华、韩明燕、单红梅等，2019；周恋、刘明巍、李敏等，2019）[94,339]，也开始思考工会实践与企业人力资源管理实践的关系。但这些研究都侧重于从工会的职能去思考工会与人力资源实践的关系，认为工会在企业中不仅能够以"促进者"的角色增加人力资源管理实践的积极效应，也能够作为员工权益的"维护者"，削弱人力资源管理实践的负面效应（王永丽、郑婉玉，2012；詹婧、赵越，2017）[6,303]。而本研究以工会实践为调节变量，探究了工会实践对高绩效工作系统和工作压力以及组织支持感之间关系的调节作用，从员工感知的角度对两种角色的作用进行了验证。由上文结果可知，员工更加关注工会作为员工权益"维护者"的形象在降低工作要求，减少工作压力方面的作用。这在一定程度上为未来的研究思考工会在企业中的角色提供了思考，即需要从工会本身职能范围所确立的角色以及员工认可的角色两个角度来探讨工会在企业中的角色及其对员工态度和行为的影响机制。

5.3 实践启示

企业应该在实施高绩效工作系统时注意实施过程中的灵活性与宽容性。企业绩效和员工幸福感一直是人力资源管理追求的两个重要目标，理论界和实践界也一直尝试平衡两者之间的关系，以达到企业和员工的共赢。相较于传统的人力资源管理所采用的控制手段，高绩效工作系统更加注重通过授权、参与、培训以及提供晋升通道等方式为员工提供在工作场所所需的资源以提高员工绩效，同时增加员工的幸福感。但高绩效工作系统最终目的仍是提高企业绩效，因此不可避免地会配合以较为严格的考核系统，以保证员工的工作效率，这会对员工提出过高的工作要求，对员工幸福感产生负向影响。因此，企业应坚持因人制宜、因时制宜以及因事制宜的原则，从而保证高绩效工作系统在不损害员工幸福感的情况下提升工作效率，实现企业与员工的双赢。

工会应该积极发挥主观能动性，协助企业构建良好的工作环境，保障员工在工作场所的积极体验。我国的工会内嵌于企业之内，在维护员工权益的同时，也肩负着帮助企业维护生产秩序，提高企业管理效率的责任。尽管近年来随着工会改革的进行，工会开始逐渐逐渐参与到企业管理的各个模块，对提升企业管理效果起到了不可忽视的作用（李召敏、赵曙明，2017）[123]。但由于人员兼职、经济依附于企业等问题，工会的工作仍然存在积极性不高，浮于表面等问题（岳经纶、陈泳欣，2018）[340]。而从本研究结果来看，工会的实践活动能够有效帮助企业减少人力资源管理实践的负面效应，对保障员工在企业中的幸福感具有重要作用。因此，工会在工作中应该深入员工群体，积极开展各类维权、技能竞赛等活动，帮助在企业内建立良好的对话平台，营造和谐的劳资关系氛围，实现企业内公平与效率的协同发展。

5.4 研究局限与展望

首先，本次问卷调查在同一时点进行，这导致所测数据仅反映了当前时点高绩效工作系统、工会实践以及员工幸福感的状态，尽管从一定程度上反映三者之间的关系,但却不能全面反映变量之间的因果关系。此外,资源的流动以及对员工的影响具有动态与长期的效应(Halbesleben、Neveu、Paustian-Underdahl 等,2014)[322]。因此,要更深入探究高绩效工作系统和工会实践对员工幸福感的影响,后续研究可以使用多时点收集数据的方法,以反映高绩效工作系统所带来的工作要求和资源对员工幸福感的长期影响及工会实践在其中所起到的作用。

其次,本研究对高绩效工作系统以及企业工会实践的均测量了个体层面的高绩效工作系统以及工会实践。在同一企业中,个体层的高绩效工作系统与企业层的高绩效工作系统可能存在差异,个体层的高绩效工作系统可能因为个体的职位、人格特质以及所处的部门环境而产生差异(张军伟、龙立荣、王桃林,2017)[326]。同理,个体层的工会实践与实际实施的工会实践之间也可能存在类似差异。因此,后续的研究可以同时测量企业层次的高绩效工作系统与个体层次的高绩效工作系统,以及企业工会层次的工会实践与个体层次的工会实践,以更加全面、真实地反映具体实施的高绩效工作系统和工会实践对员工幸福感的影响。

再次,本研究基于 JD-R 模型对高绩效工作系统与员工幸福感之间的关系进行了讨论,没有考虑到归因理论、自我决定理论等理论在解释这一问题上的作用。事实上,归因理论、自我决定理论等理论都可以在一定程度帮助研究者解释高绩效工作系统的双刃剑效应(孙健敏、王宏蕾,2016)[341]。因此,后续的研究可以结合其他理论对该问题进行进一步的研究,丰富有关高绩效工作系统与员工幸福感之间关系的研究。

最后,根据 Han、Sun、Wang (2019)[338] 的观点,个体层面因素和组织层面的因素都可能会对高绩效工作系统与员工态度或行为之间的关系产生影响,因此后续的研究可以尝试探究个体因素的调节作用,或是探究组织因素和个体因素如何共同对高绩效工作系统和员工幸福感之间关系的影响。

专题研究 4

基于工会实践调节效应的领导成员交换对员工退缩行为影响研究

1 引言

随着社会经济的发展，现代科学以及医疗技术的进步，人们的寿命已经大幅延长，但与此同时当代社会的生育水平却在不断降低，这不仅直接导致了整个社会的老龄化现象，也间接造成企业员工队伍中的老龄员工所占比例不断增长，而随着延迟退休政策被提上议程，企业员工老龄化的趋势必然会更加明显。有学者研究发现，人口的老龄化和延迟退休政策的实施将加剧组织内部的年龄歧视行为（姜雨峰，2017）[342]。老龄员工即将退休，大多处于职业生涯的末期，在企业中所做的工作多为杂事，很少会被分配到核心业务，而社会整体对老年人的看法往往会给他们带来巨大的思想压力，另外考虑到他们成长过程中的历史背景，在面对现代信息技术冲击时老龄员工的总体适应能力远远不如年轻员工，这导致他们更容易感知组织对他们无能或无用的评判；因此，在面对组织中的年龄歧视时他们往往会选择逃避与组织的联系和躲避工作任务等退缩行为（Rippon、Kneale、de Oliveira 等，2013）[343]。同时，研究者也发现，在绝大多数行业中，老龄员工对公司的劳动生产率仍然有着明显的正向影响（张敏，2017）[344]。因此，面对企业员工队伍老龄化程度不断加深的现状，如何减少老龄员工的员工退缩行为，充分发挥老龄员工的作用，为企业趋利避害，就显得尤为重要。而通过回顾已有文献，现有的对员工退缩行为的研究主要分为两个流派（杨亚中、叶茂林、陈宇帅，2014）[345]，单个式研究流派主要研究某一特定的、具体的工作退缩行为，其中以对离职（turnover）和缺席（absenteeism）的研究居多（March、Simon，1958；Mobley，1982）[346,347]。整体式研究流派则认为工作退缩行为的一些表现形式，是由相同的前因变量（如对工作环境的不满或工作压

专题研究 4 基于工会实践调节效应的领导成员交换对员工退缩行为影响研究

力)导致的,它们之间可能存在内在关联。因此,可以把这些不同的退缩表现形式(如员工主动离职、缺席、迟到和低工作卷入等)整合到"工作退缩行为"这一大概念之下进行研究(Beehr、Gupta,1978)[348]。现有研究从各个角度对员工的退缩行为进行了探讨(Deery、Iverson,2005;Wang、Yi,2012;骆皓爽、何雪菲、王晓庄,2016)[349-351],而在探究领导与员工退缩行为关系的研究中,单个式流派的学者发现领导者的行为对离职这一具体的员工的退缩行为能产生显著影响。刘得格、黄晓治、张梦华(2014)[352]发现领导成员交换能够通过影响员工的组织承诺进而影响员工离职。周倩、施俊琦、莫申江(2016)[353]研究指出,领导成员交换所带来的领导成员关系的亲疏远近会对员工的程序公正感知产生影响,进而影响离职。肖贵蓉、赵衍俊(2017)[354]研究发现领导成员交换和员工离职倾向显著负相关。而整体式研究流派的学者则指出,工作退缩行为代表的是一个行为序列,这一序列由偶尔的"白日梦"开始,逐步扩大到迟到和缺席,并最终引发员工离职,退缩程度依次增强(Gupta、Jenkins,1991;Lehman、Simpson,1992)[355,356]。Berry、Lelchook、Clark(2012)[357]的研究为这一点提供了实证支持。近年来,许多学者也采取了整体式视角来研究退缩行为。熊静、叶茂林、陈宇帅(2018)[358]从公平理论的视角探讨了同事个性化契约对员工工作退缩行为的影响。于晓彤、陈晓、王赫(2019)[359]研究了工作卑微感影响工作退缩行为的作用机制;因此,论文也从整体式研究流派的视角切入,认为工作退缩行为是一整行为序列,而不仅仅只是离职这一单独的行为,领导成员交换会对这一整个行为序列产生影响。另外,还有研究从别的视角间接证明了领导成员交换对员工工作退缩行为的影响。尹奎、刘永仁、宋璐璐(2016)[360]则指出高质量的领导成员关系能够显著正向影响员工的情感承诺,退缩行为自然会减少。

现有研究大多关注于领导成员交换关系对员工态度和行为的有效或无效的争论上,而忽视了这种作用发生的边界条件。少量研究探讨了部分的调节变量,如吴婷、张正堂(2017)[361]探讨了领导成员交换差异化在领导成员交换和员工情绪枯竭以及领导成员交换和员工组织支持感知之间的调节作用。但这些研究都是从企业和员工两方面来对此进行探讨,却忽略了劳资关系网中工会这个第三方力量。事实上,在企业中，除了领导，工会作为帮员工维权的重要力量，也是员工的重要社会交换对象。作为参与企业日常生产经营管理的另一个重要主体，实践界发现，工会实践能够对领导者的行为产生制衡，如2011年的南海本田事件，因为不同工同酬的问题，工人在自选工人代表的牵头下组织罢工，给企业带来了巨大的经济损失和负面的社会影响，最终由工人代表、企业代表、政府代表三方谈判提高工人待遇才得以解决，而在此之后企业内部再也没有发生领导层差别对待不同群体员工的现象，公司得到稳定发展。由此可见，当工会实践的作用能够充分发挥时，会对领导者的行为产生一定程度上的制衡。理论界通过研究亦发现工会有着能够提升工作场所公平水平（Lu、Tao、Wang，2010）[78]，促进员工建言（胡恩华、韩明燕、单红梅等，2019）[362]等优点。在组织中员工常常是将领导作为组织的代言人（徐燕、赵曙明，2011）[363]，因而领导成员的年龄歧视行为会被员工视作组织对自己的歧视，而我国工会因其内嵌于组织的独特组织架构，工会实践给员工带来的好处往往会被员工认为是企业给与（韩明燕，2019）[364]，所以工会帮助员工维权、对抗年龄歧视等不公平现象的行为也会被员工认为是组织对自身的支持，从而削弱了员工年龄歧视的认知。在不同的企业之中，工会实践水平必然是不一样的，检验工会实践在领导成员交换和年龄歧视之间的作用，能够更好地为找出减少年龄歧视的方法提出全新且切实可行的指导。因此，研究将尝试对工会实践的调节作用进行探讨。基于此，本研究以加入了工会的老龄员工作为研究对象，从社会交换理论的视角探讨了领导成员关系对员工退缩行为的影响以及工会实践在这个影响过程中所起的作用。

2 理论基础与研究假设

2.1 社会交换理论

社会交换理论用于解释社会交换如何促使个体特定行为的产生，在社会学和管理学的领域应用的已经非常广泛。郑晓旭、陈娇、骆玚等（2019）[365]在研究工作倦怠时发现，工作倦怠的发生很多时候是因为员工难以获得足够的组织的支持而产生的，同时高自我效能

专题研究 4 基于工会实践调节效应的领导成员交换对员工退缩行为影响研究

感的员工在工作场所表现出更高的政治技能,能更好地理解和影响他人,根据社会交换理论,他们也能从组织中获得更多的支持,减少倦怠行为。赵红丹、陈元华、郑伟波(2019)[366]运用社会交换理论来探讨社会责任导向的人力资源管理对员工建言行为的影响,研究发现人力资源管理与关系型心理契约和员工建言行为显著正相关并且关系型心理契约部分中介了人力资源管理对员工建言行为的正向影响,而领导成员交换负向调节人力资源管理通过关系型心理契约影响员工建言行为的中介作用。何显富、陈宇、张微微(2011)[367]以社会交换理论为基础,对国内某大型制造企业的239名员工进行研究发现,企业履行对员工的社会责任能够对员工感知组织支持以及员工组织公民行为产生直接的正向影响,员工感知组织支持在这一关系中发挥了重要的中介作用。

社会交换理论认为,社会吸引过程导致社会交换过程,互相提供报酬将维持人们之间的相互吸引与继续交往。因而,领导与员工之间的相互吸引是领导成员交换的开始,而在这个社会交换过程开始之后,领导会给这部分互相吸引的员工提供更多的领导支持(物质支持、情感支持等)作为报酬,员工会以更高的工作投入、更高的生产绩效等方式作为报酬回报领导,形成良性循环。而由上文可知,组织内的管理者往往会对老龄员工怀有偏见,如抗拒改变,学习能力较弱,个人发展潜力不足,任期较短,培训回报少等刻板印象(Finkelstein、Burke、Raju,1995;Weiss、Maurer,2004;Hedge、Borman、Lammlein,2006;Urwin,2006;Posthuma、Campion,2009)[368-372]。因而,在大多数情况下,老龄员工难以吸引领导,自然难以与领导建立高质量的领导成员交换关系,而有研究发现,在高质量的交换关系中,下属员工能够享受到更高程度的信任、尊重和情绪支持,领导也会分配给下属更多有形和无形的工作资源(Dulebohn、Bommer、Liden 等,2012)[373],与领导成员交换关系高的"圈内人"相比,领导交换关系质量低的"圈外人"享受不了高领导成员交换关系质量的员工所能享受到的特权,难以感受到领导支持,从而会导致消极的工作表现和心理状态(Jiang、Law、Sun,2014;陆欣欣、孙嘉卿,2016;Jennifer、Cheris、Raymond,2018)[374-376]。此外,在工会实践水平高的企业之中,工会会采取行动帮助员工维权,而这些手段（如罢工等），可能会对组织以及领导个人产生负面影响，领导采取年龄歧视等行为时，预期所能获得报酬会远远小于自身投入的成本，从而减少了年龄歧视。同时，工会实践能够促进劳资关系的改善，促进员工建言，增加这部分"圈外"老龄员工与领导之间的交互，在一定程度上满足了老龄员工的交互公平感知，进而减少了年龄歧视的感知。

2.2 领导成员交换与员工退缩行为

领导成员交换的概念指出，组织中领导因为掌握的资源有限（包括物质资源、情感资源等各种资源），以及时间压力等限制性因素，在与下属员工建立关系时，领导会根据收益最大化的预期而无法做到公平分配，因此会将下属划分成不同的种类以区别对待（Graen、Dansereau、Minami，1972）[377]。其中一部分下属和领导保持更加密切的关系，会得到更多的领导支持，得到更多关照，属于"圈内"成员，领导会提供更多的信任、关照等利益支持给"圈内人"，如加薪晋升、技能培训以及工作授权等，并与其建立高质量的交换关系。作为交换，领导也会得到这部分下属的尊重和爱戴，他们愿意在工作中付出加倍的努力并支持领导的决定。这样，在这个圈子内，领导就与这部分下属建立起了一种高质量的交换关系。相对于"圈内"成员，"圈外"成员很少得到领导的关注，他们和领导的交流局限于工作范围之内，和领导是一种正式的组织等级关系。他们往往被视为公司雇用的普通劳动力。他们与领导缺乏积极的互动。领导为这部分员工所提供的时间、资源和工作支持也会相对较少（姜诗尧、郝金磊、李方圆，2019）[378]。

社会交换理论指出，进行社会交换的双方都会对从对方那里收到的信息进行回应，在这个过程中，交换双方会不断地进行关系匹配以求达成平衡，而一旦其中一方打破了这种平衡，另一方就会采取行动以求达成一种新的平衡。反映在企业之中则会表现为员工会以自身和组织以及领导的关系为根据来调整自身的工作态度以及工作行为（容琰、隋杨、杨百寅，2015）[379]。因此当员工和领导关系很好时（即处于高领导成员交换关系之中时），领导会给予更多的工作支持、更多的信任等各个方面的照顾，员工就会以更多的工作投入、更高的绩效、组织公民行为、更

专题研究 4 基于工会实践调节效应的领导成员交换对员工退缩行为影响研究

多的创新行为等各种表现形式来报答领导,维持这种动态的平衡;同样,当员工和领导关系并不是很好(甚至很差),即处于低领导成员交换关系之中时,员工难以享受到领导所能给予的领导支持,甚至会遭受领导的不公平对待,在这种情况下,员工就会表现出消极的工作表现和心理状态(陆欣欣、孙嘉卿,2016;Jennifer、Cheris、Raymond,2018)[375,376]。而从上文可知,因为社会上普遍存在的对老龄员工的偏见,企业之中的老龄员工往往难以与领导建立高质量的领导成员交换关系,因而在老龄员工和其领导形成的社会关系之中领导不能充分信任老龄员工,同样老龄员工也难以信任领导。叶仁荪、倪昌红、廖列法(2016)[380]指出,对于领导的信任水平能够负向影响工作群体的离职意愿,因而处于低领导成员交换关系之中的老龄员工,很可能会因为对领导的低信任水平而表现出退缩行为。

与此同时,翁清雄、王婷婷、吴松等(2016)[381]研究发现,重视在组织中建立领导与员工之间良好人际关系的领导方式,即情感型领导能够对员工的离职产生有效的反向影响。领导与员工之间良好关系的建立能够增强员工的组织归属感,帮助组织有效地留住核心员工(厉凌、陈同扬,2010)[382]。另有研究表明,员工与领导者之间的认同感、信任以及相互支持可以提升员工留在当前组织的意愿(Tse、Huang、Lam,2013)[383]。领导成员交换指出,领导与下属之间的交换,不仅仅只是物质交换,同样包含信任、情感等方面的社会交换,领导的"圈内"员工与领导之间无论是物质交换还是情感等方面的社会交换都保持在一个较高的水平,而"圈外"和领导的交流仅局限于工作范围之内,和领导是一种正式的组织等级关系,缺乏认同、信任这类交换,因而可能会缺乏对组织的认同感。而由上文我们基于现有研究推断得出,因为组织中对于老龄员工偏见的存在,致使他们往往成为被年龄歧视的对象,领导者往往不会选择他们作为"圈内"成员加以支持,因而作为"圈外"成员的他们与领导之间往往互相缺乏认同与信任,而基于比较视角,领导区分的圈外人会对圈内人所获得的特殊资源产生嫉妒心理,违背了公平原则(周明建、侍水生,2013)[384],这无疑也会对这部分圈外员工的工作行为产生负面影响。

基于此,本研究提出以下假设:

H1：领导成员交换对员工退缩行为显著负相关。

2.3 年龄歧视的中介作用

歧视是由于某些人是某一群体或类属之成员而对他们施以不公平或不平等的待遇，而在现实的劳动就业过程中，对劳动者的歧视有多种，包括性别歧视、学历歧视、身份歧视、民族歧视等，而对于高龄劳动者的歧视主要是年龄歧视。有学者指出，就业高龄歧视是一种妨碍效率与社会公平的主观偏见，它阻碍了人力资本的正常流动，破坏了公平的就业环境，加剧了社会矛盾（李涛，2019）[385]。其主要表现包括：在雇用劳动者时，以一定的年龄标准为限制决定是否录用；对于在职劳动者，将年龄作为工资薪酬、职位晋升、福利待遇等的条件；在解雇或辞退时，将年龄作为决定性的依据；人为制定强制性退休年龄标准等（刘勇，2012）[386]。由此可见，年龄歧视对于组织中的老龄员工就是因为组织内存在的对他们的偏见而形成的组织不公正，这无疑会严重破坏组织内老龄员工对组织公平的感知。

在研究领导—成员交换和组织公正之间的关系时，有学者研究发现，在员工刚进入企业时，组织公平会对领导—成员交换关系产生影响，但随着时间的推移，一旦员工的角色趋于稳定，组织公平和领导—成员交换的关系将会发生逆转（Tekleab、Takeuchi、Taylor，2005）[387]。组织公平源于对组织和工作的直观感受，而领导在实际的工作任务中"等同于"组织，因此领导者的领导方式及其与员工的互动关系会对员工的组织公平感知产生影响。领导—成员交换理论发现领导与员工之间经过互动、沟通等活动以及同源关系会形成不同的或亲或疏的交换关系（Graen、Uhlbien，1995）[388]。在高质量的领导—成员交换关系中，员工能够从领导者手中获得物质报酬、奖励等经济利益和晋升机会等社会利益，员工对组织的公平感知更强。领导者对"圈内成员"会给予比"圈外成员"更多的肯定，而这会对"圈内成员"起很大程度的激励作用。在中国的企业中，往往存在着浓厚的"关系"文化，在这种文化下，无论是"人情""亲情"形成的关系"圈子"，还是员工天然热衷于权术、逢迎讨好形成的关系"圈子"，往往会使"圈外成员"感受到不公平，"圈外成员"会认为"圈内成员"获得的回报只是因为其与领导的关系,从而产生组织不公平感。因此,在低质量的领导—成员交换关系中,"圈外成员"的组织不公平感更强(张端民,2017)[389]。

与此同时,Rupp、Vodanovich、Cred(2006)[390]发现对员工怀有偏见的管理者更可能表现出歧视性的行为。社会交换理论指出,在参与社会交换之前,行动者会基于互惠性原则对预期报酬和成本进行计算,以决定是否进行交换。只有当交换的双方均满意通过交换所获得的收益时,社会交换才会发生。因此,在领导与员工建立关系的初期,双方都会对自身所付出的成本以及通过交换所能获得的收益进行预估以决定是否进行社会交换。而有研究指出,组织内普遍存在对老龄员工不利的刻板印象。例如:抗脑力、体力、竞争力、适应能力以及灵活性不如年轻员工,工作绩效较差等(陈建安、陶雅、陈瑞,2017)[391]。因此,出于预期收益最大化的考虑,相比于在组织中存在更多负面印象的老龄员工,领导者往往会优先选择组织中的中年员工或者青年员工进行社会交换,以期获得更高的投入产出比,从而形成了年龄歧视。组织中的年轻员工因为处于高水平的领导成员交换关系之中,能够获得更多的领导支持,自然能够以更好的工作表现来回报领导,形成良性循环。而难以与领导建立高水平的社会交换关系的老龄员工就无法获得领导的信任、支持,在面对同样的机会时很可能受到不公平的对待,在组织之中即表现为年龄歧视。

由上可知,本研究提出以下假设:

H2:领导成员交换与年龄歧视显著负相关。

情感事件理论和离职展开模型证明了工作本身对员工行为的影响(Rabl,2010)[392]。情感事件理论认为年龄歧视会通过影响员工的经验判断和认知行为,进而促使工作退缩行为的产生。离职展开模型指出,年龄歧视作为一些组织中所存在的压力源会给员工带来压力,而员工在适应其所带来的压力的过程中容易产生退缩行为。年龄歧视可以成为诱发员工情感变化的驱动因素,退缩行为是其情感变化的直接反应。在年龄歧视与员工行为的关系方面,研究发现年龄歧视会对员工的工作行为普遍带来不良影响。Ng、Feldman(2013)[393]发现相比于年轻员工,老龄员工更愿意帮助他们所在的组织并积极参与创新行为,但遭遇年龄歧视后这种积极性将明显下降。Damman、Henkens、Kalmijn（2013）[394]研究发现因为年龄增长而带来的不可避免的身体机能的衰退，面对外部环境的变化，濒临退休的员工更容易产生紧张、焦虑等负面情绪，进而减少工作投入。而 Rabl（2010）[392]以德国 6 家大型公司 624 名 30~40 岁的年轻员工和 631 名 50~64 岁的老龄员工为样本进行研究，发现年龄偏见感会导致员工组织支持感的降低，同时增加对失败的恐惧。虽然有研究表明控制感能够在一定程度上削弱年龄偏见感给员工带来的心理上的烦恼，但是年龄偏见感会不断降低员工的控制感，也会对员工的组织支持感带来负面影响（Yuan，2007）[395]，进而会持续破坏老龄员工和组织之间的关系，所造成的直接后果就是老龄员工减少组织承诺（Snape、Redman，2003；Rabl、Triana，2013）[396,397]，工作满意度的下降以及减少工作投入等（Hassell、Perrewé，1993；Redman、Snape，2006）[398,399]，进一步促使员工感到与工作的疏远和异化，最终选择提前离休。而胡丽红（2016）[400]在以国内临退休员工为样本进行研究后也指出，年龄歧视对临退休员工的退缩行为有着显著的正向影响。

此外，通过年龄歧视的相关研究我们可以得知，针对老龄员工的年龄歧视是指老龄员工在就业机会或就业待遇上遭受到的区别或排斥对待（李涛，2019）[385]，因此对于老龄员工，组织中的年龄歧视可以视作对他们的组织偏见与组织不公正，而这种对于组织不公正的感知必然会对这部分遭受年龄歧视的老龄员工的行为产生不良的影响。叶宝娟、符皓皓、雷希等（2018）[401]研究发现组织公平感不仅能够显著影响员工的工作绩效，更是会对员工个体的离职意向产生影响。因此，当老龄员工感觉到自己遭受年龄歧视时，这种不公平的感知很可能会促使他们产生离职的想法。而从整体式视角对员工工作退缩行为的研究可知，离职只是员工工作退缩行为这一整个行为序列的最后一步，离职不是突然发生的，必然是经过一整个退缩过程而带来的最终的结果。因此，我们有理由相信，年龄歧视这一对老龄员工的组织不公正行为会对老龄员工的工作退缩行为产生负面的影响。

综上所述，本研究提出以下假设：

H3：年龄歧视对员工退缩行为具有显著正相关。

H4：年龄歧视在领导成员交换与员工退缩行为之间起中介作用。

2.4 工会实践的调节作用

随着全国工运事业的推进，工会改革也在不断进行，工会工作越来越强调的维护职能的重要性，人们对工会的认识也渐渐从过去的"福利机构"中走出，开始关注工会对工作场所以及对员工行为产生的影响。西方学者研究指出，工会在努力与雇主合作以改善工作内容的同时，劳资关系也会得到改善（Kochan、Osterman，1994；Rubinstein、Kochan，2018）[402,403]，而这恰好符合我国的社会情境。因此，在我国的社会情境下，工会实践对营造组织内良好的劳资关系氛围能产生积极的影响。Zhu、Warner、Feng（2011）[44]指出，中国工会因其同时对员工和企业负责的独特职责使其能够有效维护和谐的劳资关系。谢玉华、刘美艳、陈培培（2019）[404]发现，企业工会实践对劳动关系气氛有显著的影响；其教育及服务实践对积极劳动关系气氛影响最大，而维权实践对消极劳动关系气氛影响最大。Wang、Elfstrom（2017）[405]通过研究也发现，工会实践水平高的企业内部劳资关系也会更加和谐，员工的反生产工作行为也会更少。而在学者们在研究工会实践对员工个体行为的影响时时，发现工会实践能有效促进员工建言（胡恩华、韩明燕、单红梅等，2019）[362]。良好劳资关系氛围的建立以及员工建言积极性的提高，无疑会促进企业内部沟通，提高沟通的开放性。另外，广义上的年龄歧视指出年龄歧视是对任何年龄组潜在的不公和歧视，包括对年轻员工或老年员工的偏见和不公（Snape、Redman，2003）[396]，也包括招聘环节、薪酬发放与增长、培训选拔、晋升选拔、企业裁员选择等各个方面员工仅仅因为年龄而遭受的不公平待遇（刘勇，2012）[386]。组织公平可以划分为分配公平、程序公平、互动公平（刘涛、杨慧瀛，2019）[406]，而对于老龄员工，这些发生在工作场所的年龄歧视现象完全可以视作组织不公平，如在薪酬发放或提升方面的歧视无疑就是一种分配不公平，而培训歧视、晋升歧视则打破了程序公平等。刘或或、丁国林、严肃（2010）[407]在研究领导成员交换与组织公平的关系时，发现沟通的开放性一定程度上在领导成员交换和组织公平之间起着负向的调节作用。而由上文我们可以得知，工会实践可以通过促进员工建言、帮助营造积极的劳资关系等方式来促进组织内的沟通交流，提高沟通的开放性，所以当工会实践水平高时，组织内沟通的开放性自然也就越高。因此，工会实践能对领导成员交换和组织公平之间的关系起调节作用。

近年来，随着经济市场改革的深化，劳资冲突的数量也越来越多、类型也越来越多样化，工会的维权职能越来越被强调，因此我国工会的工作重心也在向帮助员工维权转移。组织内工会通过自身工会实践，如组织员工罢工、集体协商等各种方式的活动来帮助员工维权，而根据现实工会维权实践的结果来看，这些维权活动往往会给企业带来一定的损失，如停产以及企业社会形象的损失等，根据社会交换理论的核心思想，这些已有的工会帮助员工维权的社会事件能够极大地增加领导者想要采取年龄歧视等不良行为时所要考虑的预估成本，进而减少领导采取年龄歧视行为的可能性，由此可以合理推断工会实践能够对领导者的行为产生一定的制衡作用。因此，当组织内工会实践水平处于比较高的水平时，组织内那些与领导者关系不那么亲近的员工受到年龄歧视等不公平对待的可能性会大大减少。

综上所述，本研究提出以下假设：

H5：工会实践对领导成员交换与年龄歧视之间的关系起负向调节作用。

经过上文的分析可知，当组织内工会实践水平高时，组织内劳资关系氛围也会更好，员工建言积极性也会更高，劳资双方的沟通质量，促进了组织内的沟通水平（徐世勇、Huang、张丽华等，2014）[26]，也会对领导者的行为产生制衡，促使其减少损年龄歧视这种损害老龄员工权益的不公平行为，进而减少了老龄员工的退缩行为；而当组织内工会实践水平低时，组织内劳资关系氛围可能没有那么好，员工不敢建言，领导也难以与员工进行高质量沟通，组织内沟通的开放性处于低水平，同时当领导者对老龄员工采取年龄歧视等不公平行为时，也没有外在力量予以制衡，进而会增加组织内老龄员工的退缩行为。以上分析可以进一步表现为被调节的中介效应，也即年龄歧视在领导成员交换关系与老龄员工退缩行为之间的中介作用会受到组织内工会实践水平的影响。在不同水平的工会实践情况下，年龄歧视的中介效应的大小也是不同的。因此，

专题研究 4 基于工会实践调节效应的领导成员交换对员工退缩行为影响研究

本研究提出如下假设：

H6：工会实践调节年龄歧视在领导成员交换关系与员工退缩行为间的中介作用。

基于社会交换理论，以领导成员交换为自变量，员工退缩行为为因变量，年龄歧视作为中介变量，工会实践作为调节变量，构建了专题研究图 4-1 所示的理论模型。

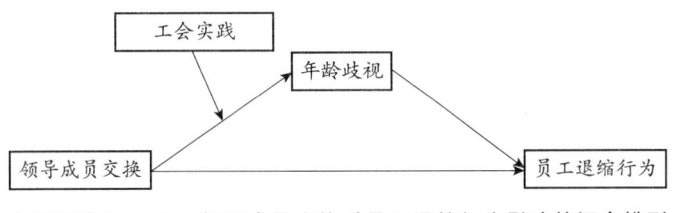

专题研究图 4-1 领导成员交换对员工退缩行为影响的概念模型

3 研究方法

3.1 样本与数据收集

为了避免因数据来自同一来源进而对研究结果产生影响，本研究在选取调查对象时，避免集中于一个企业或是一片地域而导致研究结果缺乏代表性，选取不同省份的不同公司，同时将问卷调研过程在时间上拉长，综合平衡问卷题项的顺序效应，严格保证问卷匿名填写（周浩、龙立荣，2004）[408]。具体操作流程如下，选取江苏、浙江、广东、四川、上海等不同省市内建有企业工会的企业员工作为目标人群。企业类型是制造业行业，其中国有企业占比为 42.6%，民营企业占比为 40.5%，外资企业占比为 16.9%。

本研究问卷调查从 2019 年 9 月起，12 月完成，历时 4 个月。在问卷题项的顺序上，进行随机安排量表的题项顺序。由于本研究的研究对象是有工会成员资格的员工，由于工作性质要求较高，数据收集难度较大，为保证能够收集到数量足够的有效问卷，采取了三种渠道来进行问卷的发放和回收。第一种渠道是发动本书组成员的学生关系找到愿意帮忙的且建立了工会的企业，由企业内部工会工作人员协助此次调查相关事宜，因为需要 45 岁以上的员工填写，实地调研效率非常低下,故最终确定的数据收集方式为网上答题,由工会工作人员通过公司内部资料筛选出45岁以上的员工名单以及邮箱地址,研究小组在这份名单中进行随机挑选对象发送网络问卷的链接与答题说明,并解释强调此次问卷填写绝对保密,不会有第三者知晓,待目标对象填写完并提交后,问卷信息会直接上传到网络后台。第二种渠道是委托研究小组身边的朋友关系,请他们寻求符合要求的作答对象来进行问卷的填写,同样是通过网络链接的方式邀请其进行作答,作答结果会直接上传到网络终端后台。在作答之前,由研究小组对目标人群强调本次问卷填写的客观性,保证收集到的数据的有效性。第三种渠道是通过腾讯问卷等平台进行发放,使用平台目标人群定向投放功能控制投放对象的年龄等限定条件,利用腾讯的数量庞大的用户群体进行有针对性的投放,平台会以公众号推送的形式进行问卷发放。为保证问卷填写的有效性,研究小组成员先进行问卷的模拟填写,估算出填写的大概时间,然后以此答题时间作为每份问卷的作答时间参考标准,填写时间明显低于此时间的直接视作无效问卷(作答时间可以在后台直接看到);利用平台的奖励机制,平台会收取一定费用,而这费用将全部会以微信红包的形式发放给完成问卷的账号作为奖励。

本研究共发放问卷1857份,总共回收417份,筛选掉无效问卷后,有效问卷剩余321份,有效回收率为17.29%。

3.2 变量测量

为保证各变量的信度和效度,本研究测量各个变量所使用的量表均为国内外成熟可靠的量表。其中,一部分是已经得到研究检验的由中国学者开发以及修改的本土化量表;另一部分是国外前沿研究所选用的量表。此外,问卷设计采用李克特五点计分法,这表明受访者对该问题描述的同意程度逐步提高。

(1)领导成员交换的测量。本研究采用Liden、Maslyn(1998)[409]修改的JOM量表。该量表包含领导成员交换的4个维度,共7个题项。如"我和我领导关系很好""我的直接领导能够认识到我的潜力""无论我的领导职权多大,他/她都会用职权来解决我工作中遇到的难题"等。

该量表的 Cronbach's α 系数为 0.940，具有较好的信度。

（2）工会实践的测量。因为我国工会独特的社会历史背景、与西方截然不同的社会主义体制以及文化背景、使命任务等各种因素的影响，使我国工会无论是性质还是所扮演的角色等方面与西方工会都存有不同，因此在对中国的工会实践进行研究时，应当选择中国学者自主开发的测量量表。陈万思、姚圣娟、钟琳（2011）[410]在研究我国工会实践对企业劳资关系对员工双组织承诺的影响问题时，结合《中华人民共和国工会法》等相关法律条文以及中央对工会工作的要求，同时寻求各个层面的工会主席的意见，对我国企业工会的日常工作事务进行总结，开发了工会实践的量表，量表分为服务员工、教育员工和员工参与 3 个维度，总计 10 个题项，如"当员工和企业发生劳资纠纷冲突时，工会可以帮助进行调解""工会帮助员工提高工会意识可以提高员工的凝聚力和归属感""员工通过参与工会组织的各项活动可以促进彼此之间的沟通"。但是，陈万思、姚圣娟、钟琳（2011）[410]所认为的"参与"是默认员工已经是工会会员的前提下所进行的一系列活动，更多的研究是从"工会能否帮助员工参与企业日常管理之中"这个角度来进行探讨。例如，王永丽、郑婉玉（2012）[6]将"工会高层领导参与企业高层管理决策会议""工会组织职工代表大会帮助企业发展""工会帮助员工传递合理化建议"这三点作为员工工会参与的三个指标。单红梅、胡恩华、黄凰（2014）[82]依据我国相关法律规定，在姚先国、李敏、韩军（2009）[411]以及陈万思、姚圣娟、钟琳（2011）[410]研究的基础上，修订了包括参与、维护、教育和建设四个维度的 16 题测量量表。但通过对这些学者划分的维度进行对比分析发现，尽管学者们对于工会实践维度的划分都是以《中国工会章程》所规定的工会职能划分为依据，但是这些研究对企业工会实践各个维度的具体内涵和外延理解并不一致，相互之间存在一定的差异（张毛龙、胡恩华、张龙，2018）[43]。在前人的研究基础之上，张毛龙、胡恩华、张龙（2018）[43]根据中国工会实践的实际，通过科学规范的量表开发方法开发的工会实践量表。该量表包含 3 个维度，共 13 个题项。如"工会是否鼓励员工向企业献言献策，征集员工的合理化建议""协调员工和企业关系，打造积极、和谐的工作氛围""为员工的生活提供便利"和"组织工作技能类的趣味竞赛活动"等。该量表的Cronbach's α系数为0.961,说明具有较好的信度。

(3) 年龄歧视的测量。本研究采用Furunes、Mykletun (2010)[412]开发的年龄歧视量表（Nordic Age Discrimination Scale, NADS）。该量表从晋升、培训、发展、发展性评价、工资增长和变革过程这6个方面对组织内针对员工的歧视行为进行了具体测量,共计6个题项。如"员工在晋升或内部招聘时时常被忽略"等。该量表的Cronbach's α系数为0.899,具有较好的信度。

(4) 工作退缩行为的测量。关于工作退缩行为的测量,比较早的测量量表有：Hanisch、Hulin (1990)[413]于1990年开发的测量量表,共计21个测量条目（如"你编造借口以回避工作的频率有多高""你在工作中缺席的频率有多高"等）；Lehman、Simpson (1992)[356]在Hirschman提出的ELVN（退出、忠诚、建言和忽略）模型基础之上开发了新的测量量表,该量表总计12个题项（如"有缺席或旷工的想法""与同事讨论与工作无关的事情""想离职""让其他同事完成自己的工作"等）该量表是目前应用比较广泛的用来测量员工退缩行为的量表。本研究采用Lehman、Simpson (1992)[356]所编制的量表,该量表的Cronbach's α系数为0.925,说明具有较好的信度。

4 数据分析与结果

4.1 验证性因子分析

为了检验问卷的效度,本研究应用AMOS 24.0进行验证性因子分析,通过组合信度（CR）和平均变异萃取量（AVE）对量表的收敛效度进行检验,具体详见专题研究图4-2。

(1) 模型拟合

本研究从绝对拟合指标、增值拟合指标和简约拟合指标来判定模型拟合程度。一般认为,卡方自由度比小于1时表示过度拟合,其值在1到3之间表示拟合良好,大于3表示拟合较差,卡方自由度比越小,模型拟合程度越高,反之模型拟合程度越低；GFI类似与回归分析中的R^2,其值在0和1之间,但理论上可能会出现没有意义的负数,GFI值越大

专题研究4 基于工会实践调节效应的领导成员交换对员工退缩行为影响研究

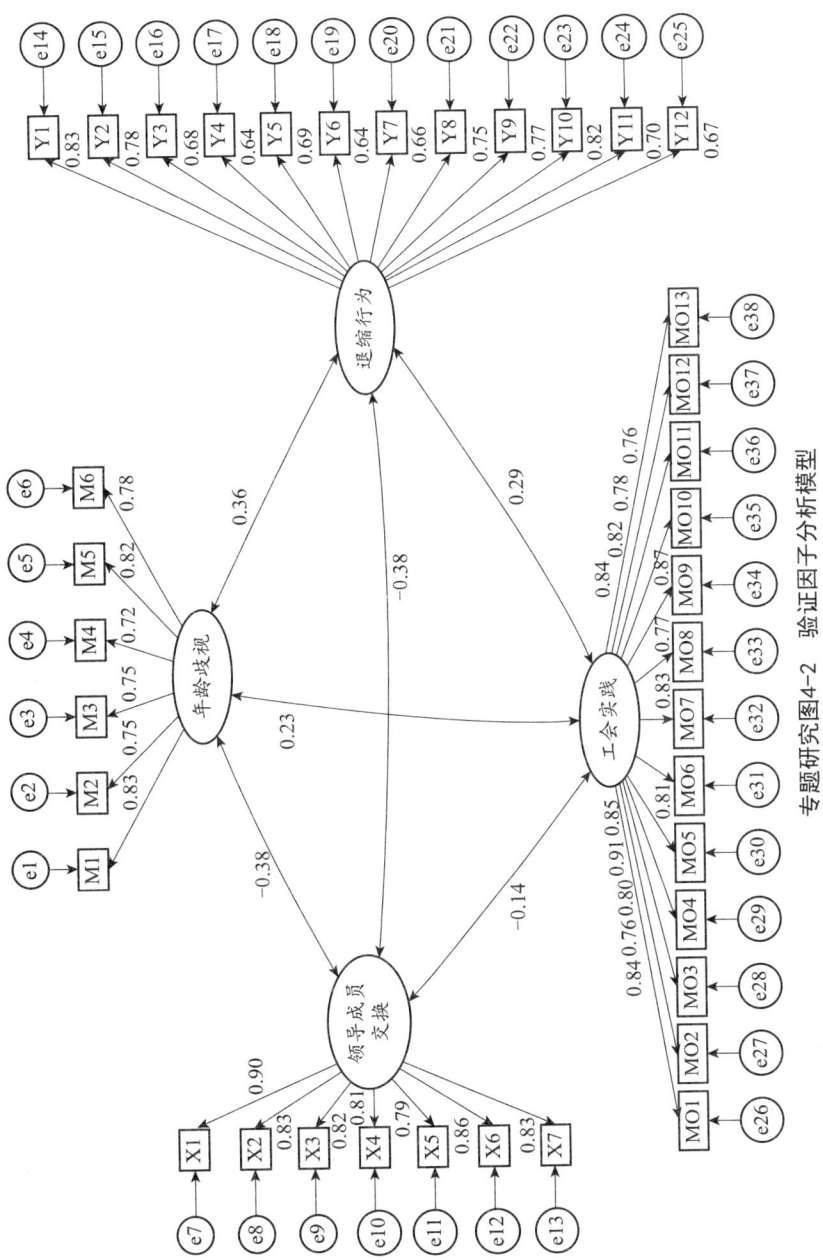

专题研究图4-2 验证因子分析模型

模型拟合越良好，一般规定 GFI 值应大于 0.9；AGFI 为调整后拟合优度指数，通常认为大于 0.8 即可接受，0.9 以上理想；近似误差均方根 RMSEA 是一个重要的替代性指数，它不受样本数大小与模型复杂度的影响。RMSEA 指数越小，模型拟合越佳，其值介于 0.05 和 0.08 时说明拟合良好，小于 0.05 时则拟合非常好。规范拟合指数 NFI 指数的原理是计算假设模型卡方值与独立模型卡方值的差异量，可以看作假设模型同约束条件最多的独立模型之间的改善情况。其取值范围为 0 到 1，越接近 1 表示拟合越良好，一般要求其值大于 0.9，但 NFI>0.85 也是可以接受的；Tucker-Lewis 指数 TLI 指数又称为非规范拟合指数（NNFI），由于 NFI 指数在样本量较小和自由度较大时对模型拟合程度会存在偏低估计的情况，TLI 值越大代表模型拟合情况越良好，通常要求其值大于 0.9；比较拟合指数 CFI 指数也是通过假设模型与独立模型之间差异量来衡量拟合度的一个指数，其值越大表示模型拟合越良好，一般要求大于 0.9。专题研究表 4-1 是各类拟合指标的具体结果。

专题研究表 4-1　　　　　　　验证性因子分析

拟合指标	推荐值	拟合结果
CMIN	—	944.504
DF	—	659
CMIN/DF	<3.000	1.433
RMR	<0.080	0.051
GFI	>0.900	0.879
AGFI	>0.800	0.863
NFI	>0.900	0.899
TLI	>0.900	0.965
CFI	>0.900	0.967
RMSEA	<0.080	0.037

由专题研究表 4-1 可知，GFI、NFI 虽然没有达到 0.9，但两个指标的拟合结果均在 0.85 以上，仍处于可接受范围内，可以看出模型的整体

专题研究 4　基于工会实践调节效应的领导成员交换对员工退缩行为影响研究

上适配度是在可接受范围内,具有良好的区分效度。

(2) 收敛效度

CR 值是因子载荷值加和的平方,题项之间相关性越强,潜在变量对它们的解释能力也越强,因子载荷值加和的平方就越大,内部一致性就越好。AVE 值是因子载荷值平方的和,代表潜在变量对所有测量变量的综合解释能力,AVE 值越大,潜在变量能够同时解释它所对应的题项能力就越强,收敛效度也就越好。

专题研究表 4-2　　　　　　　收敛效度分析

变量	题项	Estimate	CR	AVE
领导成员交换	X1	0.904	0.942	0.698
	X2	0.831		
	X3	0.823		
	X4	0.808		
	X5	0.792		
	X6	0.861		
	X7	0.826		
退缩行为	Y1	0.827	0.927	0.515
	Y2	0.729		
	Y3	0.679		
	Y4	0.644		
	Y5	0.687		
	Y6	0.641		
	Y7	0.656		
	Y8	0.750		
	Y9	0.772		
	Y10	0.815		
	Y11	0.703		
	Y12	0.673		

续表

变量	题项	Estimate	CR	AVE
年龄歧视	M3	0.752	0.901	0.602
	M4	0.721		
	M6	0.784		
	M5	0.816		
	M2	0.749		
	M1	0.828		
工会实践	MO1	0.836	0.962	0.659
	MO2	0.764		
	MO3	0.802		
	MO4	0.814		
	MO5	0.845		
	MO6	0.812		
	MO7	0.830		
	MO8	0.771		
	MO9	0.874		
	MO10	0.841		
	MO11	0.818		
	MO12	0.782		
	MO13	0.755		

由专题研究表4-2可知，CR值均大于0.7，AVE值均大于0.5，说明问卷内部一致性和收敛效度均较好。

4.2 相关分析

各变量的相关系数见专题研究表4-3。由专题研究表4-3可知，领导成员交换与年龄歧视（$r = -0.348$，$p < 0.01$）为显著负相关。由此，假设1得到初步支持。领导成员交换与工作退缩行为（$r = -0.359$，$p < 0.01$）具有显著负相关；领导成员交换与工会实践（$r = -0.128$，$p < 0.05$）具有显著负相关；年龄歧视与工作退缩行为（$r = 328$，$p < 0.01$）具有显著正相关；年龄歧视与工会实践（$r = 0.212$，$p < 0.01$）具有显著

正相关;工作退缩行为与工会实践(r=0.282,p<0.01)具有显著正相关。由此可知,本研究中,自变量可以解释中介变量,中介变量可以解释因变量。相关水平临界值均不超过0.73,因此,本研究的分析数据不存在严重的多重共线性问题。

专题研究表4-3　　　　各变量的相关系数

	领导成员交换	年龄歧视	退缩行为	工会实践
领导成员交换	**0.836**			
年龄歧视	-0.348**	**0.776**		
退缩行为	-0.359**	0.328**	**0.717**	
工会实践	-0.128*	0.212**	0.282**	**0.812**

注:＊表示p<0.05,＊＊表示p<0.01(双峰检验)。

4.3　假设检验

(1) 主效应检验

本研究采用SPSS26.0的Process宏程序以及Bootstrap的方法来验证各变量的关系,对假设进行检验。由专题研究表4-4可知,领导成员交换能够显著负向影响员工退缩行为($\gamma=-0.285$,$p<0.001$),假设H1得到验证。

专题研究表4-4　　　　主效应检验结果

变量		因变量:退缩行为	
		Estimate	S.E.
控制变量	性别	-0.032	0.091
	年龄	0.049	0.145
	学历	-0.024	0.071
	工作年限	-0.128	0.095
	企业职务	-0.398	0.149
	企业性质	0.259	0.053
自变量	领导成员交换	-0.285**	0.048

注:N=321;＊表示$p<0.05$,＊＊表示$p<0.01$。

(2) 中介效应检验

本研究采用Bootstrapping的方法加以验证中介效应。研究表明,

bootstrap 置信区间不包含 0，则对应的间接、直接或总效应存在。在 AMOS24.0 中使用 Bootstrap 方法运行 5000 次，得出 Bias-Corrected 与 Percentile 在 95% 的置信度下的水平值，如专题研究表 4 – 5 所示。

专题研究表 4 – 5　　　　　　　　中介效应检验结果

	Estimates	Bias-Corrected 95% CI		Percentile 95% CI	
		Lower	Upper	Lower	Upper
总效应					
领导成员交换—退缩行为	-0.38	-0.484	-0.254	-0.491	-0.261
间接效应					
领导成员交换—年龄歧视—退缩行为	-0.095	-0.157	-0.051	-0.15	-0.048
直接效应					
领导成员交换—退缩行为	-0.285	-0.394	-0.152	-0.399	-0.163

年龄歧视中介作用的验证。假设 H4 认为领导成员交换会通过年龄歧视影响员工退缩行为。从专题研究图 4 – 2 可以看出，领导成员交换能够显著负向影响年龄歧视（$\gamma = -0.380$，$p < 0.001$），年龄歧视正向预测员工退缩行为（$\gamma = 0.360$，$p < 0.001$）。这说明年龄歧视在领导成员交换与员工退缩行为的关系中扮演者中介变量的角色。根据专题研究表 5 – 5 的结果可知，领导成员交换会通过年龄歧视影响员工退缩行为的间接效应值为 -0.095，相对中介效应占比为 25%，95% 置信区间是 [-0.051，-0.150]，不包含 0，H4 得到验证。

从上可知，年龄歧视在领导成员交换对员工退缩行为的影响过程中发挥重要的传导作用。领导者往往会选择一部分人建立高质量的交换关系，为这部分"身边人"提供更多的支持，但组织内普遍存在对年龄歧视员工的负面刻板印象，这种负面刻板印象会使领导者产生对年龄歧视员工的资源投入。这是因为交换双方会不断比较自身的付出和从对方处获得的收益来决定自己的投入。这是一个动态平衡的过程，因此当领导由于自身偏见而给年龄歧视员工提供更少的资源时，年龄歧视员工也会以更少的工作投入予以回馈，使退缩行为进一步增加。同时，领导因为年龄上的刻板印象而将年龄歧视员工置于自身"圈子之外"，给老龄员工提供相比于其他年龄段的员工更少的支持,这在客观上就形成了年龄歧视,此外年龄歧视的存在破坏了老龄员工在所处的社会交换关系之中的心理平衡,为了维持社会交换双方之间的动态平衡,老龄员工会选择退缩行为来对自身所遭遇的年龄歧视进行回馈,从而达成与领导社会交换关系之中的新的平衡。

(3) 调节效应检验

以领导成员交换为自变量,年龄歧视为因变量,工会实践为调节变量,人口特征为控制变量进行调节效应检验,多层回归分析结果如专题研究表4-6所示。

专题研究表4-6　　　　　调节效应检验结果

	年龄歧视		
	模型1 β	模型2 β	模型3 β
性别	-0.034	0.000	-0.010
出生年份	-0.093	-0.082	-0.077
学历	-0.012	-0.049	-0.046
政治面貌	0.011	-0.015	-0.016
员工人数	0.042	0.056	0.049
在企业中的职务	-0.096	-0.105	-0.079
在工会中的职务	0.004	-0.006	-0.027
企业性质	0.073	0.071	0.066
领导成员交换		-0.332***	-0.345***
工会实践		0.166**	0.144**
领导成员交换*工会实践			0.148**
R^2	-0.004	0.143	0.161
ΔR^2	0.021	0.149	0.020
F	0.822	6.328***	6.586***

注:*表示$p<0.05$;**表示$p<0.01$;***表示$p<0.001$。

由模型2可知,领导成员交换对年龄歧视($\beta = -0.332$,$p<0.05$)具有显著负向影响,工会实践对年龄歧视($\beta = 0.166$,$p<0.05$)具有显著影响;在模型3中,领导成员交换×工会实践对年龄歧视($\beta =$

0.148，p<0.05) 具有显著负向影响，这说明工会实践在领导成员交换对年龄歧视的影响作用中具有负向调节作用，具体调节效应见专题研究图4-3所示。

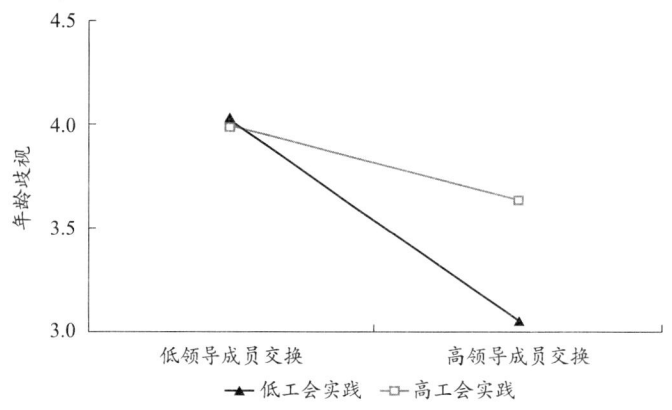

专题研究图4-3 调节效应

从专题研究图4-3可知，工会实践在领导成员交换对年龄歧视的影响过程中发挥重要的负向调节作用。组织内因为存在对老龄员工的负面刻板印象，使这部分员工与中青年员工相比往往难以与领导建立一种高质量的交换关系，而领导作为组织中的直接的资源分配者往往会给自己的"身边人"分配更多的资源。这种分配不公平的促使了年龄歧视的形成，引发员工退缩行为的发生。其原因有如下三点。一是工会可以通过组织和代表员工来维护员工的权益，在客观上增加了领导采取歧视性行为的预期成本以及降低其对收益的预期估算，从而使其不敢也不愿采取年龄歧视的行为。二是工会实践通过参与组织政策的制定来保证员工不被歧视，使员工在遭遇年龄歧视时能有章可循。三是工会可以组织各种技能比赛、娱乐活动来构筑平台，让员工展示自我，促进老龄员工与领导、中青年员工的接触，根据群际接触理论，接触越多，不同群体相互之间的刻板印象就会越弱，从而减少组织内对老龄员工的偏见。

（4）调节的中介效应检验

本研究带采用SPSS 25.0中的Process程序进行调节的中介效应检验，使用Bootstrap进行5000次抽样检测，观察95%置信区间内是否包含0来检验带调节的中介效应是否显著，检验结果如专题研究表4-7所示。

专题研究 4　基于工会实践调节效应的领导成员交换对员工退缩行为影响研究

专题研究表 4-7　　　　调节的中介效应检验结果

调节变量	效应	BootSE	BootLLCI	BootULCI	Index
低工会实践	-0.088	0.025	-0.141	-0.044	
中工会实践	-0.060	0.016	-0.094	-0.031	0.276
高工会实践	-0.032	0.013	-0.060	-0.008	

从专题研究表 4-7 可知，在低工会实践作用下，中介效应值为 -0.088，95% 置信区间内不包含 0，中介作用显著；在高工会实践作用下，中介效应值为 -0.032，95% 置信区间内不包含 0，中介作用显著；而低工会实践与高工会实践的效应值差异为 0.276，说明年龄歧视变量作为调节的中介变量在模型中的效应显著，假设 H6 得到验证。

5　研究结论与讨论

5.1　研究结论

本研究以社会交换理论为基础，对领导成员交换影响员工退缩行为的影响机制进行了探究，研究了年龄歧视在领导成员交换与员工退缩行为之间的中介作用以及工会实践在这个作用过程中的调节作用，得到如下几点研究结论。

一是领导成员交换与员工退缩行为负向相关。现有研究已经证明了领导成员交换与员工离职负向相关，即领导成员交换水平越高，员工的离职倾向越低。本研究发现，领导成员交换关系对于员工退缩行为具有显著负向关系。

二是领导成员交换与年龄歧视负向相关，即领导成员交换水平越高，员工所感受到的年龄歧视也会越少。现有研究已经从侧面证明了领导成员交换会对年龄歧视产生影响，如领导支持是年龄歧视的一个重要的前因变量但是缺乏直接的证明，本研究直接证实了该关系的存在。

三是年龄歧视与员工退缩行为负向相关，即年龄歧视越显著，老龄员工越可能采取退缩行为来进行回避和逃避。

四是工会实践在领导成员交换与年龄歧视关系之间起负向调节作用，即工会实践水平越高，领导成员交换对年龄歧视所能产生的影响越小。

同时，工会实践能负向调节年龄歧视的中介作用，工会实践能够通过促进组织内部的沟通以及增加领导对采取负面行为所要付出的预期成本来削弱领导成员关系对年龄歧视的影响，进而削弱由年龄歧视带来的员工退缩行为。

5.2　理论贡献

一是丰富了领导成员交换与员工退缩行为研究。员工退缩行为是指在某个组织情境中员工主动实施的各种逃避工作或是干脆脱离组织情境等行为，对组织发展具有极大的破坏性。而在当下员工队伍老龄化越来越严重的情况下，员工退缩行为给企业所造成的危害受到关注。本研究以社会交换理论为理论基础，以企业内的老龄员工为研究对象，将领导成员交换作为影响员工退缩行为的前因变量，年龄歧视作为中介变量，探讨了领导成员交换对员工退缩行为的影响。

二是丰富了工会实践研究。现有大多集中在工会实践作为前因变量来探讨其对企业以及对员工的影响，如工会实践对企业绩效影响以及工会实践对员工双组织承诺、员工建言行为的影响，鲜少有将其作为调节变量的研究。作为劳动关系网中的一个重要组成部分，中国的工会负有维护社会稳定、维序企业生产、维护员工权益的职责。本研究将工会实践作为调节变量研究其在领导成员交换与年龄歧视之间的调节作用是对国内工会实践研究的有益补充。

三是拓展了年龄歧视研究。国内外关于年龄歧视的研究已经很多，并且大多是关于老年人和老龄员工的相关研究，但是这些研究绝大多数都是集中于就业过程中歧视研究，有关于工作场所内部年龄歧视的相关研究并不是很多，并且很多研究都是从法学、社会学视角来进行研究，因而提出的解决年龄歧视的办法大多是与制度层面相关。本研究从人力资源管理角度出发，将工会实践引入作为调节变量，研究领导成员交换影响员工退缩行为的作用机制以及工会实践在这个过程中所起的调节作用，拓展了年龄歧视领域相关研究。

四是从社会交换理论的视角诠释了领导成员交换如何通过影响年龄歧视进而对老龄员工的退缩行为产生影响。本研究根据社会交换理论中公平交换的思想，以老龄员工作为研究对象，引入年龄歧视作为中间变

专题研究 4 基于工会实践调节效应的领导成员交换对员工退缩行为影响研究

量,以工会实践为调节变量,构建了领导成员交换到年龄歧视再到员工退缩行为的研究框架,既揭示了领导成员交换对员工退缩行为影响的作用机制、也为如何缓解组织内的年龄歧视和由此带来的员工退缩行为提出了一个新的视角。

5.3 实践启示

本研究的实践价值有如下两点。

第一,为企业减少员工退缩行为提供了一条新的解决路径。随着老龄化程度的进一步加深,企业员工队伍老龄化的趋势也日趋明显,随着延迟退休政策的呼声越来越高,员工在工作场所的退缩行为也开始走进人们的视野中心。研究发现,工会实践能够通过对组织内部领导成员交换和年龄歧视之间的关系产生影响,进而削弱年龄歧视带来的员工退缩行为。因为企业之中领导者的个人特质不尽相同,想要采用一个普适的手段来提高员工和领导之间的领导成员交换水平难度很大且不太可能,而不同企业之中工会的职责以及其能够在企业之中所能发挥的作用却基本一样,因此从工会实践方面入手来缓解组织之中因为年龄歧视而导致的员工退缩行为有其现实可操作性。实际上,工会实践可以积极推动员工对企业、对自身工作进行建言,保证员工与领导之间的充分沟通,同时协调员工和企业关系,营造良好的劳资关系,积极推动组织内部的沟通开放性水平,减少老龄员工因为(相比于其他年龄段员工)与领导沟通较少、沟通质量差所带来的被歧视感。同时,工会实践通过组织书画、爬山、摄影等兴趣爱好活动,组织工作技能比赛等,让员工充分展现自我,削弱组织内对老龄员工的偏见,进而减少年龄歧视。最后,工会实践可以协助企业将许多内部隐性的规则制度化,并从维护员工利益的角度出发代表老龄员工这一群体参与这些制度的制定过程,在制度颁布后还需监督这些规章制度是否得到执行,在员工遭受歧视后积极带领老龄员工维权,在制度层面和实际操作层面对领导者的行为形成制衡甚至威慑,减少领导者的年龄歧视行为。

第二,帮助企业认识到工会实践的价值,在规章制度和政策制定时充分考虑工会的意见。随着中国企业员工队伍的老龄化程度的不断加深,劳资冲突不断呈现新的变化和特点。由于中国的企业工会是内嵌于企业之中，融入了企业日常经营管理的方方面面，对人力资源管理实践的不足之处能形成有效补充（李召敏、赵曙明，2017）[123]，本研究发现工会实践能有效调节领导成员交换与年龄歧视间的关系，进而减少因年龄歧视产生的员工退缩行为，这充分体现了中国工会在现代企业制度建设扮演着积极角色，因此，企业在制订公司内部规定章程和政策时，要充分意识到工会对员工行为的积极影响，与工会积极沟通，积极考虑工会的意见。

5.4 未来展望

由于各种主客观原因的限制，研究过程仍存在一些不足之处，在后续研究所需要进一步考虑和考虑。

本研究在发放问卷时将目标对象定为45岁以上的员工，但在人口统计学的其他变量上并没有做区分（比如性别）。众所周知，除了年龄歧视，组织中存在着性别歧视。那么性别歧视会不会对工会实践通过年龄歧视影响老龄员工退缩行为这条路径产生影响，女性老龄员工在企业中的退缩行为会不会更加严重？与此同时，因为生理差异、社会期望、社会刻板印象等因素，女性员工与男性员工所面临的社会情境也会有所不同，那么女性员工面临的年龄歧视是否男性老龄员工更加严重以及遭受歧视之后是否会采取同等程度的退缩行为？后续研究可以尝试将男性员工与女性员工分开来研究进行比较，探究工会实践会不会因性别而造成的影响差异。

本研究的目标人群所在企业的性质并没有进行区分，国企、民企、外企、混合所有制企业都有。因为企业性质不同以及企业所处社会环境、内部人力资源管理系统、劳资氛围、福利待遇等各方面的差异，导致各企业中的工会所处情境也都不一样，比如相比于国企，外企对于工会的接受程度明显更低，那么在不同性质的企业中工会实践对领导成员交换和员工退缩行为之间关系的影响程度会一样吗？这需要后续的研究来证明。

专题研究 5
企业-工会关系对员工组织公民行为影响研究

1 引言

经济增速放缓以及"互联网+"等新一代信息技术广泛应用的背景下,组织面临的外部环境越来越动态化和不可预测。如何在动荡的外部环境背景下提高企业的适应性,成为企业管理者必须思考的问题,也是亟待解决的问题。然而,由于个体的局限性,如认知、时间、资源等方面的局限性,企业管理者难以单凭自身力量预测所有可能的经营风险和环境变化。因此,企业的生存和发展就不能只依靠管理者的智慧,还需要充分发挥众多员工的主动性(Gao、Janssen、Shi,2011)[414]。在多种主动行为中,组织公民行为因最具代表性而广受关注,它是指组织成员自发形成的,虽然没有被包含在组织正式的奖惩制度内,但却有利于组织生存和发展的行为(Organ,2018)[415]。现有学者主要从组织氛围、领导特征和个体特质等方面对组织公民行为的影响因素进行了一定的研究(Choi,2007;Li、Liang、Crant,2010;Walumbwa、Hartnell、Oke,2010)[416-418]。即使已经探索出了较多的影响因素,但企业中依然存在员工不愿意主动表达想法的现象(朱瑜、谢斌斌,2018)[419]。究其原因,员工实施组织公民行为虽然是为了组织目标和利益,但这个过程不仅得不到组织的奖励,还会给个体带来很大的行动风险和机会成本。例如,实施组织公民行为失败会给个体带来负面后果,如受到同事的嘲讽。此外,主动为组织分担任务会影响角色内正常任务进展效率和完成的质量,进而影响自身的绩效评价。因此,我国员工往往本着"枪打出头鸟"和"多一事不如少一事"的心态,不"敢"且不"愿"实施组织公民行为(颜静、樊耘、张旭,2015)[420]。已有研究大多是从企业人力资源管理的视角出发去解决这些问题,但人力资源管理实践集企业规则的制定者与评判者于一身,难以为员工提供信任感,导致员工不敢去实施组织公民行为;另外,人力资源管理实践往往会被员工视为企业提高组织绩效的"手段",并不是真的关心员工的切身利益,难以为员工提供安全感,导致员工不"愿"从事组织公民行为。由此可见,人力资源实践未充分激发员工的组织公民行为,有必要寻找促进员工组织公民行为的新途径,进而形成对人力资源管理系统的有益补充。

在我国情境下,工会既是员工权益的维护者、也是企业管理的参与者,具有典型的嵌入型特征(王永丽、郑婉玉,2012)[6]。作为企业与员工之间的重要纽带,工会在提升员工组织公民行为方面的作用已得到实践界的证实(Fang、Ge,2012)[80]。与此同时,学术界也开始对工会实践与员工组织公民行为的关系进行初步研究。Aryee、Chay(2011)[421]发现工会实践水平越高,员工越倾向于实施组织公民行为,同时企业与工会共同为员工搭建实施组织公民行为的平台,增强员工的工作积极性。张朦月(2019)[422]认为工会实践为员工的组织公民行为提供了有利的工作场所氛围和感知,促进了员工的组织公民行为。但是,工会系统能否形成对人力资源管理系统的有益补充,两者能否共同促进员工的组织公民行为,关键是两者是否形成企业-工会关系。在企业-工会关系背景下,企业与工会合作,给予员工权益维护和福利保障的同时,在工作场所内给予员工提供关怀和支持。例如,在鞍钢公司的战略变革中,企业与工会的合作在企业扭亏为盈的过程中起到了独特的作用。2012年,当鞍钢公司面临百亿元的巨大亏损时,工会和企业行政部门联合发起了"网络问企"活动,倡议员工在网络上通过工会向企业管理层提出意见和建议,活动共征集到各种建议数十万条,在企业-工会关系背景下,两者共同促进产品结构优化并最终扭亏为盈。因此,本研究认为企业-工会关系是影响组织公民行为的一个重要的新的影响因素。由于实施组织公民行为存在潜在的风险(Detert、Burris,2007;Van Dyne、Kamdar、Joireman,2008;Detert、Trevino,2010)[423-425],员工在决定是否实施组织公民行为前可能会依据环境信息来考虑、权衡各种可能结果。虽然组织公民行为旨在改善环境,但也有可能会破坏人际关系(Van Dyne、Lepine,1998)[426]。这种矛盾的结果使员工在实施组织公民行为前需要评估风险和权衡利弊(Detert、Trevino,2010)[425]。如果风险太大,员工就会避免实施组织公民行为。从长远看,这会影响组织发展的进程(Whiting、Podsakoff、Pierce,2008)[427]。因此,为了规避风险,企业中需要创造鼓励实施组织公民行为的社会情境。社会信息加工理论认为员工的感知、态度和行为来源于工作的社会情境中可获得的信息,社会情境因素可以通过影响工作环境特征感知和态度间接对个体的行为产生作用,且工作环境特征感知还可以通过态度对行为产生影响(Salancik、Pfeffer,1978)[428]。其中,工作环境特征感知是对情境的描述,是个体对实施特定行为的风险感知;态度是基于工作环境特征的情感评估,是个体实施特定行为的意愿程度。在企业-工会关系作用于组织公民行为的过程中,企业-工会关系是影响员工感知、工作态度和工作行为的社会情境因素,可以通过提高员工实施组织公民行为的风险感知和实施组织公民行为的意愿程度来促进员工的组织公民行为。如企业-工会关系通过减少组织中存在的不合理现象,改善员工在工作场所中的公平感受,进而增强其实施组织公民行为的风险感知;企业-工会关系通过为员工创造良好的工作环境,促进员工对企业的心理联系,从而提高员工组织公民行为的实施意愿。总而言之,员工对实施组织公民行为的风险感知越强,其行为意愿就越强,从而越倾向于实施组织公民行为。

本研究基于社会信息加工理论,用企业-工会关系代表社会情境因素,组织公平代表员工对工作行为的风险感知,心理安全感代表员工的行为意愿,构建链式中介模型"企业-工会关系—组织公平—心理安全感—组织公民行为",研究企业-工会关系对员工组织公民行为的影响及作用机制。研究结果不仅丰富和拓展了组织公民行为的相关研究,而且推动了人力资源管理和劳资关系研究领域的整合,为促进员工组织公民行为提供新的思路,为构建和谐的企业-工会关系提供新的策略,具有重要的理论和现实意义。

2 理论基础与研究假设

2.1 社会信息加工理论

该理论由 Salanick、Pfeffer(1978)[428]提出,并指出人的行为不一定完全取决于个体需求和工作特征,还和外部的情境因素有关,从而在需求—满足模型的基础上增加了"社会背景"的概念,提出了新的行为理论——社会信息加工理论。社会信息加工理论认为社会环境会直接或间接地影响员工的态度与行为，它有利于解释人的行为模式。对于本研究，企业-工会关系作为联系企业和员工的桥梁，影响着员工在企业中的工作环境特征感知，间接影响员工态度，最终影响员工行为。组织公平作为一种有利于降低风险的工作环境特征（Lyu，2016）[429]，是组织成员认为组织对待自己和同事是否公平，是衡量组织—成员关系质量的一个重要指标。组织公平可作为员工对实施组织公民行为的风险感知，感知到的风险越小，员工越倾向于从事组织公民行为。心理安全是个体在展示自己时不必过于担心自己的形象、工作状态或职业的负面影响的感知，它能有效体现出员工对实施组织公民行为的评价。员工心理安全感越高，他们对组织公民行为越有积极的态度，因此他们更愿意实施组织公民行为。在此基础上，研究选择心理安全感这一变量作为员工态度的代表。组织公民行为是有利于提升组织绩效的工作场所行为，可将组织公平视作员工对工作环境特征的感知，心理安全感视作员工态度。所以，作为一种组织情境因素，企业-工会关系通过影响员工对实施组织公民行为的风险的感知（组织公平）并进一步作用于员工的态度（心理安全感），鼓励员工更加敢于并愿意为企业做贡献，最终变成激发组织公民行为的新的影响因素。

2.2 企业-工会关系与员工组织公民行为

国外研究往往将企业-工会关系定义为一种劳动关系氛围，它是指企业与工会关系的协调程度，体现了企业与工会的互动公平性以及他们在处理共同事务上的和谐程度（Iverson，1996）[430]。Angel、Perry（1986）[181]认为企业-工会关系是对企业和工会之间日常工作关系的描述，反映了工人和管理者之间的关系氛围。Dastmalchian、Blyton、Adamson（1989）[431]认为企业-工会关系是员工对工作场所中企业-工会关系的表现与行为的感知，体现了工作场所劳动关系的质量。Twigg、Fuller、Hester（2008）[432]基于社会交换理论，提出企业-工会关系的定义涵盖承诺、认同以及相同的价值观三个方面。Derry、Iverson（2005）[349]指出企业-工会关系是企业和工会尊重彼此目标并联合解决问题的程度。基于此，本研究认为企业-工会关系是指企业与工会相互联系、相互作用的状态，具体表现可以是双方共同解决问题的程度、彼此承诺的程度、对彼此的态度以及对彼此目标的尊重程度等。

Keon、Barnard（1986）[433]提出的"合作意愿"的观点是组织公民行为的研究基础，并认为组织中的每一个个体的合作意愿对整个组织系统来说是不可缺少的，没有个体的合作意愿，组织就会成为一个空壳。Mccalister、Katz、Kahn（1964）[434]认为，员工自觉合作的行为对组织发展至关重要，组织只依靠制度硬性规定的员工角色内行为，必将难以达成组织的长期目标，所以必须同时依赖于员工的自觉合作的角色外行为，才能使组织的目标得以实现。在此基础上，Organ（1988）[435]将 Barnard 的"合作的意愿"和 Katz 的"自觉合作的行为"统称为"组织公民行为"，并指出组织公民行为是不能直接和明确地受到组织的正式奖惩制度的承认，而是员工自主和自发做出的、与工作相关并且对组织有利的个人行为。Farh、Zhong、Organ（2004）[436]认为，组织公民行为与核心工作和任务绩效之间存在区别，但与核心工作行为相比，有更大的主动性和自发性，对组织的社会和心理环境产生影响，在一定程度上对组织的优化起着维持和增强的作用。因此，本研究将组织公民行为定义为组织正式的奖惩制度未直接承认，但是就整体而言有益于组织整体运行绩效的各种行为总和。

根据《中华人民共和国工会法》和《中国工会章程》的规定，中国工会的基本职责是维护职工的合法权益。与国外以维护会员权利为主要诉求的工会不同，中国工会不仅维护职工的权益、支持员工发声，而且承担着关爱职工生活、促进职工发展、参与社会建设等责任，中国工会的职责更加多样化（胡恩华、张毛龙、单红梅，2016）[28]。企业-工会关系是指企业与工会相互联系、相互作用的状态，具体表现可以是双方共同解决问题的程度、彼此承诺的程度、对彼此的态度以及对彼此目标的尊重程度等。企业通过与工会的合作在组织中形成良好的企业-工会关系，能使工会各项工作更好地实施，如维护员工基本权益、监督企业落实劳动保护、提升员工的思想意识与技能水平、参与管理政策的制定和实施等（王永丽、郑婉玉，2012）[6]。

在企业-工会关系中，企业与工会在工作场所内的合作交叉日益凸显，共同参与人力资源管理的各个模块，如工作分析和岗位设计、员工照片和薪酬管理等（刘泰洪，2009）[437]，以及两者共同建立了建言机制，使个体拥有更多的渠道和机会，更愿意表达自己的想法（Dundon、Gollan，2007；Avgar、Boris、Bruno 等，2018）[438,439]。当组织鼓励员工对企业建言献策，并以合理化建议、企业职工代表大会等制度保障员工的话语权，这有利于降低员工实施建言的风险评估，有效激发员工大胆向组织提出建设性意见，实施建言等组织公民行为（赵琛徽、翟欣婷、蔡婷，2021）[440]。Shaw、Ichniowski、Prennushi（1997）[441]指出工会与管理层的合作可以鼓励员工从事与公司利益一致但不会损害承诺的行为，如组织公民行为。Gordon、Ladd（2010）[116]指出，一旦员工对企业-工会关系建立了积极的看法，他们就更有可能参与反映工会和企业共同目标的行动。如果员工感知到企业-工会关系是可以信任的，并且企业和工会愿意合作解决工作场所的问题，他们似乎更愿意从事自愿的支持企业和工会的行为。有证据表明，在企业-工会关系环境中，工会积极参与管理和实施，工作场所的创新会更成功，其好处也会更持久（Eaton、Voos，1997）[442]。当企业-工会关系良好时，员工可以获得更多机会参与企业管理（Brown、Oxenbridge，2004）[443]，也更愿意参与和支持企业和工会的具体行动（Gordon、Ladd，2010）[116]，员工的参与式管理也更易于实现（Wu、Lee，2001；詹婧、赵越，2017）[117,303]。Skivenes、Trygstad（2015）[444]分析了挪威不同地区和行业的6000名员工的调查数据，发现在企业-工会关系存在时，员工更愿意表达对企业的看法，企业管理者也会对此做出更积极的回应。Kelloway、Barling（1993）[445]指出企业、工会和员工三方联动能让企业和工会的职能有效发挥，员工更愿意实施具体行为支持企业发展。Skarlicki、Latham（1996）[446]研究发现，在企业-工会关系中，当工会对员工给予尊重、肯定和关怀时，根据互惠原则，员工将进行更多的组织公民行为。

另外，企业-工会关系为个体提供了公平、公正、开放的工作场所氛围。工会职能的有效发挥可以规范企业制度，为个体营造公正的组织氛围（Katz，2010）[447]。如 Bishop、Scott、Goldsby（2005）[448]指出企业-工会关系能使个体更易于感受到企业公平的特征，这种特征正好是激发员工组织公民行为的关键先决因素（Choi，2007）[416]。可以看出，企业-工会关系的存在，一方面为加强企业和员工的沟通提供帮助，既提高了企业对个体的工作条件的认知、也强化了个体对企业价值观的认可并推动了员工组织公民行为的产生；另一方面助力组织成员与管理者之间良好关系的产生，提高了个体的工作自觉性并使个体乐意为企业发展出力。

基于以上内容，提出如下假设：

H1：企业-工会关系对组织公民行为组织公民行为具有显著正向影响。

2.3 组织公平的中介作用

组织公平是一种重要的心理知觉，当员工在感知到自己受到了企业的公平对待以及企业对自己的尊重和肯定时，会有高的组织公平感（Twigg、Fuller、Hester，2008）[432]。当组织中存在企业-工会关系时，工会可以更好地代表企业消除个体的不满情绪、协调企业和员工的冲突并监督劳动法的执行，使员工感受到来自工作场所的公平和保护（王永丽、郑婉玉，2012）[6]；保障员工合理待遇，使个体感受到企业的重视（Burnett、Chiaburu、Shapiro 等，2015）[449]。Schein、Bennis（1966）[450]在比较了中小企业和大型企业的培训方法之后，发现企业-工会关系对提升组织公平具有重要作用，在公平程度较高的组织中，员工的工作自觉性也较高。Twigg、Fuller、Hester（2008）[432]的研究证明企业-工会关系能够减少组织中存在的不合理现象，提高员工的公平感受。有研究发现，工会和企业管理层具有更加和谐的关系，会使员工对组织程序公正和沟通的公开性产生更加积极的看法（Deery、Iverson，2008）[349]。总而言之，企业-工会关系能够增强员工的组织公平感知。因此，本研究提出假设：

H2a：企业-工会关系对员工的组织公平感知具有显著正向影响。

Lu Tao、Wang（2010）[78]从中国私营企业调查报告中随机选择了3837 家民营企业，发现中国工会能规范私营企业的运作，与企业共同为员工营造公正的组织氛围，因此，员工对工作有更多的热情；当员工在考虑是否进行组织公民行为时，工会和企业合作为员工共同建立工资谈判和权益保障等机制，给予了员工安全感和支持感，作为一种支持力量激励员工表达自己的创新性想法（Van Sell、Barclay、Willoughby 等，2006）[451]，良好的企业-工会关系为在工作场所促进员工组织公民行为进行了有益的补充。Schein、Bennis（1966）[450]研究了土耳其的 208 名酒店员工，发现工会为员工对企业运作进行约束时，可以确保企业在分配方面做到不偏不倚，这有助于增强员工的工作热情。组织公平长期以来一直被认为是预测组织公民行为的关键因素之一。组织公平是一种有利于降低风险的工作环境特征，如果工作环境被认为是合理和可预测的，员工就不会担心他们的产出，他们可以自信地认为，他们会根据自己的工作得到回报。因此，员工更有可能将他们的精力和激情投入组织任务以及在一个一致的可预测的环境中专注于他们的工作（Lyu，2016）[429]。Pillai、Schriesheim、Williams（1999）[452]认为程序公平在组织环境与员工组织公民行为的关系中起到了中介作用。另一项研究表明，员工对组织公平的看法是组织氛围与成员标准变量（员工态度、感知、行为等）之间的中介变量（Podsakoff、Bommer、Podsakoff 等，2016）[453]。这些研究成果从不同方面支持了组织公平的中介作用。在良好的企业-工会关系中，组织不仅注重分配结果的公平性，而且保证分配政策和程序的制定和实施的公平性。同时，它尊重和信任下属并向下属解释分配政策、程序和结果。根据社会信息加工理论，员工通过对这些事件进行分析判断会接收到关于组织公平的信息，认为自身地位和职业发展不会因实施组织公民行为而受到威胁，从而敢于做出组织公民行为。综上，本研究提出如下假设：

H2b：组织公平在企业-工会关系与员工的组织公民行为之间起中介作用。

2.4 心理安全感的中介作用

心理安全感是员工对组织环境安全程度的感知，是预测员工行为的关键因素，而组织创造的安全工作环境是增强员工心理安全感的有效渠道之一（Dastmalchian、Blyton、Adamson，1991）[454]。Dastmalchian、Blyton、Adamson（1989）[431]提出和谐的企业-工会关系有利于提升员工的心理特征。基于上述观点，和谐的企业-工会关系是工作场所中一种带有积极特征的组织氛围，诸如管理层和工会通力合作为员工创造良好的工作环境、适时解决员工矛盾等，在这种氛围下，员工通常会形成正面的心理感受，员工的心理安全感自然会增强。企业和工会通过制定保护协议，在制度上确保管理层对员工的无差别对待，确保组织程序的公正，减少由于主观判断导致对员工的不公平对待，减少组织公民行为实施对员工造成的不良影响（Dey，2012）[455]。企业-工会关系有利于工会解决劳资双方的冲突，监督企业保障员工的合法权益，改善员工的工作环境，改善劳资冲突情况，这些措施有助于在企业内形成一个互帮互助、团结友爱的工作氛围（Deery、Erwin，1999）[456]，从而增强员工的心理安全感。除此之外，企业-工会关系可以为员工的各种福利待遇提供保障，使员工感知到被组织支持和保护，从而减少员工工作中的焦虑和不确定性（Newman、Cooper、Holland等，2019）[24]。由此可知，企业-工会关系对员工的心理安全感有显著影响。因此，本研究提出如下假设：

H3a：企业-工会关系对员工的心理安全感有显著的正向影响。

实施组织公民行为需要花费更多的工作时间，还需要承担风险，并且对自身收益未必有提高，因此，这种行为的发生需要主观意愿（Seppälä、Lipponen、Bardi等，2012）[457]。在具有良好的企业-工会关系的组织中，工会采取的维护员工权益和人文关心等行动，增强了员工实施组织公民行为的勇气，员工会愿意承担风险而主动实施角色外行为（Richards、Schat，2011）[458]。员工感知实施组织公民行为安全时，会对实施组织公民行为做出正面的评价，并对实施组织公民行为持有乐观的态度（毛畅果，2016）[459]。根据社会信息加工理论，员工在做出实施组织公民行为决策时，和谐的企业-工会关系向员工传递的关于信任、安全的信息使员工的心理安全感水平提升，员工对实施组织公民行为的态度越积极越倾向于实施组织公民行为。Singh、Srivastava（2016）[460]的研究也证实，员工对实施组织公民行为风险程度的感知和对实施组织公民行为安全与否的判断是决定其是否实施组织公民行为的重要因素。当员工对于实施组织公民行为的风险评价较低，即心理安全感水平较高时，不会过于担心自我形象受损或遭到管理层不公正地对待，愿意在公开场合展示自己，而当员工对于实施组织公民行为的风险评价较高时（即心理安全感水平较低时，员工会产生退缩行为。此外，已有研究发现心理安全感对员工的组织公民行为具有显著作用（唐翌，2005）[461]；心理安全感在组织氛围与员工积极行为之间起中介作用（李云梅、李大为、胡阳，2014）[462]。因此，本研究提出如下假设：

H3b：心理安全感在企业-工会关系与员工的组织公民行为之间起中介作用。

2.5 组织公平和心理安全感的链式中介作用

综合以上分析可知，作为影响员工感知的重要情境变量，企业-工会关系有利于在企业中营造良好的工作环境，提高员工在企业中被尊重受重视的程度，从而增强了员工对组织公平的感知。组织公平是对情境的描述，是对环境是否支持某种行为的风险感知，是心理安全感的基础；当员工感知到组织公平时，他们会相信进行这种行为的风险较小，往往会有更高的心理安全感（Twigg、Fuller、Hester，2008）[432]。组织公平使员工相信组织会根据既定的分配标准进行分配，这可以使员工坚信组织的规范性，避免担心自己的合法利益受到侵害；当员工认为自己的工作及成果不会受到侵害时，心理安全感自然会得到增强（林亚清，2013）[463]。高心理安全感的个体愿意为了组织冒险，从而实施更多有利于组织的组织公民行为（Newman、Cooper、Holland等，2019）[24]。同时，根据社会信息加工理论，员工对工作环境特征的感知会影响其工作态度。也就是说，企业-工会关系能够提升员工的组织公平感，提升员工对组织公民行为实施的控制感，强化员工付出行动的意愿，并提高员工的心理安全感，从而进一步推进员工组织公民行为的产生。综上，企业-工会关系能够提升员工的组织公平感，使员工相信自身行为会受到尊重，并且不会由于从事组织公民行为而遭到排挤和报复，增强了员工的心理安全感，使员工愿意做出更多的组织公民行为。因此，本研究提出如下假设：

H4：组织公平和心理安全感在企业-工会关系与员工组织公民行为之间起到链式中介作用。

基于社会信息加工理论，以企业-工会关系为自变量，员工组织公民行为为因变量，组织公平和心理安全感为中介变量，构建了专题研究图5-1所示的理论模型，探究企业-工会关系是否能通过组织公平和心理安全感来影响员工的组织公民行为。

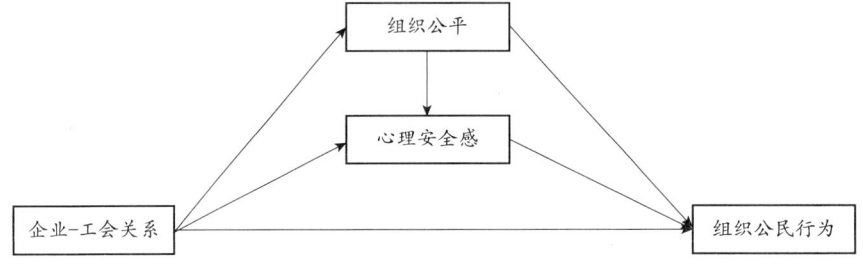

专题研究图5-1　企业-工会关系对组织公民行为影响的理论模型

3 研究方法

3.1 样本与数据收集

目前,由于中国大多数国有企业的工会仍是企业的"福利"部门,不能充分发挥其本该拥有的相关职能。而非国有企业的工会通过近年来的不断建设、完善和转型,开始不断地在众多劳资纠纷事件中发挥作用,积极摆脱其固有形象,能够在更大程度上代表员工的利益。所以本研究选择民营企业和外资企业的工会员工作为研究对象。

本研究调查历时3个月左右,2020年9月开始,11月结束;采用两种渠道发布和回收问卷。第一种渠道是委托周围的亲戚朋友,请他们或他们的同事以及其他合格的受访者填写问卷,邀请他们通过网络链接进行作答。第二种渠道是在问卷星平台设置企业性质等限定条件向目标群体大规模投放问卷。为确保问卷填写有效,先让部分本书组同学模拟填写该问卷以估算完成整个问卷所需的大致时间,然后将这些同学的作答平均时间作为该问卷作答时间的参考,问卷作答时间明显低于此时间的标记成无效问卷。本研究共发放500份问卷,回收了386份,去除无效问卷后,剩余372份有效问卷,问卷有效回收率为74.4%。

3.2 变量测量

为保证测量工具的信度和效度,对相关变量的测量均使用国内外已有成熟量表。其中,研究所采用的英文量表在本领域的专家和企业管理者的帮助下,遵循标准的翻译和回译程序翻译成中文,最大程度符合原意并让被试容易理解,以保障量表的信度和效度。同时,问卷采用李克特5点计分法。问卷中的目标人群按为1到5进行打分,这表明受访者对该问题描述的同意程度逐步提高。

(1)企业-工会关系的测量

本研究中的企业-工会关系量表,与Derry、Iverson(2005)[349]和林亚清(2013)[463]的研究一致,选用了Dastmalchian、Blyon、Adamson(1989)[431]开发的劳动关系氛围量表中的"和谐"子量表进行测量,共10个题项,如"在工会和企业的关系中,双方都很重视对方的意见"

"工会与企业共同努力营造一个良好的工作环境"和"工会和企业互相尊重各自的目标"等。该量表的 Cronbach's α 系数为 0.937，具有较好的信度。

（2）组织公民行为的测量

选择 Farh、Zhong、Organ（2004）[436] 开发的量表作为组织公民行为的测量量表，对组织公民行为的 18 个题项采用方差最大正交旋转法进行因子分析，得到 4 个特征根大于 1 的解释因子，4 个因子的特征根解释了总体方差 74.25% 的变异，并且各题项的因子负荷系数都达到了 0.5 以上，说明因子分析在共同因素萃取上的，且其 Cronbach's α 系数为 0.889，说明具有较好的信度。

（3）组织公平的测量

本研究采用 Colquitt、Conlon、Wesson 等（2001）[464] 开发的量表，共 20 个题项，该量表已经在中国情境下进行检验，且信效度良好。代表性测量题项如"组织制度能够表达出我的观点和感受""组织制度能够得到一致运用""我所得的回报反映了我对组织的贡献"等。

（4）心理安全感的测量

采用 Li、Liang、Crant（2010）[417] 所编制的量表，共 5 个题项。如"我在工作中表达的看法都是自己的真实感受""在工作中，我可以大胆自由地表达自己的看法"和"我在公共场所中公开地说出自己的想法是安全的"等。该量表的 Cronbach's α 系数为 0.846，具有较好的信度。

4 数据分析与结果

4.1 模型拟合度检验

为了判断结构方程模型成立与否，需要测算以下的拟合指标，并将测算结果与标准值相对比，衡量是否符合标准。运用 AMOS24.0 执行计算，得到专题研究表 5-1。从专题研究表 5-1 表可以看出，CMIN/DF 为 2.045，达到了小于 3 的标准，GFI、IFI、TLI 和 CFI 均高于 0.9；AGFI、NFI 和 RFI 高于 0.8；RMR 为 0.039，小于 0.05；RMSEA 为 0.053，小于 0.08。这些拟合指标都达到了标准值，说明该模型具有很好的拟合度。

专题研究 5　企业-工会关系对员工组织公民行为影响研究

专题研究表 5 – 1　　　　　　　模型拟合结果

拟合指标	标准值	结果
CMIN	—	458.092
DF	—	224
CMIN/DF	<3	2.045
RMR	<0.05	0.039
GFI	>0.9	0.906
AGFI	>0.8	0.884
NFI	>0.8	0.897
RFI	>0.8	0.884
IFI	>0.9	0.945
TLI	>0.9	0.937
CFI	>0.9	0.944
RMSEA	<0.08	0.053

4.2　相关分析

相关分析旨在分析研究变量的相关性程度，相关系数绝对值越大，变量之间相关性越高。据此标准，本研究进行对企业-工会关系、组织公平、心理安全感、组织公民行为的相关关系进行数据分析，详见专题研究表 5 – 2。

专题研究表 5 – 2　　　　　　　变量的相关系数

	企业-工会关系	组织公平	心理安全感	组织公民行为
企业-工会关系	1.000			
组织公平	0.521**	1.000		
心理安全感	0.362**	0.359**	1.000	
组织公民行为	0.522**	0.659**	0.458**	1.000

注：* 表示 $p<0.05$；** 表示 $p<0.01$。

由专题研究表 5 – 2 可知，企业-工会关系与组织公民行为（r = 0.522，$p<0.010$）、组织公平（r = 0.521，$p<0.010$）、心理安全感（r = 0.362，$p<0.010$）正相关，组织公平（r = 0.659，$p<0.010$）、心理安全感（r = 0.458，$p<0.010$）和组织公民行为显著正相关，组织公

平和心理安全感（r=0.359，p<0.010）显著正相关，可以看出各个变量之间的关系符合理论预期。

4.3 假设检验

（1）企业-工会关系对组织公民行为影响的验证

企业-工会关系对中介变量、因变量的主效应分析结果如专题研究表5-3所示。从专题研究表5-3可以看出，企业-工会关系对员工的组织公民行为有显著正向影响（$\gamma=0.658$，$p<0.001$），假设H1成立。结果还表明，企业-工会关系能显著增强员工的组织公平（$\gamma=0.548$，$p<0.001$）和心理安全感（$\gamma=0.730$，$p<0.001$），假设H2a和假设H3a成立。

专题研究表5-3　　企业-工会关系主效应标准化结果

变量	组织公民行为		组织公平		心理安全感	
	Estimate	SE	Estimate	SE	Estimate	SE
性别	0.071	0.042	0.048	0.062	0.130**	0.039
年龄	0.020	0.028	-0.045	0.042	-0.043	0.026
学历	0.033	0.033	0.075	0.048	0.016	0.030
职位	-0.029	0.026	-0.057	0.038	-0.051	0.024
企业任期	-0.009	0.045	-0.032	0.066	0.037	0.042
工会任期	-0.007	0.041	0.078	0.060	-0.042	0.038
企业性质	-0.028	0.044	0.011	0.065	0.008	0.041
企业规模	-0.019	0.023	0.033	0.034	-0.010	0.021
企业-工会关系	0.658***	0.033	0.548***	0.049	0.730***	0.031

注：*表示$p<0.05$，**表示$p<0.01$，***表示$p<0.001$。

（2）中介作用的验证

结构方程模型的分析结果显示，本研究所构建的理论模型各项拟合指标均达到了标准值。这意味着该模型整体拟合度良好，各项指标值为：$\chi^2/df=2.045$，$CFI=0.944$，$TLI=0.937$，$RMSEA=0.053$，$SRMR=0.039$。但该假设模型中自变量对因变量的主效应路径不显著（$p=0.786$），说明企业-工会关系对员工组织公民行为没有直接影响。故对原始的假设模型进行修正，删除自变量对因变量影响的直接作用路径，得到了完全中介模型，修正后的模型图详见专题研究图5-2。修正后的结构方程模型结果显示为：$\chi^2/\mathrm{df}=2.036$，$\mathrm{CFI}=0.945$，$\mathrm{TLI}=0.938$，$\mathrm{RMSEA}=0.053$，$\mathrm{SRMR}=0.039$，与原模型结果对比可见，拟合指标变化不大。所以，接受修正后的完全中介模型。

根据专题研究图 5-2 的路径系数可知，企业-工会关系可以促进组织公平（$\gamma=0.655$，$p<0.001$），说明企业-工会关系越好，员工对组织公平的感知程度越高；进一步地，组织公平对员工的组织公民行为有积极的预测作用（$\gamma=0.877$，$p<0.001$）。专题研究表 5-4 给出了用 Bootstrap 方法进行作用机制分析的结果。由专题研究表 5-4 表可知：企业-工会关系通过组织公平间接影响员工组织公民行为的效应值为 0.558，95% 置信区间是 [0.386, 0.795]，不包含 0，因此假设 H2b 成立。假设 H3b 认为企业-工会关系通过心理安全感影响员工的组织公民行为。根据专题研究图 5-2 的路径系数可以看出，企业-工会关系正向影响员工心理安全感（$\gamma=0.170$，$p<0.050$），说明企业-工会关系越好，员工感知到的心理安全程度越高；进一步地，心理安全感对员工组织公民行为具有正向影响（$\gamma=0.180$，$p<0.010$）。由专题研究表 5-4 可知，企业-工会关系通过心理安全感间接影响员工组织公民行为的效应值为 0.031，95% 置信区间是 [0.002, 0.088]，未包含 0，假设 H3b 成立。假设 H4 认为组织公平和心理安全感在企业-工会关系与员工组织公民行为的关系中发挥链式中介作用。专题研究表 5-4 的作用机制分析结果表明，链式中介的间接效应值为 0.041，95% 置信区间是 [0.015, 0.086]，不包含 0，假设 H4 成立。综合上述结果可知，组织公平和心理安全感在企业-工会关系对员工组织公民行为的影响中发挥完全中介作用。根据社会信息加工理论，当员工认为实施组织公民行为得不到奖励，反而需要多花费时间，还有可能给自己带来不利影响时，这些顾虑使员工"不敢"和"不愿"实施组织公民行为。而企业-工会关系可以在消除员工实施组织公民行为前所产生的顾虑方面出一份力。具体是，企业-工会关系通过减少组织中的不合理现象，改善员工在工作场所中的公平感受，降低员工感知的实施组织公民行为的风险性，增强员工的组织公平感。企业-工会关系通过为员工营造良好工作环境，使员工形成积极的心理感受，增强了员工的心理安全感。当员工在工作中的公平和安全需要得到满足时，会对组织公民行为持有更强的控制感和更积极的态度；进一步地，员工

会更倾向于实施组织公民行为。

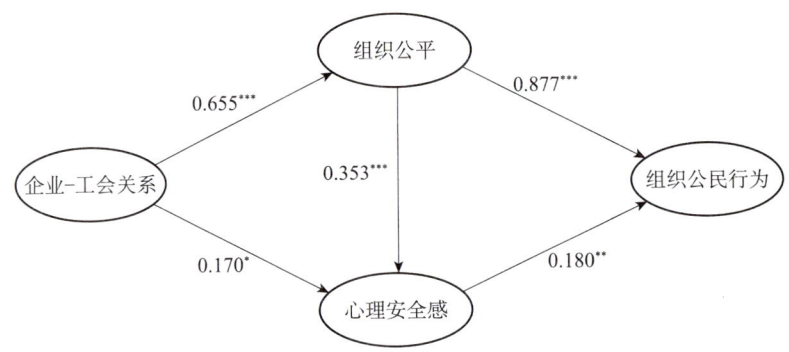

专题研究图 5-2　修正模型的标准化路径分析结果

专题研究表 5-4 显示了模型中组织公平和心理安全感在企业-工会关系与员工组织公民行为之间的中介效应分析结果。

专题研究表 5-4　　　　　中介效应标准化结果

中介变量路径	中介效应值		置信区间（95%）	
	Estimate	SE	Lower（下限）	Upper（上限）
MR→OJ→OCB	0.558	0.103	0.386	0.795
MR→PS→OCB	0.031	0.022	0.002	0.088
MR→OJ→PS→OCB	0.041	0.017	0.015	0.086

注：①＊表示 $p<0.05$；②MR（Management-union Relations）；OJ（Organizational Justice）；PS（Psychological Safety）；OCB（Organizational Citizenship Behavior）。

由上可知，本研究提出的 6 个研究假设都得到了检验。以上数据分析结果验证了提出的假设模型，这说明企业-工会关系能对员工"不敢"和"不愿"实施组织公民行为的情况发挥有效的改善作用，通过增强员工的组织公平和心理安全感知来激发其组织公民行为。

5　结论与讨论

5.1　研究结论

本研究的主要目的是从我国工会在企业中的特殊作用入手，探讨企业-工会关系对员工组织公民行为的影响，并检验组织公平和心理安全感

专题研究 5　企业-工会关系对员工组织公民行为影响研究

在其中所起的链式中介作用。结果如下所述。

企业-工会关系显著促进员工的组织公民行为。区别国外工会"谈判者"的强硬力量，中国的企业工会承担着维护职工权益、促进企业生产等职能。这些职能的履行对员工行为产生了不可忽视的重要作用。企业-工会关系会带来经济利益以及员工与企业之间社会情感关系的和谐，这有利于组织氛围的改善，员工个人能力的增强和员工有效动力的提升，激励员工实施更多有利于组织的行为。因此，和谐的企业-工会关系有利于员工组织公民行为的出现。反之，不融洽的企业-工会关系以及对立的劳资主体双方会导致员工减少工作投入、降低员工工作的积极性，严重的甚至会动摇员工对企业的认可和信任，随之而来的是员工组织公民行为的锐减。

企业-工会关系可以拉近企业和员工之间的距离，通过增强员工的组织公平和心理安全感有效减少员工和企业之间的分歧，增进员工的组织公民行为。企业-工会关系能够减少不合理现象，改善员工对工作氛围的真实感受，提高了员工的组织公平感，员工认为自己的行为不会受到不公平的对待，组织公民行为的实施风险较小，会得出能实施组织公民行为的结论。与此同时，企业-工会关系为员工创造的良好的工作环境增强了员工的心理安全感，让员工实施组织公民行为时无后顾之忧，从而愿意实施组织公民行为。因而，企业-工会关系通过两条路径有效打通了员工和企业之间的联系，从而提高了组织公民行为发生的可能性。

组织公平和心理安全感在企业-工会关系对员工组织公民行为的影响中起到了链式中介作用。企业-工会关系可以通过影响员工的组织公平影响员工对实施组织公民行为风险程度的感知，从而促进员工自发实施组织公民行为的可能性。这种由"敢于做"到"愿意做"的转变最终促进了组织公民行为的产生。由此可见，企业-工会关系对员工组织公民行为的两条作用路径并不独立。

5.2　理论贡献

第一，验证了中国情境下企业-工会关系对员工组织公民行为的促进作用，补充了组织公民行为影响因素的研究，也证实了企业-工会关系在员工感受和行为方面发挥的作用，提出了促进员工组织公民行为和企业-

工会关系领域研究的新途径。

第二，从社会信息加工理论的角度，阐释了企业-工会关系对员工组织公民行为影响具体过程。当前有关企业-工会关系对组织公民行为影响的调查研究较为匮乏，并且很少有研究将焦点放在作用机制上。本研究从社会信息加工理论的视角出发，对已有组织公民行为影响因素的研究进行了整合，构建了"企业-工会关系—组织公平—心理安全感—组织公民行为"的链式中介模型。这不仅阐释了企业-工会关系对组织公民行为的影响机制，也丰富了组织公平、心理安全感与员工组织公民行为的研究视角。

第三，从劳动关系的角度研究了员工的工作场所行为，并促进了相关领域研究的整合。近年来，学术界对劳资关系的研究主要集中于劳资关系和组织行为方面的整合，对劳资关系、人力资源管理与组织行为领域的整合研究较为零散。本研究探讨了劳资关系领域的企业-工会关系对员工在工作场所中的组织公民行为的影响及影响机制，丰富了跨领域整合研究的理论和成果。

5.3 实践启示

第一，企业与工会应加强合作，为员工实施组织公民行为提供支持。中国工会对职工的影响已经渗透到职工日常生活和工作的各个方面。企业应当主动为工会活动提供支持。企业重视工会的作用，团结工会，可以激发员工的组织公平感和心理安全感，最终促进员工的组织公民行为。在工作中，需要企业的支持与配合，让工会更好地发挥作用，为员工的利益做出贡献。因此，企业一方面要相信工会在改善组织公正、心理安全和组织公民行为方面的作用，积极配合工会，为企业和员工的发展做出贡献；企业另一方面要积极支持和配合工会的各项活动，切实落实与工会的合作，包括保障和完善工会的话语权和独立性，从而为工会开展各项活动和落实各项政策提供有力的支持和保障。

第二，企业应合理利用工会在加强企业和员工联系中的特殊优势，为人力资源管理实践提供补充，增强员工在企业中工作的安全感以及对企业的信任感。我国工会的基本职责是维护员工权益，这使从企业的角度来看人力资源管理永远不能取代工会在改善员工情绪方面的作用。这就意味着工会能有效缓解员工与企业之间的矛盾,鼓励员工为企业的发展出谋划策。比如,工会在为职工争取福利待遇,改善职工工作环境,维护职工劳动报酬、劳动保险、劳动保护等基本权益方面的作用,有效缓解了劳动矛盾,增强了职工的工作安全感,使职工相信企业确实关心自己的利益和需求,从而自愿为企业的发展注入力量;工会通过开展合理化建议等活动,收集职工的意见和建议,引导职工关注企业发展,为企业的改革、发展和稳定出谋划策,为领导决策提供现实根据,并使员工充分参与企业的管理,从而使员工感受到企业的尊重和肯定,勇于为组织的发展提出建设性建议。

第三,工会可以通过影响员工的心理和行为来改善其在企业中的角色和地位。工会应合理利用自身资源和优势,鼓励企业维护员工的基本权益,协调企业与员工之间的冲突,从而加强工会对员工和企业的正向作用,与企业形成互补共赢的良性互动,提高自身在企业中的影响力,促进员工、工会和企业共同发展。

5.4 研究局限与展望

本研究仍存在如下不足之处。

首先,企业-工会关系属于组织层面的研究结构,但在数据处理过程中,没有将企业-工会关系聚集到组织层面,因此,本研究中的企业-工会关系实际上属于员工感知到的企业-工会关系,但是考虑到组织层面的企业-工会关系与员工感知到的企业-工会关系存在一定的偏差。因此,为了研究更为严谨,今后应该将企业-工会关系纳入组织层面,考虑企业-工会关系对员工组织公民行为的跨层次分析。

其次,已有研究结合不同情境对员工组织公民行为类型做出了分类,如顺从型组织公民行为和挑战型组织公民行为,并发现不同类型组织公民行为的影响因素有所不同。因此,接下来的研究可以从多种视角探究企业-工会关系对不同种类的组织公民行为的影响差异。

最后,所构建的理论模型没有考虑个别调节变量的扰动效应。未来研究有必要进一步考虑个体特征等调节变量对企业-工会关系与组织公民行为的扰动作用,建立我国国情下更加完善的企业-工会关系与组织公民行为的关系模型。

参考文献

[1] 赖德胜. 高质量就业的逻辑 [J]. 劳动经济研究, 2017, 5 (6): 6-9.

[2] 张军扩, 侯永志, 刘培林, 何建武, 卓贤. 高质量发展的目标要求和战略路径 [J]. 管理世界, 2019 (7): 1-7.

[3] 丁煜, 胡悠悠. 新时期我国劳动关系治理中的问题研究 [J]. 公共管理与政策评论, 2018, 7 (3): 46-55.

[4] 姚洋, 钟宁桦. 工会是否提高了工人的福利?——来自12个城市的证据 [J]. 世界经济文汇, 2008 (5): 5-29.

[5] 陈维政, 任晗, 朱玖华, 王西枘, 陈玉玲. 中国企业工会角色冲突对工会职能作用发挥的影响和对策研究 [J]. 管理学报, 2016, 13 (3): 315-324.

[6] 王永丽, 郑婉玉. 双重角色定位下的工会跨界职能履行及作用效果分析 [J]. 管理世界, 2012 (10): 130-145.

[7] Chan A W, Snape E, Luo M S, Zhai Y. The developing role of unions in China's foreign-invested enterprises [J]. British journal of industrial relations, 2017, 55 (3): 602-625.

[8] 靳卫东, 崔亚东. 中国工会的职能转变: 从企业利益协同到职工权益维护 [J]. 经济学动态, 2019 (2): 63-77.

[9] Cook H, MacKenzie R, Forde C. Union partnership as a facilitator to HRM: improving implementation through oppositional engagement [J]. The International Journal of Human Resource Management, 2017, 29 (5): 1-23.

[10] 吴进红, 胡恩华, 王凌云, 单红梅. 异质性视角下工会-企业关系模式对组织承诺的影响研究 [J]. 管理评论, 2017, 29 (10): 120-131.

[11] 胡恩华, 章燕, 单红梅, 张龙. 企业承诺和工会承诺对员工建言行为的影响研究 [J]. 管理学报, 2018, 15 (8): 1153-1160.

[12] 胡恩华, 韩明燕, 周潇, 王颖, 查萱琪, 单红梅. 中国情境下的企业-工会耦合关系研究: 结构探索与量表开发 [J]. 预测, 2021, 40 (5): 1-8.

[13] Thornton P H, Ocasio W, Lounsbury M. The institutional logics perspective: a new approach to culture, structure, and process [M]. Oxford: Oxford University Press, 2012: 1-22.

[14] Thornton P H, Ocasio W. Institutional logics [M]. Thousand, CA: SAGE, 2008: 99-129.

[15] O'Reilly K, Paper D, Marx S. Demystifying grounded theory for business research [J]. Organizational Research Methods, 2012, 15 (2): 247-262.

[16] 陈晓萍, 沈伟. 组织与管理研究的实证方法 [M]. 北京: 北京大学出版社, 2018.

[17] Eisenhardt K M. Building theories from case study research [J]. Academy of Management Review, 1989, 14 (4): 532-550.

[18] Yin R K. Case study research and applications: design and methods [M]. Los Angeles: Sage Publications, 2017.

[19] Lewis B R, Templeton G F, Byrd T A. A methodology for construct development in MIS research [J]. European Journal of Information Systems, 2005, 14 (4): 388-400.

[20] Dunlop J T. Industrial relations, labor economics, and policy decisions [J]. Challenge, 1977, 20 (2): 6-12.

[21] Ibsen C L, Tapia M. Trade union revitalisation: Where are we now? Where to next? [J]. Journal of Industrial Relations, 2017, 59 (2): 170-191.

[22] Cooke F L. Chinese industrial relations research: in search of a broader analytical framework and representation [J]. Asia Pacific Journal of Management, 2014, 31 (3): 875-898.

[23] Taylor B, Chang K, Li Q. Industrial relations in China [M]. UK: Edward Elgar Publishing, 2003.

[24] Newman A, Cooper B, Holland P, Miao Q, Teicher J. How do

industrial relations climate and union instrumentality enhance employee performance? The mediating effects of perceived job security and trust in management [J]. Human Resource Management, 2019, 58 (1): 35-44.

[25] Ma Z. Industrial relations in China: a review based on a six-party model [J]. International Labour Review, 2011, 150 (1-2): 145-162.

[26] 徐世勇, Huang X, 张丽华, 许春燕, Verma A. 中国工人罢工的四方层级解决机制: 基于案例研究的一种新诠释 [J]. 管理世界, 2014, (4): 60-70+80+187.

[27] Chung S W. Industrial relations (IR) changes in China: a foreign employer's perspective [J]. Employee Relations, 2016, 38 (6): 826-840.

[28] 胡恩华, 张毛龙, 单红梅. 中国工会与劳资关系调节职能——基于1853篇工会实践报道的研究 [J]. 经济管理, 2016, 38 (11): 174-186.

[29] 瞿皎姣, 赵曙明. 中国工会代表性的提升策略研究——组织社会学新制度主义的分析视角 [J]. 南京大学学报 (哲学·人文科学·社会科学), 2017, 54 (2): 36-46+158.

[30] Liu M, Li C. Environment pressures, managerial industrial relations ideologies and unionization in Chinese enterprises [J]. British Journal of Industrial Relations, 2014, 52 (1): 82-111.

[31] Freeman R B, Medoff J L. What do unions do [J]. Indus, Lab Rel Rev, 1984, 38: 244.

[32] Ge Y. Do Chinese unions have "real" effects on employee compensation? [J]. Contemporary Economic Policy, 2014, 32 (1): 187-202.

[33] Sun W C. Industrial relations (IR) changes in China: a foreign employer's perspective [J]. Employee Relations, 2016, 38 (6): 826-840.

[34] 席酉民, 刘鹏, 孔芳, 葛京. 和谐管理理论: 起源、启示与前景 [J]. 管理工程学报, 2013, 27 (2): 1-8.

[35] Chang C, Cooke F L. Layers of union organising and representation: the case study of a strike in a Japanese-funded auto plant in China [J]. Asia Pacific Journal of Human Resources, 2018, 56 (4): 492-517.

[36] Hu E, Zhang M, Shan H, Zhang L, Yue Y. Job satisfaction and union participation in China: developing and testing a mediated moderation model [J]. Employee Relations, 2018, 40 (6): 964-980.

[37] Martin J E. Joint union-management committees: a comparative longitudinal study [J]. Administration, Society, 1983, 15 (1): 49-74.

[38] Iverson R, Buttigieg D, Maguire C. Absence culture: the effects of union membership status and union-management climate [J]. Industrial Relations, 2003, 58 (3): 483-514.

[39] Barry M, Wilkinson A. Pro-social or pro-management? A critique of the conception of employee voice as a pro-social behaviour within organizational behaviour [J]. British Journal of Industrial Relations, 2016, 54 (2): 261-284.

[40] Valizade D, Ogbonnaya C, Tregaskis O, Forde C. A mutual gains perspective on workplace partnership: employee outcomes and the mediating role of the employment relations climate [J]. Human Resource Management Journal, 2016, 26 (3): 351-368.

[41] Kochan T A, Katz H C, McKersie R B. The transformation of American industrial relations [M]. New York: Cornell University Press, 2018.

[42] Masters M F, Albright R R, Eplion D. What did partnerships do? Evidence from the federal sector [J]. Industrial, Labor Relations Review, 2006, 59 (3): 367-385.

[43] 张毛龙, 胡恩华, 张龙. 中国企业工会实践: 测量表的开发与检验 [J]. 经济管理, 2018, 40 (11): 39-54.

[44] Zhu Y, Warner M, Feng T. Employment relations "with Chinese characteristics": the role of trade unions in China [J]. International Labour Review, 2011, 150 (1-2): 127-143.

[45] 游正林. 对中国劳动关系转型的另一种解读——与常凯教授商榷 [J]. 中国社会科学, 2014 (3): 165-168.

[46] Kuruvilla S, Zhang H. Labor unrest and incipient collective bargaining in China [J]. Management and Organization Review, 2016, 12 (1): 159-187.

[47] 孙中伟，贺霞旭. 工会建设与外来工劳动权益保护——兼论一种"稻草人机制"[J]. 管理世界，2012，(12)：52-66+87.

[48] 易定红，袁青川. 中国工会存在工资溢价吗——基于控制样本选择性偏差的 Blinder-Oaxaca 回归分解 [J]. 经济理论与经济管理，2015，(2)：31-39.

[49] Kochan T A, Piore M J. Will the new industrial relations last? Implications for the American labor movement [J]. The Annals of the American Academy of Political and Social Science, 1984, 473 (1): 177-189.

[50] Kandathil G, Joseph J. Normative underpinnings of direct employee participation studies and implications for developing ethical reflexivity: a multi-disciplinary review [J]. Journal of Business Ethics, 2019, 157 (3): 685-697.

[51] Leonardi S, Gottardi D. Why no board-level employee representation in Italy? Actor preferences and political ideologies [J]. European Journal of Industrial Relations, 2019, 25 (3): 291-304.

[52] Greenwood M. Ethical analyses of HRM: a review and research agenda [J]. Journal of Business Ethics, 2013, 114 (2): 355-366.

[53] Greenwood M, Van Buren H J. Ideology in HRM scholarship: interrogating the ideological performativity of 'new unitarism' [J]. Journal of Business Ethics, 2017, 142 (4): 663-678.

[54] Ackers P. Waving not drowning: British industrial relations in the twenty-first century [J]. British Journal of Industrial Relations, 2017, 55 (3): 672-675.

[55] Cooke W N. Factors influencing the effect of joint union-management programs on employee-supervisor relations [J]. ILR Review, 1990, 43 (5): 587-603.

[56] Budd J W. Employment with a human face: balancing efficiency, equity, and voice [M]. Ithaca: Cornell University Press, 2004.

[57] Kaufman B E. The theoretical foundation of industrial relations and its implications for labor economics and human resource management [J]. ILR Review, 2010, 64 (1): 74-108.

[58] Guest D, Brown W, Peccei R, Huxley K. Does partnership at work increase trust? An analysis based on the 2004 workplace employment relations survey [J]. Industrial Relations Journal, 2008, 39 (2): 124-152.

[59] 常凯. 劳动关系学 [M]. 北京: 中国劳动社会保障出版社, 2005.

[60] Geary J, Trif A. Workplace partnership and the balance of advantage: a critical case analysis: workplace partnership and the balance of advantage [J]. British Journal of Industrial Relations, 2011, 49 (SI): 44-69.

[61] Wilkinson A, Dundon T, Donaghey J, Townsend K. Partnership, collaboration and mutual gains: evaluating context, interests and legitimacy [J]. International Journal of Human Resource Management, 2014, 25 (6): 737-747.

[62] 彭娟, 刘善仕, 滕莉莉. 国外雇佣双方合作伙伴关系研究回顾与展望 [J]. 外国经济与管理, 2012, 34 (8): 50-56+63.

[63] 张璇, 龙立荣. 相互投资型雇佣关系对员工情绪耗竭的影响: 强迫激情的中介作用和权力距离导向的调节作用 [J]. 预测, 2017, 36 (3): 1-7.

[64] 金碚. 在新发展理念引领下建设现代化经济体系 [J]. 经济理论与经济管理, 2018 (1): 13-15.

[65] Kochan T, Lansbury R, Verma A. Employment relations in the growing Asian economies [M]. London and New York: Routledge, 2005.

[66] Vernon G, Brewster C. Structural spoilers or structural supports? Unions and the strategic integration of HR functions [J]. International Journal of Human Resource Management, 2013, 24 (6): 1113-1129.

[67] 邢周凌, 王一鸣, 李灵璐, 邢周兰, 吴新辉, 沈伊默. 影响中国创业板上市公司业绩因素分析: 基于多案例研究 [J]. 管理评论, 2014, 26 (1): 66-77.

[68] Fan H, Dong Y, Hu D, Luo L. Do labour unions mitigate labour conflicts in China's manufacturing firms? Evidence from the China employer-employee survey [J]. International Journal of Conflict Management, 2018, 29 (4): 470-486.

[69] Hernaus T, Pavlovic D, Klindzic M. Organizational career management practices [J]. Employee Relations, 2019, 41 (1): 88-100.

[70] Gill C. Union impact on the effective adoption of high performance work practices [J]. Human Resource Management Review, 2009, 19 (1): 39-50.

[71] 魏下海, 董志强, 金钊. 工会改善了企业雇佣期限结构吗?——来自全国民营企业抽样调查的经验证据 [J]. 管理世界, 2015 (5): 52-62.

[72] 李召敏, 韩小芳, 赵曙明. 民营企业雇佣关系模式关键影响因素的多案例研究 [J]. 管理科学, 2017, 30 (5): 119-135.

[73] Lee C H, Brown W, Wen X. What sort of collective bargaining is emerging in China? [J]. British Journal of Industrial Relations, 2016, 54 (1): 214-236.

[74] 谢玉华, 杨玉芳, 毛斑斑. 基于多案例视角的需求诱致型工资集体谈判形成机制研究 [J]. 管理学报, 2017, 14 (4): 497-504.

[75] 游正林. 政绩驱动下的工会行动——对F厂工会主动介入生产管理过程的调查与思考 [J]. 学海, 2011, (1): 138-145.

[76] Pohler D, Schmidt J A. Does pay-for-performance strain the employment relationship? The effect of manager bonus eligibility on nonmanagement employee turnover [J]. Personnel Psychology, 2016, 69 (2): 395-429.

[77] 淦未宇, 徐细雄. 组织支持、社会资本与新生代农民工离职意愿 [J]. 管理科学, 2018, 31 (1): 79-89.

[78] Lu Y, Tao Z, Wang Y. Union effects on performance and employment relations: evidence from China [J]. China Economic Review, 2010, 21 (1): 202-210.

[79] 魏下海, 董志强, 黄玖立. 工会是否改善劳动收入份额?——理论分析与来自中国民营企业的经验证据 [J]. 经济研究, 2013, 48 (8): 16-28.

[80] Fang T, Ge Y. Unions and firm innovation in China: synergy or strife? [J]. China Economic Review, 2012, 23 (1): 170-180.

[81] 李文贵. 工会、产权保护与民营企业研发投资 [J]. 科学学研究, 2014, 32 (3): 374-383.

[82] 单红梅, 胡恩华, 黄凰. 工会实践对企业绩效影响的实证研究 [J]. 管理科学, 2014, 27 (4): 33-50.

[83] 魏下海, 金钊, 孙中伟. 工会、劳动保护与企业新增投资 [J]. 世界经济, 2018, 41 (5): 173-192.

[84] Snape E, Redman T. Industrial relations climate and union commitment: an evaluation of workplace-level effects [J]. Industrial Relations: A Journal of Economy and Society, 2012, 51 (1): 11-28.

[85] Lüethje B. Labour relations, production regimes and labour conflicts in the Chinese automotive industry [J]. International Labour Review, 2014, 153 (4): 535-560.

[86] 徐泽磊, 于桂兰, 杨欢. 合作型劳动关系影响因素的分类识别与动态分析——基于复杂网络的视角 [J]. 经济纵横, 2019 (12): 66-73.

[87] 吴建平. 地方工会"借力"运作的过程、条件及局限 [J]. 社会学研究, 2017, 32 (2): 103-127+244.

[88] 罗明忠, 罗发恒. 企业特性、工会服务与员工劳动关系评价 [J]. 经济经纬, 2015 (1): 90-95.

[89] 李敏, 周恋. 基于工会直选调节作用的劳动关系氛围、心理契约破裂感知和工会承诺的关系研究 [J]. 管理学报, 2015, 12 (3): 364-371.

[90] Fortin-Bergeron C, Doucet O, Hennebert M A. The role of management and trade union leadership on dual commitment: the mediating effect of the workplace relations climate [J]. Human Resource Management Journal, 2018, 28 (3): 462-478.

[91] 朱苏丽, 龙立荣, 贺伟, 王忠军. 超越工具性交换: 中国企业员工——组织类亲情交换关系的理论建构与实证研究 [J]. 管理世界, 2015 (11): 119-134.

[92] 吴坤津, 刘善仕, 王红丽, 冯镜铭. "真有之情"与"应有之情": 内部人身份感知对员工创新行为的双重影响机制 [J]. 商业经济

与管理,2016,(7):64-72.

[93] Wang Y, Ang C, Jiang Z, Wu C. The role of trait extraversion in shaping proactive behavior: a multilevel examination of the impact of high-activated positive affect [J]. Personality and Individual Differences, 2019, 136: 107-112.

[94] 胡恩华,韩明燕,胡彩红,张朦月,张龙,单红梅.工会文娱休闲活动对员工福祉影响的实证研究 [J].预测,2019,38(2):24-30.

[95] 张戌凡,席猛.工会实践对员工工作幸福感的影响:基于工具—情感的双路径视角 [J].心理科学进展,2019,27(8):1354-1362.

[96] 李力东.工资集体协商制度的完善路径——工会转型的视角 [J].中共浙江省委党校学报,2012,28(2):52-57.

[97] Kai C, Brown W. The transition from individual to collective labour relations in China [J]. Industrial Relations Journal, 2013, 44(2): 102-121.

[98] 石晓天.工人集体行动、工会主席直选与工资集体协商——以广东省为例 [J].理论与改革,2012(5):36-39.

[99] 刘泽双.中国上市公司高管层受教育水平与公司绩效关系再研究 [J].经济管理,2010,32(8):73-79.

[100] Jiang K, Lepak D P, Hu J, Baer J C. How does human resource management influence organizational outcomes? A meta-analytic investigation of mediating mechanisms [J]. Academy of Management Journal, 2012, 55(6): 1264-1294.

[101] Liu W, Guthrie J P, Flood P C, Maccurtain S. Unions and the adoption of high performance work systems: does employment security play a role? [J]. ILR Review, 2009, 63(1): 109-127.

[102] 常凯.劳动关系的集体化转型与政府劳工政策的完善 [J].中国社会科学,2013(6):93-110+208.

[103] 纪雯雯,赖德胜.工会能够维护流动人口劳动权益吗? [J].管理世界,2019(2):88-101.

[104] 程恩富,胡靖春.论我国劳动收入份额提升的可能性、迫切

性与途径 [J]. 经济学动态, 2010, (11): 33-39.

[105] 杨继东, 杨其静. 工会、政治关联与工资决定——基于中国企业调查数据的分析 [J]. 世界经济文汇, 2013 (2): 36-49.

[106] 李明, 徐建炜. 谁从中国工会会员身份中获益? [J]. 经济研究, 2014, (5): 51-64.

[107] Cheng Z, Wang H, Chen Y. Labor contract, trade union membership, and workplace relations: a study of migrant workers in Guangdong Province, China [M]. Berlin: Springer-Verlag, 2014: 183-206.

[108] 刘海洋, 刘峥, 吴龙. 工会提高了员工福利和企业效率吗?——来自第一次全国经济普查的微观证据 [J]. 产业经济研究, 2013, (5): 69-77.

[109] 张抗私, 刘翠花. 工会是否提升了国有企业员工的幸福感? [J]. 财经问题研究, 2018 (3): 116-122.

[110] 袁青川. 工会覆盖效应与工会会员效应下的工资分布研究——来自2012年雇员雇主匹配数据的经验 [J]. 商业经济与管理, 2015 (8): 34-45.

[111] 毛学峰, 刘靖, 张车伟. 中国的工会可以降低性别工资差异吗 [J]. 经济学动态, 2016 (5): 26-36.

[112] 袁青川. 中国工会会员效应下的工资溢价实证研究——来自2012年雇员雇主匹配数据的经验 [J]. 中央财经大学学报, 2018 (3): 100-110.

[113] 罗永华, 魏下海, 吴春秀. 工会主席身份是否影响员工留职意愿——基于2016年广东南海"雇主-雇员"匹配数据的实证研究 [J]. 财经研究, 2018 (4): 76-88.

[114] Budd J W, Sojourner A, Jung J. Are voluntary agreements better? Evidence from baseball arbitration [J]. ILR Review, 2017, 70 (4): 865-893.

[115] Chan C K-C, Ngai P. The making of a new working class? A study of collective actions of migrant workers in South China [J]. The China Quarterly, 2009, 198: 287-303.

[116] Gordon M E, Ladd R T. Dual allegiance: renewal, reconsidera-

tion, and recantation [J]. Personnel Psychology, 1990, 43 (1): 37-69.

[117] Wu W P, Lee Y D. Participatory management and industrial relations climate: a study of Chinese, Japanese and US firms in Taiwan [J]. International Journal of Human Resource Management, 2001, 12 (5): 827-844.

[118] Xi M, Xu Q, Wang X, Zhao S. Partnership practices, labor relations climate, and employee attitudes: evidence from China [J]. ILR Review, 2017, 70 (5): 1196-1218.

[119] Humborstad S I W, Kuvaas B. Mutuality in leader-subordinate empowerment expectation: its impact on role ambiguity and intrinsic motivation [J]. The Leadership Quarterly, 2013, 24 (2): 363-377.

[120] 刘长庚, 许明, 刘一蓓. 员工获得了"公平"的劳动所得吗——基于中国工业企业数据库的测度与验证 [J]. 中国工业经济, 2014 (11): 128-140.

[121] 翁清雄, 卞泽娟. 组织职业生涯管理与员工职业成长: 基于匹配理论的研究 [J]. 外国经济与管理, 2015, 37 (8): 30-42+64.

[122] 张宏宁, 周燕华, 张建君. 如何缓解农民工的疲惫感: 对工会和 SA8000 认证作用的考量 [J]. 管理世界, 2014 (2): 32-43.

[123] 李召敏, 赵曙明. 劳资关系氛围五维度对员工心理安全和工作嵌入的影响——基于中国广东和山东两地民营企业的实证研究 [J]. 管理评论, 2017, 29 (4): 108-121.

[124] Kai C. The collective transformation of labor relations and improvement of the government's labor policy [J]. Social Sciences in China, 2014, 35 (3): 82-99.

[125] Pache A C, Santos F. When worlds collide: the internal dynamics of organizational responses to conflicting institutional demands [J]. Academy of Management Review, 2010, 35 (3): 455-476.

[126] Greve H R, Zhang C M. Institutional logics and power sources: merger and acquisition decisions [J]. Academy of Management Journal, 2017, 60 (2): 671-694.

[127] 单红梅, 胡恩华, 鲍静静, 张毛龙. 非国有企业员工组织地

位感知水平对离职倾向的影响研究［J］. 管理学报, 2015, 12（8）: 1144-1153.

［128］Chen Y, Kim Y K, Liu Z, Wang G, Zhao G. Can HPWS and unions work together to reduce employee turnover intention in foreign mncs in China?［M］. United Kingdom: Emerald Publishing Limited, 2018: 213-242.

［129］Chan A W, Snape E, Redman T. Multiple foci and bases of commitment in a Chinese workforce［J］. The International Journal of Human Resource Management, 2011, 22（16）: 3290-3304.

［130］单红梅, 胡恩华, 张梦琦, 张毛龙. 基于传统性和工会实践作用的工会变革型领导对工会公民行为的影响研究［J］. 管理学报, 2017, 14（9）: 1308-1314.

［131］Zhu Y, Warner M, Feng T. Employment relations "with Chinese characteristics": The role of trade unions in China［J］. International Labour Review, 2011, 150（1-2）: 127-143.

［132］时勘, 周海明, 朱厚强, 郭鹏举. 健康型组织的评价模型构建及研究展望［J］. 科研管理, 2016, 37（S1）: 630-635.

［133］李龙, 宋月萍. 工会参与对农民工工资率的影响——基于倾向值方法的检验［J］. 中国农村经济, 2017,（3）: 4-19.

［134］王德才. 伙伴关系实践对劳资冲突的影响——机制与情境因素研究［J］. 管理评论, 2018, 30（1）: 91-99.

［135］Sirgy M J, Efraty D, Siegel P, Lee D J. A new measure of quality of work life（QWL）based on need satisfaction and spillover theories［J］. Social Indicators Research, 2001, 55（3）: 241-302.

［136］Budd J W, Chi W, Wang Y, Xie Q. What do unions in China do? Provincial-level evidence on wages, employment, productivity, and economic output［J］. Journal of Labor Research, 2014, 35（2）: 185-204.

［137］Pache A C, Santos F M. Inside the hybrid organization: selective coupling as a response to competing institutional logics［J］. Academy of Management Journal, 2013, 56（4）: 972-1001.

［138］张志学. 组织心理学研究的情境化及多层次理论［J］. 心理学报, 2010, 42（1）: 10-21.

[139] 高良谋, 胡国栋. 模块化生产网络中的劳资关系嬗变: 层级分化与协同治理 [J]. 中国工业经济, 2012 (10): 96-108.

[140] Lucio M M, Stuart M. Swimming against the tide: social partnership, mutual gains and the revival of 'tired' HRM [J]. The International Journal of Human Resource Management, 2004, 15 (2): 410-424.

[141] Suddaby R. Challenges for institutional theory [J]. Journal of Management Inquiry, 2010, 19 (1): 14-20.

[142] 肖红军, 阳镇. 新中国成立70年来人与组织关系的演变——基于制度变迁的视角 [J]. 当代经济科学, 2019, 41 (5): 24-37.

[143] Battilana J, Dorado S. Building sustainable hybrid organizations: the case of commercial microfinance organizations [J]. Academy of Management Journal, 2010, 53 (6): 1419-1440.

[144] Raaijmakers A G, Vermeulen P A, Meeus M T, Zietsma C. I need time! Exploring pathways to compliance under institutional complexity [J]. Academy of Management Journal, 2015, 58 (1): 85-110.

[145] 岳经纶, 庄文嘉. 国家调解能力建设: 中国劳动争议"大调解"体系的有效性与创新性 [J]. 管理世界, 2014, (8): 68-77.

[146] Dorado S. Institutional entrepreneurship, partaking, and convening [J]. Organization Studies, 2005, 26 (3): 385-414.

[147] Plovnick M S, Chaison G N. Relationships between concession bargaining and labor-management cooperation [J]. Academy of Management Journal, 1985, 28 (3): 697-704.

[148] 邓少军, 芮明杰, 赵付春. 组织响应制度复杂性: 分析框架与研究模型 [J]. 外国经济与管理, 2018, 40 (8): 3-16+29.

[149] Gamage P N, Hewagama G V. Determinants of union participation of public sector organizations in Sri Lanka [J]. Journal of Human Resource Management, 2012, 3 (1): 19-31.

[150] Monastiriotis V. Union retreat and regional economic performance: the UK experience [J]. Regional Studies, 2007, 41 (2): 143-156.

[151] 陈万思, 周卿钰, 杨朦晰, 张昱城, 钟琳. 基于跨层双中介模型的知识服务团队认同对团队绩效的影响过程研究 [J]. 管理学报,

2019, 16 (8): 1153-1160.

[152] Besharov M L, Smith W K. Multiple institutional logics in organizations: explaining their varied nature and implications [J]. Academy of Management Review, 2014, 39 (3): 364-381.

[153] Ramus T, Vaccaro A, Brusoni S. Institutional complexity in turbulent times: formalization, collaboration, and the emergence of blended logics [J]. Academy of Management Journal, 2017, 60 (4): 1253-1284.

[154] 刘德鹏, 贾良定, 刘畅唱, 蔡亚华, 郑雅琴. 从自利到德行: 商业组织的制度逻辑变革研究 [J]. 管理世界, 2017 (11): 94-111+188.

[155] Canales R. Weaving straw into gold: managing organizational tensions between standardization and flexibility in microfinance [J]. Organization Science, 2014, 25 (1): 1-28.

[156] Nicholls A, Huybrechts B. Sustaining inter-organizational relationships across institutional logics and power asymmetries: the case of fair trade [J]. Journal of Business Ethics, 2016, 135 (4): 699-714.

[157] Jones C, Maoret M, Massa F G, Svejenova S. Rebels with a cause: formation, contestation, and expansion of the de novo category "modern architecture," 1870-1975 [J]. Organization Science, 2010, 23 (6): 1523-1545.

[158] Friedman E, Kuruvilla S. Experimentation and decentralization in China's labor relations [J]. Human Relations, 2015, 68 (2): 181-195.

[159] Glassman R B. Persistence and loose coupling in living systems [J]. Behavioral Science, 1973, 18 (2): 83-98.

[160] Brammer S, Jackson G, Matten D. Corporate social responsibility and institutional theory: new perspectives on private governance [J]. Socio-Economic Review, 2012, 10 (1): 3-28.

[161] Yao Y, Zhong N. Unions and workers' welfare in Chinese firms [J]. Journal of Labor Economics, 2013, 31 (3): 633-667.

[162] Nigam A, Ocasio W. Event attention, environmental sensemaking, and change in institutional logics: an inductive analysis of the effects of

public attention to clinton's health care reform initiative [J]. Organization Science, 2010, 21 (4): 823-841.

[163] 葛明磊, 张丽华, 黄秋风. 产业互联网背景下多重制度逻辑与组织双元性研究——以苏宁O2O变革过程为例 [J]. 管理评论, 2018, 30 (2): 242-255.

[164] 吴清军. 中国劳动关系学40年 (1978—2018) [M]. 北京: 中国社会科学出版社, 2018.

[165] 孟泉, 曹学兵. 工会何以复兴?——西方工会复兴研究的主要议题、学术争论及启示 [J]. 中国人力资源开发, 2019, 36 (3): 103-118.

[166] 闻效仪. 从"国家主导"到多元推动——集体协商的新趋势及其类型学 [J]. 社会学研究, 2017 (2): 32-54+246-247.

[167] Dunn M B, Jones C. Institutional logics and institutional pluralism: the contestation of care and science logics in medical education, 1967—2005 [J]. Administrative Science Quarterly, 2010, 55 (1): 114-149.

[168] Bertels S, Lawrence T B. Organizational responses to institutional complexity stemming from emerging logics: the role of individuals [J]. Strategic Organization, 2016, 14 (4): 336-372.

[169] Siven C H, Ysander B C. Reviewed work: anti-equilibrium, on economic systems theory and the tasks of research by János Kornai [J]. The Swedish Journal of Economics, 1973, 75 (3): 315-319.

[170] 严广乐, 王浣尘. 边界沉思 [J]. 管理科学学报, 2000, 3 (1): 79-86.

[171] Singhapakdi A, Lee D J, Sirgy M J, Senasu K. The impact of incongruity between an organization's CSR orientation and its employees' CSR orientation on employees' quality of work life [J]. Journal of Business Research, 2015, 68 (1): 60-66.

[172] Kara D, Kim H L, Lee G, Uysal M. The moderating effects of gender and income between leadership and quality of work life (QWL) [J]. International Journal of Contemporary Hospitality Management 2018, 30 (3): 1419-1435.

[173] 王振源, 段永嘉, 孙珊珊. 非工作时间在家办公对工作家庭冲突及工作生活质量的影响研究 [J]. 预测, 2015, 34 (3): 28-33.

[174] Fontinha R, Easton S, Van Laar D. Overtime and quality of working life in academics and nonacademics: the role of perceived work-life balance [J]. International Journal of Stress Management, 2019, 26 (2): 173-183.

[175] Kocman A, Weber G. Job satisfaction, quality of work life and work motivation in employees with intellectual disability: a systematic review [J]. Journal of Applied Research in Intellectual Disabilities, 2018, 31 (1): 1-22.

[176] Wang D, Jia Y, Hou Z J, Xu H, Zhang H, Guo X-L. A test of psychology of working theory among Chinese urban workers: examining predictors and outcomes of decent work [J]. Journal of Vocational Behavior, 2019, 115: 1-11.

[177] 肖红军, 阳镇. 共益企业: 社会责任实践的合意性组织范式 [J]. 中国工业经济, 2018 (7): 174-192.

[178] Mariappanadar S. The model of negative externality for sustainable HRM [M]. Heidelberg: Springer, 2014: 181-203.

[179] Gayathiri R, Ramakrishnan L, Babatunde S, Banerjee A, Islam M. Quality of work life-Linkage with job satisfaction and performance [J]. International Journal of Business and Management Invention, 2013, 2 (1): 1-8.

[180] Mischel W, Shoda Y A cognitive-affective system theory of personality: reconceptualizing situations, dispositions, dynamics, and invariance in personality structure [J]. Psychological Review, 1995, 102 (2): 246.

[181] Angle H L, Perry J L. Dual commitment and labor-management relationship climates [J]. Academy of Management Journal, 1986, 29 (1): 31-50.

[182] Rossenberg Y G T, Klein H J, Asplund K, Bentein K, Breitsohl H, Cohen A, Cross D, de Aguiar Rodrigues A C, Duflot V, Kilroy S, Ali N, Rapti A, Ruhle S, Solinger O, Swart J, Yalabik Z Y. The future of

workplace commitment: key questions and directions [J]. European Journal of Work and Organizational Psychology, 2018, 27 (2): 153 - 167.

[183] 李永占. 变革型领导对员工创新行为的影响: 心理授权与情感承诺的作用 [J]. 科研管理, 2018, 39 (7): 123 - 130.

[184] Xia A, Wang B, Song B, Zhang W, Qian J. How and when workplace ostracism influences task performance: through the lens of conservation of resource theory [J]. Human Resource Management Journal, 2019, 29 (3): 353 - 370.

[185] Wrzesniewski A, Dutton J E. Crafting a job: revisioning employees as active crafters of their work [J]. Academy of Management Review, 2001, 26 (2): 179 - 201.

[186] Laurence G A. Workaholism and expansion and contraction oriented job crafting: the moderating effects of individual and contextual factors [M]. New York: Syracuse University, 2010.

[187] 彭小平, 田喜洲, 郭小东. 组织中的亲社会行为研究述评与展望 [J]. 外国经济与管理, 2019, 41 (5): 114 - 127.

[188] Ramarajan L. Past, present and future research on multiple identities: toward an intrapersonal network approach [J]. Academy of Management Annals, 2014, 8 (1): 589 - 659.

[189] 林忠, 孟德芳, 鞠蕾. 工作—家庭增益方格模型构建研究 [J]. 中国工业经济, 2015 (4): 99 - 111.

[190] Mccray J, Palmer A, Chmiel N. Building resilience in health and social care teams [J]. Personnel Review, 2016, 45 (6): 1132 - 1155.

[191] Collins R. Interaction ritual chains [M]. New Jersey: Princeton University Press, 2014: 464.

[192] Turner J H, Stets J E. The sociology of emotions [M]. Cambridge University Press, 2005.

[193] Barsade S G, Gibson D E. Why does affect matter in organizations? [J]. Academy of Management Perspectives, 2007, 21 (1): 36 - 59.

[194] Madrid H P, Patterson M G, Birdi K S, Leiva P I, Kausel E E. The role of weekly high-activated positive mood, context, and personality

in innovative work behavior: a multilevel and interactional model [J]. Journal of Organizational Behavior, 2014, 35 (2): 234 - 256.

[195] 闫佳祺, 贾建锋, 罗瑾琏. 变革型领导的跨层级传递与追随力: 人力资源管理强度和企业性质的调节效应 [J]. 科学学与科学技术管理, 2017, 38 (10): 147 - 157.

[196] Nichols T, Zhao W. Disaffection with trade unions in China: some evidence from SOEs in the auto industry [J]. Industrial Relations Journal, 2010, 41 (1): 19 - 33.

[197] Edmondson A C, Lei Z. Psychological safety: the history, renaissance, and future of an interpersonal construct [J]. Annual Review of Organizational Psychology Organizational Behavior, 2014, 1 (1): 23 - 43.

[198] Lounsbury M, Boxenbaum E. Institutional logics in action [M]. UK: Emerald Group Publishing, 2013.

[199] Gray B, Purdy J M, Ansari S. From interactions to institutions: microprocesses of framing and mechanisms for the structuring of institutional fields [J]. Academy of Management Review, 2015, 40 (1): 115 - 143.

[200] Lencioni P M. The advantage: why organizational health trumps everything else in business [M]. San Francisco: Jossey-Bass, 2012.

[201] 王兴琼, 陈维政. 组织健康: 概念、特征及维度 [J]. 心理科学进展, 2008 (2): 131 - 137.

[202] 杨震宁, 李德辉. "新组织" 和 "小组织" 困境——基于组织健康免疫捍卫机制的研究 [J]. 经济管理, 2014, (4): 59 - 72.

[203] Nahapiet J, Ghoshal S. Social capital, intellectual capital, and the organizational advantage [J]. Academy of Management Review, 1998, 23 (2): 242 - 266.

[204] Owens B P, Baker W E, Sumpter D M, Cameron K S. Relational energy at work: implications for job engagement and job performance [J]. Journal of Applied Psychology, 2016, 101 (1): 35 - 49.

[205] Dragoni L, Kuenzi M. Better understanding work unit goal orientation: its emergence and impact under different types of work unit structure [J]. Journal of Applied Psychology, 2012, 97 (5): 10 - 32.

[206] 刘立娜,于渤. 知识和组织惯例互动演化视角下后发企业动态能力的微观基础 [J]. 管理学报, 2019, 16 (7): 1044-1053.

[207] 祁顺生,贺宏卿. 组织内信任的影响因素 [J]. 心理科学进展, 2006, 14 (6): 918-923.

[208] Gillespie N, Dietz G. Trust repair after an organization-level failure [J]. Academy of Management Review, 2009, 34 (1): 127-145.

[209] Lawrence T B, Maitlis S. Care and possibility: enacting an ethic of care through narrative practice [J]. Academy of Management Review, 2012, 37 (4): 641-663.

[210] Schmidtke J M, Cummings A. The effects of virtualness on teamwork behavioral components: the role of shared mental models [J]. Human Resource Management Review, 2017, 27 (4): 660-677.

[211] Nishii L H, Rich R E. Creating inclusive climates in diverse organizations [M]. Hoboken, New Jersey: John Wiley, Sons, Ltd. 2014: 330-363.

[212] Sanchez R. Strategic flexibility in product competition [J]. Strategic Management Journal, 1995, 16 (S1): 135-159.

[213] Kahn W A, Barton M A, Fisher C M, Heaphy E D, Reid E M, Rouse E D. The geography of strain: organizational resilience as a function of intergroup relations [J]. Academy of Management Review, 2018, 43 (3): 509-529.

[214] Walker B, Nilakant V, Baird R. Promoting organisational resilience through sustaining engagement in a disruptive environment: what are the implications for HRM? [J]. Research Forum, 2014: 1-18.

[215] 苏涛,陈春花,崔小雨,陈鸿志. 信任之下,其效何如——来自 Meta 分析的证据 [J]. 南开管理评论, 2017, 20 (4): 179-192.

[216] Kennedy D M, Landon L B, Maynard M T. Extending the conversation: employee resilience at the team level [J]. Industrial and Organizational Psychology, 2016, 9 (2): 466-475.

[217] Kuntz J R, Malinen S, Näswall K. Employee resilience: directions for resilience development [J]. Consulting Psychology Journal: Practice

and Research, 2017, 69 (3): 223.

[218] Barasa E, Mbau R, Gilson L. What is resilience and how can it be nurtured? A systematic review of empirical literature on organizational resilience [J]. International Journal of Health Policy and Management, 2018, 7 (6): 491.

[219] 李卫宁, 占靖宇, 吕源. 变革型领导行为、战略柔性与企业绩效 [J]. 科研管理, 2019, 40 (3): 94-103.

[220] Nadkarni S, Herrmann P. CEO personality, strategic flexibility, and firm performance: the case of the Indian business process outsourcing industry [J]. Academy of Management Journal, 2010, 53 (5): 1050-1073.

[221] Singh D, Oberoi J S, Ahuja I S. A conceptual famework for achieving flexibility at strategic level in large-and medium-scale Indian manufacturing organizations [M]. Hershey, PA: IGI Global, 2015: 174-189.

[222] 逯东, 王运陈, 王春国, 杨丹. 政治关联与民营上市公司的内部控制执行 [J]. 中国工业经济, 2013 (11): 96-108.

[223] 陈宗仕, 张建君. 企业工会、地区制度环境与民营企业工资率 [J]. 社会学研究, 2019, 34 (4): 50-72+243.

[224] 李柏洲, 徐广玉, 苏屹. 基于 HLM 的共享心智模式与创新绩效关系的跨层次研究: 学习空间的中介作用 [J]. 管理工程学报, 2015, 29 (4): 9-17.

[225] Tracey P, Phillips N. Entrepreneurship in emerging markets: strategies for new venture creation in uncertain institutional contexts [J]. Management International Review, 2011, 51 (1): 23-39.

[226] Hitt M A, Beamish P W, Jackson S E, Mathieu J E. Building theoretical and empirical bridges across levels: multilevel research in management [J]. Academy of Management Journal, 2007, 50 (6): 1385-1399.

[227] Lok J. Institutional logics as identity projects [J]. Academy of Management Journal, 2010, 53 (6): 1305-1335.

[228] Jarvis L C. Feigned versus felt: feigning behaviors and the dynamics of institutional logics [J]. Academy of Management Review, 2017, 42

(2): 306-333.

[229] Jabeen F, Friesen H L, Ghoudi K. Quality of work life of Emirati women and its influence on job satisfaction and turnover intention: evidence from the UAE [J]. Journal of Organizational Change Management, 2018, 31 (2): 352-370.

[230] Nayak T, Sahoo C K. Quality of work life and organizational performance: the mediating role of employee commitment [J]. Journal of Health Management, 2015, 17 (3): 263-273.

[231] Kodeih F, Greenwood R. Responding to institutional complexity: the role of identity [J]. Organization Studies, 2014, 35 (1): 7-39.

[232] 杨成湘. 论中国集体合同制度变迁历程、逻辑及其趋势 [J]. 经济体制改革, 2020 (5): 30-36.

[233] 胡恩华, 胡京京, 单红梅, 张毛龙. 基于工会实践调节效应的高绩效工作系统归因对反生产行为的影响研究 [J]. 管理学报, 2020, 17 (6): 833-842, 948.

[234] 吴进红, 胡恩华, 王凌云, 单红梅. 工会-企业关系模式对员工双组织承诺的影响 [J]. 系统工程, 2016, 34 (2): 25-32.

[235] 于桂兰, 陈明, 于楠. 中国工人权利实现程度及其影响因素研究 [J]. 社会科学战线, 2013 (1): 66-77.

[236] 吴江. 体面劳动、组织自尊与员工创新行为——基于劳动权益保障和组织创新奖励视角 [J]. 预测, 2019, 38 (6): 39-44.

[237] 朱斌, 王修晓. 制度环境, 工会建设与私营企业员工待遇 [J]. 经济社会体制比较, 2015 (6): 176-186.

[238] Flanagan J C. The critical incident technique [J]. Psychological Bulletin, 1954, 51 (4): 327-358.

[239] Chell E, Pittaway L. A study of entrepreneurship in the restaurant and café industry: exploratory work using the critical incident technique as a methodology [J]. International Journal of Hospitality Management, 1998, 17 (1): 23-32.

[240] Bitner M J, Booms B H, Tetreault M S. The service encounter-diagnosing favorable and unfavorable incidents [J]. Journal of Marketing,

1990, 54 (1): 71-84.

[241] 费显政, 游艳芬, 杨辉, 丁奕峰. 营销互动中的消费者内疚——对关键事件的探索性研究 [J]. 管理世界, 2011, (9): 116-126.

[242] 吴明隆, 涂金堂. SPSS 统计与应用分析 [M]. 大连: 东北财经大学出版社, 2012.

[243] Nunnally J C. Psychometric theory [M]. New York: McGraw-Hill, 1978.

[244] Hair J F. Multivariate data analysis (7th Edition) [M]. New Jersey: P. Hall, 2009.

[245] Fornell C, Larcker D F. Evaluating structural equation models with unobservable variables and measurement error [J]. Journal of Marketing Research, 1981, 18 (1): 39-50.

[246] 淦未宇, 徐细雄. 组织支持, 工作生活质量与新生代农民工城市融合——基于海底捞的案例研究 [J]. 管理评论, 2019, 31 (5): 291-304.

[247] Tsui A S, Pearce J L, Porter L W, Tripoli A M. Alternative approaches to the employee-organization relationship: does investment in employees pay off? [J]. Academy of Management Journal, 1997, 40 (5): 1089-1121.

[248] Hernandez M. Toward an understanding of the psychology stewardship [J]. The Academy of Management Review, 2012, 37 (2): 172-193.

[249] Malingumu W, Stouten J, Euwema M, Babyegeya E. Servant leadership, organisational citizenship behavior and creativity: the mediating role of team-member exchange [J]. Psychologica Belgica, 2016, 56 (4): 342-356.

[250] Domínguez-Escrig E, Mallén-Broch F F, Lapiedra-Alcamí R, Chiva-Gómez R. The influence of leaders' stewardship behavior on innovation success: the mediating effect of radical innovation [J]. Journal of Business Ethics, 2019, 159 (3): 849-862.

[251] 颜爱民, 陈世格, 林兰. 投桃何以报李: 企业内外部社会责任对管家行为的影响机制研究 [J]. 中国人力资源开发, 2020, 37

(1): 84-97.

[252] Annuar H A, Ismail Y. The involvement of accountants in corporate strategy in Malaysia: a stewardship theory perspective [J]. Corporate Ownership and Control, 2014, 11 (3): 130-143.

[253] 康勇军, 王霄, 彭坚. 组织结构影响管家行为的双路径模型: 观点采择和情感承诺的中介作用 [J]. 南开管理评论, 2018, 21 (4): 148-157.

[254] Van De Voorde K, Beijer S. The role of employee HR attributions in the relationship between high-performance work systems and employee outcomes [J]. Human Resource Management Journal, 2015, 25 (1): 62-78.

[255] Liao H, Toya K, Lepak D P, Hong Y. Do they see eye to eye? Management and employee perspectives of high-performance work systems and influence processes on service quality [J]. Journal of Applied Psychology, 2009, 94 (2): 371-391.

[256] Spreitzer G M. Psychological empowerment in the workplace: dimensions, measurement, and validation [J]. Academy of Management Journal, 1995, 38 (5): 1442-1465.

[257] 康勇军, 王霄, 彭坚. 管家行为研究: 回顾与展望 [J]. 心理科学, 2016 (3): 700-706.

[258] Meyer J P, Allen N J. A three-component conceptualization of organizational commitment [J]. Human Resource Management Review, 1991, 1 (1): 61-89.

[259] Dutton J E, Dukerich J M, Harquail C V. Organizational images and member identification [J]. Administrative Science Quarterly, 1994, 39 (2): 239-263.

[260] Brown S, Getz C. Towards domestic fair trade? Farm labor, food localism, and the "family scale" farm [J]. Journal of Labor Research, 2016, 37 (1): 11-22.

[261] 许勤, 席猛, 赵曙明. 基于工作投入与核心自我评价视角的辱虐管理与员工主动行为研究 [J]. 管理学报, 2015, 12 (3): 347.

[262] 吴士健, 孙专专, 刘新民, 周忠宝. 家长式领导有助于员工

利他行为吗?——基于中国情境的多重中介效应研究 [J]. 管理评论, 2020, 32 (2): 205-217.

[263] 王艳子, 赵秀秀. 家庭支持型主管行为对员工管家行为的影响 [J]. 外国经济与管理, 2020, 42 (4): 48-62.

[264] Bhatnagar J, Sandhu S. Psychological empowerment and organisational citizenship behaviour (OCB) in "IT" managers: a talent retention tool [J]. Indian Journal of Industrial Relations, 2005, 40 (4): 449-469.

[265] 江新会, 钟昌标, 张强, 王桢. 中国心理授权的一个特性: 影响力导致的消极效应及其边界条件 [J]. 管理评论, 2016, 28 (3): 139-153.

[266] Leventhal G. What should be done with equity theory? [M]. Boston: Springer, 1980.

[267] Baird K, Su S, Munir R. The relationship between the enabling use of controls, employee empowerment, and performance [J]. Personnel Review, 2018, 47 (1): 257-274.

[268] Dust S B, Resick C J, Margolis J A, Mawritz M B, Greenbaum R L. Ethical leadership and employee success: examining the roles of psychological empowerment and emotional exhaustion [J]. The Leadership Quarterly, 2018, 29 (5): 570-583.

[269] Seibert S E, Wang G, Courtright S H. Antecedents and consequences of psychological and team empowerment in organizations: a meta-analytic review [J]. Journal of Applied Psychology, 2011, 96 (5): 981-1003.

[270] 王国猛, 赵曙明, 郑全全, 文亮. 团队心理授权、组织公民行为与团队绩效的关系 [J]. 管理工程学报, 2011, 25 (2): 1-7.

[271] Singh S K, Singh A P. Interplay of organizational justice, psychological empowerment, organizational citizenship behavior, and job satisfaction in the context of circular economy [J]. Management Decision, 2019, 57 (4): 937-952.

[272] 刘远, 周祖城. 员工感知的企业社会责任, 情感承诺与组织公民行为的关系——承诺型人力资源实践的跨层调节作用 [J]. 管理评

论,2015,27(10):118-127.

[273] Akar H. The relationships between quality of work life, school alienation, burnout, affective commitment and organizational citizenship: a study on teachers [J]. European Journal of Educational Research, 2018, 7 (2):169-181.

[274] 胡国栋.中国本土组织的家庭隐喻及网络治理机制——基于泛家族主义的视角 [J]. 中国工业经济,2014,(10):97-109.

[275] 孙健敏,陆欣欣,孙嘉卿. 组织支持感与工作投入的曲线关系及其边界条件 [J]. 管理科学,2015,28(2):93-102.

[276] 李宪印,杨博旭,姜丽萍,左文超,张宝芳. 职业生涯早期员工的工作满意度、组织承诺与离职倾向关系研究 [J]. 中国软科学,2018,(1):163-170.

[277] Oyinlade O A. Relations of job structure to affective organizational commitment [J]. Journal of Human Resources Management and Labor Studies, 2018, 6 (1):13-32.

[278] Davis J H, Allen M R, Hayes H D. Is blood thicker than water? A study of stewardship perceptions in family business [J]. Entrepreneurship Theory and Practice, 2010, 34 (6):1093-1116.

[279] 方杰,温忠麟. 三类多层中介效应分析方法比较 [J]. 心理科学,2018,41(4):962-967.

[280] 范雪灵,王琦琦,刘军. 组织领地氛围抑制组织指向公民行为涌现的链式机制研究 [J]. 管理学报,2018,15(5):669-677.

[281] 方杰,温忠麟,张敏强. 类别变量的中介效应分析 [J]. 心理科学,2017,40(2):471-477.

[282] 樊耘,马贵梅,颜静. 社会交换关系对建言行为的影响——基于多对象视角的分析 [J]. 管理评论,2014,26(12):68-77.

[283] Grant A M, Christianson M K, Price R H. Happiness, health, or relationships? Managerial practices and employee well-being tradeoffs [J]. Academy of Management Perspectives, 2007, 21 (3):51-63.

[284] Page K M, Vella-Brodrick D A. The "what", "why" and "how" of employee well-being: A new model [J]. Social Indicators Research, 2009,

90（3）：441-458.

[285] Robertson I T, Jansen Birch A, Cooper C L. Job and work attitudes, engagement and employee performance: Where does psychological well-being fit in?[J]. Leadership, Organization Development Journal, 2012, 33（3）：224-232.

[286] Miao R, Cao Y. High-performance work system, work well-being, and employee creativity: cross-level moderating role of transformational leadership[J]. International Journal of Environmental Research and Public Health, 2019, 16（9）：1640.

[287] 陈建安，陈明艳，金晶. 支持性人力资源管理与员工工作幸福感——基于中介机制的实证研究[J]. 外国经济与管理, 2018, 40（1）：79-92.

[288] Ho H. Are Human Resource Management (HRM) Systems Good or Bad for Employee Well-being? An Investigation of the Well-being Paradox from the Mutual Gains and Critical Perspectives[D]. BI Norwegian Business School, 2018.

[289] Zhang M, Zhu C J, Dowling P J, Bartram T. Exploring the effects of high-performance work systems (HPWS) on the work-related well-being of Chinese hospital employees[J]. The International Journal of Human Resource Management, 2013, 24（16）：3196-3212.

[290] Ogbonnaya C, Daniels K, Connolly S, van Veldhoven M. Integrated and isolated impact of high-performance work practices on employee health and well-being: a comparative study[J]. Journal of Occupational Health Psychology, 2017, 22（1）：98-114.

[291] Liu F, Chow I H S, Zhu W, Chen W. The paradoxical mechanisms of high-performance work systems (HPWSs) on perceived workload: a dual-path mediation model[J]. Human Resource Management Journal, 2020, 30（2）：278-292.

[292] Bakker A B, Demerouti E. The job demands-resources model: state of the art[J]. Journal of Managerial Psychology, 2007, 22（3）：309-328.

[293] 李爱梅, 王笑天, 熊冠星, 李斌, 凌文铨. 工作影响员工幸福体验的"双路径模型"探讨——基于工作要求-资源模型的视角 [J]. 心理学报, 2015, 47 (5): 624-636.

[294] 陈建安, 程爽, 陈明艳. 从支持性人力资源实践到组织支持感的内在形成机制研究 [J]. 管理学报, 2017, 14 (4): 519-527.

[295] Demerouti E, Bakker A B, Nachreiner F, Schaufeli W B. The job demands-resources model of burnout [J]. Journal of Applied Psychology, 2001, 86 (3): 499-512.

[296] Guest D E. Human resource management and employee well-being: towards a new analytic framework: HRM and employee well-being: new analytic framework [J]. Human Resource Management Journal, 2017, 27 (1): 22-38.

[297] Boselie P, Brewster C, Paauwe J. In search of balance-managing the dualities of HRM: an overview of the issues [J]. Personnel Review, 2009, 38 (5): 461-471.

[298] Bryson A, Barth E, Dale-Olsen H. The effects of organizational change on worker well-being and the moderating role of trade unions [J]. ILR Review, 2013, 66 (4): 989-1011.

[299] Bakker A B, Leiter M P. Where to go from here: integration and future research on work engagement [M]. London: Psychology Press, 2010: 181-196.

[300] Dai H, Dietvorst B J, Tuckfield B, Milkman K L, Schweitzer M E. Quitting when the going gets tough: a downside of high performance expectations [J]. Academy of Management Journal, 2018, 61 (5): 1667-1691.

[301] Hobfoll S E, Halbesleben J, Neveu J P, Westman M. Conservation of resources in the organizational context: the reality of resources and their consequences [J]. Annual Review of Organizational Psychology and Organizational Behavior, 2018, 5: 103-128.

[302] Bakker A B, Demerouti E. ultiple levels in job demands-resources theory: implications for employee well-being and performance [M]. Salt

Lake City: DEF Publishers, 2018.

[303] 詹婧, 赵越. 工会-管理层关系与企业员工参与机制的运行——基于扎根理论的研究 [J]. 中国人力资源开发, 2017, 34 (4): 154-168.

[304] Eisenberger R, Huntington R, Hutchison S, Sowa D. Perceived organizational support [J]. Journal of Applied Psychology, 1986, 71 (3): 500-507.

[305] Eisenberger R, Stinglhamber F. Perceived organizational support: fostering enthusiastic and productive employees [M]. Washington: American Psychological Association, 2011.

[306] Gillet N, Fouquereau E, Forest J, Brunault P, Colombat P. The impact of organizational factors on psychological needs and their relations with well-being [J]. Journal of Business and Psychology, 2012, 27 (4): 437-450.

[307] 张正堂, 李瑞. 企业高绩效工作系统的内容结构与测量 [J]. 管理世界, 2015, (5): 100-116.

[308] Wayne S J, Shore L M, Liden R C. Perceived organizational support and leader-member exchange: a social exchange perspective [J]. Academy of Management Journal, 1997, 40 (1): 82-111.

[309] Kuvaas B. An exploration of how the employee-organization relationship affects the linkage between perception of developmental human resource practices and employee outcomes [J]. Journal of Management Studies, 2008, 45 (1): 1-25.

[310] Vo A, Bartram T. The adoption, character and impact of strategic human resource management: a case study of two large metropolitan Vietnamese public hospitals [J]. The International Journal of Human Resource Management, 2012, 23 (18): 3758-3775.

[311] 舒晓兵. 管理人员的工作压力与工作效率研究 [M]. 武汉: 武汉大学出版社, 2007.

[312] Jensen J M, Patel P C, Messersmith J G. High-performance work systems and job control: consequences for anxiety, role overload, and turn-

over intentions [J]. Journal of Management, 2013, 39 (6): 1699 - 1724.

[313] Ramsay H, Scholarios D, Harley B. Employees and high-performance work systems: testing inside the black box [J]. British Journal of industrial relations, 2000, 38 (4): 501 - 531.

[314] 孙健敏, 李秀凤, 林丛丛. 工作幸福感的概念演进与测量 [J]. 中国人力资源开发, 2016, (13): 38 - 47.

[315] Chaudhuri K. A discussion on HPWS perception and employee behavior [J]. Global Business and Management Research, 2009, 1 (2): 27 - 42.

[316] Jamal M. Job stress and employee well-being: a cross-cultural empirical study [J]. Stress Medicine, 1999, 15 (3): 153 - 158.

[317] Holroyd K A, Lazarus R S. Stress, coping and somatic adaptation [M]. New York: Free Press, 1982.

[318] Hakanen J J, Schaufeli W B, Ahola K. The job demands-resources model: a three-year cross-lagged study of burnout, depression, commitment, and work engagement [J]. Work and Stress, 2008, 22 (3): 224 - 241.

[319] Siu O L. Occupational stressors and well-being among Chinese employees: the role of organisational commitment [J]. Applied Psychology, 2002, 51 (4): 527 - 544.

[320] 刘璞, 谢家琳, 井润田. 国有企业员工工作压力与工作满意度关系的实证研究 [J]. 中国软科学, 2005, (12): 121 - 126.

[321] Golparvar M, Vaseghi Z, Javadian Z. The moderating role of work skills in relationship between job stress, feeling energy and emotional exhaustion with deviant and organizational citizenship behaviors and creativity [J]. Iran Occupational Health, 2012, 9 (4): 58 - 70.

[322] Halbesleben J R, Neveu J P, Paustian-Underdahl S C, Westman M. Getting to the "COR" understanding the role of resources in conservation of resources theory [J]. Journal of Management, 2014, 40 (5): 1334 - 1364.

[323] 单红梅, 胡恩华, 邱文怡, 张龙. 工会公平感对工会公民行

为的影响:基于公平敏感性[J].管理科学,2016,29(6):106-119.

[324] 苗仁涛,周文霞,刘丽,潘静洲,刘军.高绩效工作系统有助于员工建言?一个被中介的调节作用模型[J].管理评论,2015,27(7):105-115+126.

[325] Hobfoll S E. Conservation of resources: a new attempt at conceptualizing stress [J]. The American Psychologist, 1989, 44 (3): 513-524.

[326] 张军伟,龙立荣,王桃林.高绩效工作系统对员工工作绩效的影响:自我概念的视角[J].管理评论,2017,29(3):136-146.

[327] 刘智强,邓传军,廖建桥,龙立荣.组织支持、地位认知与员工创新:雇佣多样性视角[J].管理科学学报,2015,18(10):80-94.

[328] 王红丽,张筌钧.被信任的代价:员工感知上级信任、角色负荷、工作压力与情绪耗竭的影响关系研究[J].管理世界,2016,(8):110-125+136+187-188.

[329] Koopman J, Lanaj K, Scott B A. Integrating the bright and dark sides of OCB: a daily investigation of the benefits and costs of helping others [J]. Academy of Management Journal, 2016, 59 (2): 414-435.

[330] Ilies R, Schwind K M, Heller D. Employee well-being: a multi-level model linking work and nonwork domains [J]. European Journal of Work and Organizational Psychology, 2007, 16 (3): 326-341.

[331] Meyer J P, Stanley D J, Herscovitch L, Topolnytsky L. Affective, continuance, and normative commitment to the organization: a meta-analysis of antecedents, correlates, and consequences [J]. Journal of Vocational Behavior, 2002, 61 (1): 20-52.

[332] Fritz C, Sonnentag S. Recovery, well-being, and performance-related outcomes: the role of workload and vacation experiences [J]. Journal of Applied Psychology, 2006, 91 (4): 936-945.

[333] 舒睿,梁建.基于自我概念的伦理领导与员工工作结果研究[J].管理学报,2015,12(7):1012-1020.

[334] 姚唐,黄文波,范秀成.基于组织承诺机制的服务业员工忠

诚度研究 [J]. 管理世界, 2008 (5): 102-114+123.

[335] 李超平, 时勘. 分配公平与程序公平对工作倦怠的影响 [J]. 心理学报, 2003 (5): 677-684.

[336] Podsakoff P M, Organ D W. Self-reports in organizational research: problems and prospects [J]. Journal of Management, 1986, 12 (4): 531-544.

[337] Aiken L, West S. Multiple regression: testing and interpreting interactions [M]. London: Sage Publications, 1991.

[338] Han J, Sun J M, Wang H L. Do high performance work systems generate negative effects? How and when? [J]. Human Resource Management Review, 2019: 1-14.

[339] 周恋, 刘明巍, 李敏, 林敏婉. 中国情境下的工会承诺研究: 量表开发及对员工公民行为和离职倾向的预测作用 [J]. 中国人力资源开发, 2019, 36 (9): 63-76.

[340] 岳经纶, 陈泳欣. 超越统合主义? 社会治理创新时期的工会改革——基于深圳市试验区工联会的实践 [J]. 学术研究, 2018, (10): 51-58.

[341] 孙健敏, 王宏蕾. 高绩效工作系统负面影响的潜在机制 [J]. 心理科学进展, 2016, 24 (7): 1091-1106.

[342] 姜雨峰. 退缩还是创新: 受年龄歧视影响的员工行为解析 [J]. 上海财经大学学报, 2017, 19 (6): 18-30+82.

[343] Rippon I, Kneale D, de Oliveira C, Demakakos P, Steptoe A. Perceived age discrimination in older adults [J]. Age and Ageing, 2014, 43 (3): 379-386.

[344] 张敏. 年长员工对企业绩效的影响研究——基于深市上市公司面板数据的实证研究 [J]. 山东大学学报 (哲学社会科学版), 2017 (2): 141-148.

[345] 杨亚中, 叶茂林, 陈宇帅. 工作退缩行为研究述评 [J]. 中国人力资源开发, 2014 (17): 43-49.

[346] March J G, Simon H A. Organizations [M]. New Jersey: Wily, 1958.

[347] Mobley W H. Some unanswered questions in turnover and withdrawal research [J]. The Academy of Management Review, 1982, 7 (1): 111–116.

[348] Beehr T A, Gupta N. A note on the structure of employee withdrawal [J]. Organizational behavior and human performance, 1978, 21 (1): 73–79.

[349] Deery S J, Iverson R D. Labor-management cooperation: antecedents and impact on organizational performance [J]. Industrial, Labor Relations Review, 2005, 58 (4): 588–609.

[350] Wang S, Yi X. Organizational justice and work withdrawal in Chinese companies: the moderating effects of allocentrism and idiocentrism [J]. International Journal of Cross Cultural Management, 2012, 12 (2): 211–228.

[351] 骆皓爽, 何雪菲, 王晓庄. 绩效考核满意度对工作退缩行为的影响: 有调节的中介效应 [J]. 心理与行为研究, 2016, 14 (6): 817–825.

[352] 刘得格, 黄晓治, 张梦华. 网络调查和纸笔调查法对比研究——以领导成员交换与员工离职意向关系为例 [J]. 商业研究, 2014, (9): 88–97.

[353] 周倩, 施俊琦, 莫申江. 基于LMX理论的科技企业员工利他行为与离职倾向研究 [J]. 科技管理研究, 2016, 36 (1): 223–228.

[354] 肖贵蓉, 赵衍俊. 伦理型领导与员工离职倾向: 领导-成员交换的中介作用 [J]. 科学学与科学技术管理, 2017, 38 (3): 160–171.

[355] Gupta N, Jenkins Jr G D. Rethinking dysfunctional employee behaviors [J]. Human Resource Management Review, 1991, 1 (1): 39–59.

[356] Lehman W E K, Simpson D D. Employee substance use and on-the-job behaviors [J]. Journal of Applied Psychology, 1992, 77 (3): 309–321.

[357] Berry C M, Lelchook A M, Clark M A. A meta-analysis of the interrelationships between employee lateness, absenteeism, and turnover: im-

plications for models of withdrawal behavior [J]. Journal of Organizational Behavior, 2012, 33 (5): 678-699.

[358] 熊静, 叶茂林, 陈宇帅. 同事个性化契约对员工工作退缩行为的影响: 基于公平理论的视角 [J]. 心理科学, 2018, 41 (4): 929-935.

[359] 于晓彤, 陈晓, 王赫. 工作卑微感为何会导致工作退缩行为? 消极情绪与工作疏离感的中介作用 [J]. 中国人力资源开发, 2019, 36 (6): 33-47+78.

[360] 尹奎, 刘永仁, 宋璐璐. 领导友好关系管理 (LRM) 与员工情感承诺: LMX 的中介与调节作用 [J]. 管理工程学报, 2016, 30 (4): 1-10.

[361] 吴婷, 张正堂. LMX 对员工组织支持感知与情绪枯竭的影响——LMX 差异化的调节作用 [J]. 经济管理, 2017, 39 (8): 103-115.

[362] 胡恩华, 韩明燕, 单红梅, 张龙, 韦琪. 工会实践能促进员工建言吗?——计划行为理论的视角 [J]. 外国经济与管理, 2019, 41 (5): 88-100.

[363] 徐燕, 赵曙明. 社会交换和经济交换对员工情感承诺和离职意向的影响研究——领导—成员交换关系的调节作用 [J]. 科学学与科学技术管理, 2011, 32 (11): 159-165.

[364] 韩明燕. 工会实践对员工建言影响的实证研究 [D]. 南京航空航天大学, 2019.

[365] 郑晓旭, 陈娇, 骆瑒, 孟慧. 社会自我效能感与工作倦怠的关系: 社会交换视角下有调节的中介模型 [J]. 心理科学, 2019, 42 (2): 350-357.

[366] 赵红丹, 陈元华, 郑伟波. 社会责任导向的人力资源管理感知与员工建言行为: 基于社会交换理论 [J]. 中国人力资源开发, 2019, 36 (9): 91-104.

[367] 何显富, 陈宇, 张微微. 企业履行对员工的社会责任影响员工组织公民行为的实证研究—基于社会交换理论的分析 [J]. 社会科学研究, 2011 (5): 115-119.

[368] Finkelstein L M, Burke M J, Raju N S. Age discrimination in simulated employment contexts: an integrative analysis [J]. Journal of Applied Psychology, 1995, 80 (6): 652-663.

[369] Weiss E M, Maurer T J. Age discrimination in personnel decisions: a reexamination [J]. Journal of Applied Social Psychology, 2004, 34 (8): 1551-1562.

[370] Hedge J W, Borman W C, Lammlein S E. The aging workforce: realities, myths, and implications for organizations [M]. Washington, DC: American Psychological Association, 2006.

[371] Urwin P. Age discrimination: legislation and human capital accumulation [J]. Employee Relations, 2006, 28 (1): 87-97.

[372] Posthuma R A, Campion M A. Age stereotypes in the workplace: common stereotypes, moderators, and future research directions [J]. Journal of Management, 2009, 35 (1): 158-188.

[373] Dulebohn J H, Bommer W H, Liden R C, Brouer R L, Ferris G R. A meta-analysis of antecedents and consequences of leader-member exchange: integrating the past with an eye toward the future [J]. Journal of Management, 2012, 38 (6): 1715-1759.

[374] Jiang J Y, Law K S, Sun J M. Leader member relationship and burnout: the moderating role of leader integrity [J]. Management and Organization Review, 2014, 10 (2): 223-247.

[375] 陆欣欣, 孙嘉卿. 领导-成员交换与情绪枯竭: 互惠信念和权力距离导向的作用 [J]. 心理学报, 2016, 48 (5): 566-577.

[376] Jennifer Y M L, Cheris W C C, Raymond L. The interactive effect of LMX and LMX differentiation on followers' job burnout: evidence from tourism industry in Hong Kong [J]. International Journal of Human Resource Management, 2018, 29 (12): 1972-1998.

[377] Graen G, Dansereau F, Minami T. Dysfunctional leadership styles [J]. Organizational Behavior and Human Performance, 1972, 7 (2): 216-236.

[378] 姜诗尧, 郝金磊, 李方圆. 资源保存理论视角下领导-成员

交换对员工创新行为的影响 [J]. 首都经济贸易大学学报, 2019, 21 (6): 92-99.

[379] 容琰, 隋杨, 杨百寅. 领导情绪智力对团队绩效和员工态度的影响—公平氛围和权力距离的作用 [J]. 心理学报, 2015, 47 (9): 1152-1161.

[380] 叶仁荪, 倪昌红, 廖列法. 领导信任、群体心理安全感与群体离职—基于群体互动视角的分析 [J]. 经济管理, 2016, 38 (5): 87-97.

[381] 翁清雄, 王婷婷, 吴松, 胡海军. 情感型领导: 量表开发及与员工离职倾向和建言行为的关系 [J]. 外国经济与管理, 2016, 38 (12): 74-90.

[382] 厉凌, 陈同扬. 中国情境下领导—成员交换关系对员工离职意图的影响分析 [J]. 商业时代, 2010, (23): 91-93.

[383] Tse H H M, Huang X, Lam W. Why does transformational leadership matter for employee turnover? A multi-foci social exchange perspective [J]. The Leadership Quarterly, 2013, 24 (5): 763-776.

[384] 周明建, 侍水生. 领导—成员交换差异与团队关系冲突: 道德型领导力的调节作用 [J]. 南开管理评论, 2013, 16 (2): 26-35.

[385] 李涛. 高龄劳动者就业中年龄歧视的法律规制 [J]. 江海学刊, 2019, (1): 157-163+255.

[386] 刘勇. 高龄劳动者就业促进中的法律问题 [J]. 法学, 2012, (10): 59-67.

[387] Tekleab A G, Takeuchi R, Taylor M S. Extending the chain of relationships among organizational justice, social exchange, and employee reactions: the role of contract violations [J]. Academy of Management Journal, 2005, 48 (1): 146-157.

[388] Graen G B, Uhlbien M. Relationship-based approach to leadership-development of leader-member exchange (LMX) theory of leadership over 25 years-applying a multilevel multidomain perspective [J]. The Leadership Quarterly, 1995, 6 (2): 219-247.

[389] 张端民. 领导—成员交换与员工沉默行为: 组织公平与传统

性的作用 [J]. 预测, 2017, 36 (3): 14-20.

[390] Rupp D E, Vodanovich S J, Cred M. Age bias in the workplace: the impact of ageism and causal attributions [J]. Journal of Applied Social Psychology, 2006, 36 (6): 1337-1364.

[391] 陈建安, 陶雅, 陈瑞. 工作场所中年龄多元化前沿探析及其管理启示 [J]. 管理评论, 2017, 29 (7): 148-162.

[392] Rabl T. Age, discrimination, and achievement motives: a study of German employees [J]. Personnel Review, 2010, 39 (4): 448-467.

[393] Ng T W H, Feldman D C. Age and innovation-related behavior: the joint moderating effects of supervisor undermining and proactive personality [J]. Journal of Organizational Behavior, 2013, 34 (5): 583-606.

[394] Damman M, Henkens K, Kalmijn M. Late-career work disengagement: the role of proximity to retirement and career experiences [J]. Psychological Sciences and Social Sciences, 2013, 68 (3): 455-463.

[395] Yuan A S. Perceived age discrimination and mental health [J]. Social Forces, 2007, 86 (1): 291-311.

[396] Snape E, Redman T. Too old or too young? The impact of perceived age discrimination [J]. Human Resource Management Journal, 2003, 13 (1): 78-89.

[397] Rabl T, Triana M d C. How German employees of different ages conserve resources: perceived age discrimination and affective organizational commitment [J]. International Journal of Human Resource Management, 2013, 24 (19): 3599-3612.

[398] Hassell B L, Perrewé P. An examination of the relationship between older workers' perceptions of age discrimination and employee psychological states [J]. Journal of Managerial Issues, 1993, 5 (1): 109-120.

[399] Redman T, Snape E. The consequences of perceived age discrimination amongst older police officers: is social support a buffer? [J]. British Journal of Management, 2006, 17 (2): 167-175.

[400] 胡丽红. 年龄歧视对临退休员工工作退缩行为的影响——工作疏离感和临退休焦虑的作用 [J]. 财经问题研究, 2016 (6): 117-

122.

[401] 叶宝娟,符皓皓,雷希,游雅媛,陈佳雯.组织公平感对农村幼儿教师离职倾向的影响:有调节的中介模型[J].中国临床心理学杂志,2018,26(5):1030-1033.

[402] Kochan T A, Osterman P. The Mutual Gains Enterprise: Forging a Winnin Partnership Among Labor, Management and Government [M]. Boston, MA: Harvard Business School Press, 1994.

[403] Rubinstein S A, Kochan T A. Learning from saturn [M]. Ithaca: ILR Press, 2018.

[404] 谢玉华,刘美艳,陈培培.企业工会实践及其对劳动关系气氛影响研究[J].财经理论与实践,2019,40(1):137-142.

[405] Wang K, Elfstrom M. Worker unrest and institutional change: perceptions of local trade union leaders in China [J]. China Information, 2017, 31 (1): 84-106.

[406] 刘涛,杨慧瀛.组织公平、劳动关系氛围与倦怠感对员工工作绩效的影响:——一个有调节的中介模型[J].贵州财经大学学报,2019(5):44-53.

[407] 刘彧彧,丁国林,严肃.沟通开放氛围下领导—成员交换和组织公平感的关系研究[J].管理学报,2010,7(12):1792-1798.

[408] 周浩,龙立荣.共同方法偏差的统计检验与控制方法[J].心理科学进展,2004(6):942-950.

[409] Liden R C, Maslyn J M. Multidimensionality of leader-member exchange: an empirical assessment through scale development [J]. Journal of Management, 1998, 24 (1): 43-72.

[410] 陈万思,姚圣娟,钟琳.工会实践、劳资关系气氛与双承诺间关系实证研究[J].华东经济管理,2011,25(6):89-94.

[411] 姚先国,李敏,韩军.工会在劳动关系中的作用——基于浙江省的实证分析[J].中国劳动关系学院学报,2009,23(1):31-36.

[412] Furunes T, Mykletun R J. Age discrimination in the workplace: validation of the nordic age discrimination scale (NADS) [J]. Scandinavian Journal of Psychology, 2010, 51 (1): 23-30.

［413］Hanisch K A, Hulin C L. Job attitudes and organizational withdrawal: an examination of retirement and other voluntary withdrawal behaviors ［J］. Journal of Vocational Behavior, 1990, 37（1）: 60 – 78.

［414］Gao L, Janssen O, Shi K. Leader trust and employee voice: the moderating role of empowering leader behaviors ［J］. The Leadership Quarterly, 2011, 22（4）: 787 – 798.

［415］Organ D W. Organizational citizenship behavior: recent trends and developments ［J］. Annual Review of Organizational Psychology and Organizational Behavior, 2018, 5: 295 – 306.

［416］Choi J N. Change-oriented organizational citizenship behavior: effects of work environment characteristics and intervening psychological processes ［J］. Journal of Organizational Behavior, 2007, 28（4）: 467 – 484.

［417］Li N, Liang J, Crant J M. The role of proactive personality in job satisfaction and organizational citizenship behavior: a relational perspective ［J］. Journal of Applied Psychology, 2010, 95（2）: 395 – 404.

［418］Walumbwa F O, Hartnell C A, Oke A. Servant leadership, procedural justice climate, service climate, employee attitudes, and organizational citizenship behavior: a cross-level investigation ［J］. Journal of Applied Psychology, 2010, 95（3）: 517 – 529.

［419］朱瑜, 谢斌斌. 差序氛围感知与沉默行为的关系: 情感承诺的中介作用与个体传统性的调节作用 ［J］. 心理学报, 2018, 50（5）: 539 – 548.

［420］颜静, 樊耘, 张旭. 挑战型组织公民行为: 基于情感与认知的整合模型 ［J］. 预测, 2015, 34（3）: 14 – 20.

［421］Aryee S, Chay Y W. Workplace justice, citizenship behavior, and turnover intentions in a union context: examining the mediating role of perceived union support and union instrumentality ［J］. Journal of Applied Psychology, 2001, 86（1）: 154 – 160.

［422］张朦月. 工会实践对员工挑战型组织公民行为影响的实证研究 ［D］. 南京航空航天大学, 2019.

[423] Detert J R, Burris E R. Leadership behavior and employee voice: is the door really open? [J]. Academy of Management Journal, 2007, 50 (4): 869–884.

[424] Van Dyne L, Kamdar D, Joireman J. In-role perceptions buffer the negative impact of low LMX on helping and enhance the positive impact of high LMX on voice [J]. Journal of Applied Psychology, 2008, 93 (6): 1195–1207.

[425] Detert J R, Trevino L K. Speaking up to higher-ups: how supervisors and skip-level leaders influence employee voice [J]. Organization Science, 2010, 21 (1): 249–270.

[426] Van Dyne L, Lepine J A. Helping and voice extra-role behaviors: evidence of construct and predictive validity [J]. Academy of Management Journal, 1998, 41 (1): 108–119.

[427] Whiting S W, Podsakoff P M, Pierce J R. Effects of task performance, helping, voice, and organizational loyalty on performance appraisal ratings [J]. Journal of Applied Psychology, 2008, 93 (1): 125–139.

[428] Salancik G R, Pfeffer J. A social information processing approach to job attitudes and task design [J]. Administrative Science Quarterly, 1978, 23 (2): 224–253.

[429] Lyu X. Effect of organizational justice on work engagement with psychological safety as a mediator: evidence from China [J]. Social Behavior and Personality, 2016, 44 (8): 1359–1370.

[430] Iverson R D. Employee acceptance of organizational change: the role of organizational commitment [J]. International Journal of Human Resource Management, 1996, 7 (1): 122–149.

[431] Dastmalchian A, Blyton P, Adamson R. Industrial relations climate: testing a construct [J]. Journal of Occupational Psychology, 1989, 62 (1): 21–32.

[432] Twigg N W, Fuller J B, Hester K. Transformational leadership in labor organizations: the effects on union citizenship behaviors [J]. Journal of Labor Research, 2008, 29 (1): 27–41.

[433] Keon T L, Barnard C I. The functions of the executive [J]. Academy of Management Review, 1986, 11 (2): 456-459.

[434] Mccalister D V, Katz D, Kahn R L. The social psychology of organization [J]. Industrial and Labor Relations Review, 1967, 46 (1): 118-119.

[435] Organ D W. A restatement of the satisfaction-performance hypothesis [J]. Journal of Management, 1988, 14 (4): 547-557.

[436] Farh J L, Zhong C B, Organ D W. Organizational citizenship behavior in the People's Republic of China [J]. Organization Science, 2004, 15 (2): 241-253.

[437] 刘泰洪. 工会参与人力资源管理探析 [J]. 天津市工会管理干部学院学报, 2009 (4): 23-24.

[438] Dundon T, Gollan P J. Re-conceptualizing voice in the non-union workplace [J]. International Journal of Human Resource Management, 2007, 18 (7): 1182-1198.

[439] Avgar A, Boris M B, Bruno R, Chung W. Worker voice and union revitalization: the role of contract enforcement at SEIU [J]. Labor Studies Journal, 2018, 43 (3): 209-233.

[440] 赵琛徽, 翟欣婷, 蔡婷. 工会实践对员工组织公民行为的影响机制——心理契约和高绩效人力资源实践的作用 [J]. 经济管理, 2021, 43 (3): 194-208.

[441] Shaw K, Ichniowski C, Prennushi G. The effects of human resource management practices on productivity: a study of steel finishing lines [J]. American Economic Review, 1997, 87: 291-313.

[442] Eaton A E, Voos P B. Unions and contemporary innovations in work organisation, compensation, and employee participation [M]. Kingston Ont Canada: Unions and Economic Competitiveness, 1992.

[443] Brown W, Oxenbridge S. The development of co-operative employer/trade union relationships in Britain [J]. Industrielle Beziehungen, 2004, 11: 143-158.

[444] Skivenes M, Trygstad S. Explaining whistle blowing processes in

the Norwegian labour market: between individual power resources and institutional arrangements [J]. Economic and Industrial Democracy, 2017, 38 (1): 119 – 143.

[445] Kelloway E K, Barling J. Members' participation in local union activities: measurement, prediction, and replication [J]. Journal of Applied Psychology, 1993, 78 (2): 262 – 279.

[446] Skarlicki D P, Latham G P. Increasing citizenship behavior within a labor union: a test of organizational justice theory [J]. Journal of Applied Psychology, 1996, 81 (2): 161 – 169.

[447] Katz D. The motivational basis of organizational behavior [J]. Behavioral Science, 1964, 9 (2): 131 – 146.

[448] Bishop J W, Scott K D, Goldsby M G, Cropanzano R. A construct validity study of commitment and perceived support variables: a multifoci approach across different team environments [J]. Group, Organization Management, 2005, 30 (2): 153 – 180.

[449] Burnett M F, Chiaburu D S, Shapiro D L, Li N. Revisiting how and when perceived organizational support enhances taking charge: an inverted U-shaped perspective [J]. Journal of Management, 2015, 41 (7): 1805 – 1826.

[450] Schein E H, Bennis W G. Personal and organizational change through group methods [J]. Journal of Extension, 1966, 4 (2): 127.

[451] Van Sell M P, Barclay L A, Willoughby F G, York K M. Faculty satisfaction with unions: the impact of personal instrumentality and active commitment [J]. Journal of Collective Negotiations, 2006, 31 (1): 33.

[452] Pillai R, Schriesheim C A, Williams E S. Fairness perceptions and trust as mediators for transformational and transactional leadership: a two-sample study [J]. Journal of Management, 1999, 25 (6): 897 – 933.

[453] Podsakoff P M, Bommer W H, Podsakoff N P, MacKenzie S B. Relationships between leader reward and punishment behavior and subordinate attitudes, perceptions, and behaviors: a meta-analytic review of existing and new research [J]. Organizational Behavior and Human Decision Processes,

2006, 99 (2): 113-142.

[454] Dastmalchian A, Blyton P, Adamson R. The climate of workplace relations [M]. London: Routledge, 1991.

[455] Dey T. Predictors of organizational commitment and union commitment: a conceptual study [J]. Social Science Electronic Publishing, 2012, 11 (4): 62-75.

[456] Deery S, Iverson R, Erwin P. Industrial relations climate, attendance behaviour and the role of trade unions [J]. British Journal of Industrial Relations, 1999, 37: 533-558.

[457] Seppälä T, Lipponen J, Bardi A, Pirttilä-Backman A-M. Change-oriented organizational citizenship behaviour: an interactive product of openness to change values, work unit identification, and sense of power [J]. Journal of Occupational and Organizational Psychology, 2012, 85 (1): 136-155.

[458] Richards D A, Schat A C H. Attachment at (not to) work: applying attachment theory to explain individual behavior in organizations [J]. Journal of Applied Psychology, 2011, 96 (1): 169-182.

[459] 毛畅果. 员工为何沉默: 领导权力距离倾向与员工调控焦点的跨层次交互作用 [J]. 心理科学, 2016, 39 (6): 1426-1433.

[460] Singh U, Srivastava K B L. Organizational trust and organizational citizenship behaviour [J]. Global Business Review, 2016, 17 (3): 594-609.

[461] 唐翌. 团队心理安全、组织公民行为和团队创新——一个中介传导模型的实证分析 [J]. 南开管理评论, 2005 (6): 24-29.

[462] 李云梅, 李大为, 胡阳. 团队氛围、团队心理安全感对研究生科研能力的影响 [J]. 高等工程教育研究, 2014 (6): 112-117.

[463] 林亚清. 高绩效工作系统、工会与管理层关系氛围以及雇佣关系氛围的实证研究 [D]. 南京大学, 2013.

[464] Colquitt J A, Conlon D E, Wesson M J, Porter C O, Ng K Y. Justice at the millennium: a meta-analytic review of 25 years of organizational justice research [J]. Journal of Applied Psychology, 2001, 86 (3): 425-445.

后 记

近几年来,企业-工会关系问题是我的研究团队的一个重要研究方向,主要侧重于人力资源管理、组织行为、劳动关系三个研究领域的结合。我带领以中青年教师、博士后、博士生和硕士生为主体的研究团队成员展开本书研究工作,积累了许多研究成果,也提出了很多研究问题。现在将它们系统汇集起来,一是总结已有研究成果,二是希望出版后能引起更多人的研究兴趣,对尚未得到很好研究的问题给予更加广泛和深入的研究。

本书研究内容主要是我的研究团队承担的国家自然科学基金重点项目《中国企业-工会耦合关系理论构建与管理策略研究》(项目编号:72032002)的阶段性成果,同时部分还来自于国家自然科学基金项目《企业人力资源管理实践与工会实践的耦合:形成机制及对组织效能的影响》(项目编号:71772087)和《制度逻辑视角的工会-企业关系演进机制与实证研究》(项目编号:71872089)的阶段性成果。

以上述本书为支撑,研究团队的博士生、硕士生将其中部分内容作为他们学术论文和学位论文的选题,开展了相应研究工作。他们是王颖、韩明燕、周潇、查萱琪、张俊婷、张文林、张毛龙、韦琪、张丁仁、周元、李影娣等;同时,张文林参与了本书文字校对工作。特别要感谢合作者南京邮电大学单红梅副教授和三江学院刘立军博士参与本书撰写工作。本书也凝结了他们的辛勤劳动,我对他们的贡献表示感谢!

我们的研究工作也得到了江苏省高校社会科学校外研究基地《江苏省人力资源发展研究基地》(项目编号:2017ZSJD002)和江苏省高校社会科学创新优秀团队(中国员工关系管理研究团队)的支持;研究成果的获得也得益于南京航空航天大学经济与管理学院的同事、国内外学者的讨论。

  本书在写作过程中，查阅和参考了国内外各种相关文献资料，吸取了其中的研究成果，在脚注和主要参考文献中尽可能地列出了他们的姓名和成果，但可能还有遗漏之处，在此一并致谢。

胡恩华

2021 年 7 月